Literarisches Bayern

Ein Lesebuch

Herausgegeben
von Elisabeth Tworek

Allitera Verlag

Weitere Informationen über den Verlag und sein Programm unter:
www.allitera.de

Umschlagbild:
August Macke: »Staudacherhaus in Tegernsee«, 1910

»Tegernsee - der Ruhepunkt auf unserer Reise,
zum ersten Male eine eigene Häuslichkeit ...«
Elisabeth Erdmann-Macke, 1909

3. Auflage Juni 2013
Allitera Verlag
Ein Verlag der Buch&media GmbH, München
© 2009 Elisabeth Tworek und Buch&media GmbH, München
Umschlaggestaltung: Kay Fretwurst, Freienbrink, unter Verwendung von:
August Macke: »Staudacherhaus in Tegernsee«, 1910
Printed in Europe · ISBN 978-3-86906-014-9

INHALT

Elisabeth Tworek: Vorwort 7

KAPITEL 1: WAS IST BAYERISCH?

Lion Feuchtwanger: Das Land Altbayern 13
Ludwig Thoma: Agricola 17
Carl Amery: Was ist bayerisch? 20

KAPITEL 2: DORFGESCHICHTEN

Lena Christ: Erinnerungen einer Überflüssigen 28
Franziska Gräfin zu Reventlow: Tagebücher 31
Klaus Mann: Kind dieser Zeit 37
Grete Weil: Leb ich denn, wenn andere leben 41
Herbert Achternbusch: Neues von Ambach 43

KAPITEL 3: LEBEN IN DER KLEINSTADT

Marieluise Fleißer: Eine Zierde für den Verein 50
Karl Valentin: Klagelied einer Wirtshaussemmel 59
Ödön von Horváth: Ein sonderbares Schützenfest 62
Eckhard Henscheid: Geht in Ordnung sowieso genau 64

KAPITEL 4: GROSSSTADTLUFT

Josef Ruederer: Der Bürger 70
Thomas Mann: Buddenbrooks 77
Schalom Ben-Chorin: Jugend an der Isar 82
Oskar Panizza: Abschied von München 86
Asta Scheib: In den Gärten des Herzens 94
Herbert Rosendorfer: Die deutsche Suite 97

KAPITEL 5: SCHWABINGER GEFÜHL

Frank Wedekind: Die Schutzimpfung 101
Leonhard Frank: Als Kunststudent in München 106
Marietta di Monaco: Kathi Kobus vom Simplicissimus 118
Erich Mühsam: Tagebücher 1910–1924 123
Réné Prévot: Wie ein Weltenbummler Schwabinger wurde 129
Réné Prévot: Kathi Kobus und der »Simpl« 133
Peter Paul Althaus: Kleine Ansprache 140

KAPITEL 6: MENSCHEN UND MÄCHTE

Ludwig Thoma: Eröffnungshymne 141
Bertolt Brecht: Augsburger Kriegsbrief 142
Lion Feuchtwanger: Cajetan Lechners rauester Tag 144
Oskar Maria Graf: Die Episode von Troglberg 153
Erich Kästner: Spielen in der Trümmerlandschaft 160

KAPITEL 7: ZWISCHEN GOTTESFURCHT UND ÜPPIGEM BAROCK

Franz von Kobell: Die Gschicht von Brandner-Kasper 164
Oskar Panizza: Die Wallfahrt nach Andechs 171
Ludwig Thoma: Der Postsekretär im Himmel 176
Oskar Maria Graf: Etwas über den Bayerischen Humor 183
Liesl Karlstadt: Das Frohnleichnamsfest in Riedering 189

KAPITEL 8: EPILOG

Erika Mann: Liebeserklärung an Bayern 191

Biografien 193
Quellennachweise 198

>»Was über Bayern gesagt wird, stimmt immer –
und das Gegenteil stimmt auch.«

Herbert Riehl-Heyse

Bayern und seine Dichter – ein weites Feld

Wer Bayern verstehen will, wird in der Literatur der großen bairischen Dichter wie Oskar Maria Graf, Lena Christ, Ludwig Thoma und Carl Amery passende Antworten finden. Ihre Werke wurzeln unbestreitbar und unmittelbar tief in der bayerischen Mentalität. Das, was Bayern für diese Schriftsteller ausmachte, hielten sie in ihren Texten fest. Auch Karl Valentins Sprach-Kapriolen kommen tief aus der Münchner Vorstadt-Seele. Doch wie steht es um den in München geborenen jüdischen Schriftsteller Lion Feuchtwanger und seine Schriftstellerfreunde, den Augsburger Bert Brecht und die Ingolstädterin Marieluise Fleißer: Gehören sie nicht auch zur bairischen Literatur? Oder zur bayerischen Literatur? Oder würden wir sie eher zur Literatur in Bayern zählen? Jedenfalls sind sie in Bayern geboren und aufgewachsen und stammen aus Familien, die seit mehreren Generationen in Bayern lebten. Spätestens jetzt ist eine Erklärung fällig: Das Adjektiv »bairisch« bezieht sich ausschließlich auf Altbayern, auf die Sprachregion zwischen Inn und Isar; »bayerisch« hingegen bezieht sich geografisch auf den gesamten Freistaat, wie Carl Amery ausführlich darlegt. Sei's drum. All diese Schriftsteller ließen sich von der besonderen Atmosphäre Bayerns zu großer Literatur inspirieren, die auch heute noch nichts von ihrer Einzigartigkeit verloren hat. In ihren Romanen, Dramen, Geschichten und Gedichten haben sie ein Stück bayerische Zeit- und Lebensgeschichte festgehalten.

Und wie steht es um den großen Dramatiker Ödön von Horváth, der als Altösterreicher und Ungar wie kein anderer Anfang der 1930er Jahre in die Seelen der bayerischen Menschen hineinleuchtete und Erstaunliches zu Tage förderte, gerade weil er von außen kam? Für ihn war die deutsche Sprache zunächst eine Fremdsprache, später schrieb er alle seine Werke in deutsch. Die Stoffe für seine Volksstücke fand er in bayerischen Pensionen, Biergärten, Gastwirtschaften und auf dem Oktoberfest. Dort hörte er den Menschen sehr genau zu und musste feststellen, dass sich die Abgründe ihres Denkens vor allem im Gesagten, aber auch im Nichtgesagten, offenbarten. Er fühlte sich als Kosmopolit, genauso wie sein in München geborener Schriftstellerfreund Klaus Mann. Der älteste Sohn des Literaturnobelpreisträgers Thomas Mann hätte sich, wie sein Vater, vehement dagegen gewehrt, den bayerischen Schriftstellern zugerechnet zu werden, nur weil seine Werke teilweise in München entstanden sind oder in München spielen. Auch Klaus Manns Schwester Erika wäre eine Vereinnahmung sicher nicht recht gewesen, obwohl sie als Einzige in der Familie Mann das bairische Idiom beherrschte und auf Bayern gleich zwei Liebeserklärungen schrieb.

Oder nehmen wir Oskar Maria Graf. Mit seinem Roman »Das Leben meiner Mutter« setzte er der Gegend um den Starnberger See ein literarisches Denkmal. Sein größter bayrischer Roman ist aber nicht, wie viele vermuten, in Bayern entstanden, sondern in seiner New Yorker Wohnung in Upper Manhattan, Hillside Avenue, wo der Schriftsteller seit September 1938 mit seiner jüdischen Frau Miriam lebte. Mit dem Schiff »Veendam« war er – wie so viele Emigranten – von Rotterdam nach New York geflüchtet, neun Wochen bevor die deutschen Truppen in die Tschechoslowakei, seinem bisherigen Zufluchtsort, einfielen. Manhattan wurde für ihn das neue Zuhause.

Sein Freund Hein Kirchmeier, Urbayer vom Chiemsee und ebenfalls auf der Flucht vor den Nationalsozialisten, schreinerte ihm einen Schreibtisch wie auch die übrigen Regale und Schränke in der engen Zweizimmer-Wohnung. Dem Kunsttischler, Autodidakten und Kommunisten widmete Oskar Maria Graf übrigens später seinen bayrischen Roman »Sie nannten ihn Bancsho«. An seinem New Yorker Schreibtisch vollendete Graf sein Hauptwerk »Das Leben meiner Mutter«, das Porträt einer einfachen Frau aus dem Volk und das einzigartige Zeugnis eines entbehrungsreichen Lebens auf dem Land, Grafs Gegenentwurf zum Blut- und Bodenkult der Nationalsozialisten. Während sich Oskar Maria Graf in das einfache Leben seiner Mutter von ihrer Geburt bis zu ihrem Tode hineindachte, hatte er nicht die breit daliegenden, kunstvoll verzierten Bauernhöfe von Aufkirchen und den Starnberger See im Blick, sondern den River Hudson und die sechsstöckigen Backsteinhäuser mit 184 Wohnungen, vollgestopft mit Emigranten aus Deutschland und Österreich. Über 5000 Kilometer lagen zwischen dem Standort des Schreibtisches in

Manhattan und dem Landstrich, von dem Oskar Maria Graf erzählte. Einmal aus der vertrauten Umgebung in die Fremde hinausgeworfen, schrieb sich Oskar Maria Graf wieder an die eigenen Wurzeln heran. Und noch viel mehr. Er wollte den Regeln auf die Spur kommen, die das menschliche Zusammenleben rund um den Globus im Innersten ausmachen. Modellhaft hatte er sie in seinem Heimatdorf Berg kennengelernt. Fern der Heimat destillierte er das Allgemeingültige heraus. Es wurde große Literatur.

Auch in »Er nannte sich Banscho. Der Roman einer Gegend« (1942) und wenige Jahre später in »Unruhe um einen Friedfertigen« (1947) kehrte Graf schreibend an seinen Geburtsort zurück. Beide Romane thematisieren eine intakte kleine Welt, die durch Sitten, Bräuche, religiöse Riten zusammengehalten wird, bevor Ereignisse von außen wie ein Krebsgeschwür in sie eindringen und sie zerstören. Am Schluss ist alles Überkommene an Ordnung zerbrochen. Das Dorf, »wie es unzählige auf der ganzen Welt gibt« (Oskar Maria Graf), hat die eigene Identität verloren; die traditionellen Werte und Regeln des Zusammenlebens gelten nicht mehr. Die Menschen fallen aus ihrer eigenen Geschichte.

Oskar Maria Grafs virtuelle Zeitreise in die für ihn lange versperrte Heimat unterstützten Briefauskünfte, die er sich bei den Geschwistern in Berg einholte, und vor allem Fotographien und Zeichnungen. Sie hingen zum Teil an der Wand oder pappten am Schreibtisch. Das dunkelbraune, an den Seiten verlängerbare, mit einem Sekretär-ähnlichen Aufsatz bestückte Möbel fungierte als Pinwand, Adressenverzeichnis, Telefonliste. Zwei Fotos zeigen Grafs Heimatort Berg, ein Motiv ein tanzendes Paar in oberbayerischer Tracht.

Oskar Maria Graf starb 1967 im fernen New York, ein Jahr später wurde seine Asche auf dem Friedhof in München-Bogenhausen beigesetzt. Und der »treue Schreibtisch«, wie ihn die Witwe Dr. Gisela Graf nannte, kehrte 17 Jahre später nebst Stuhl und Schreibmaschine sowie all den Zeichnungen, Fotografien und Aquarellen nach München zurück und fand in der Monacensia, dem Literaturarchiv der Stadt München, im Hildebrandhaus im Stadtteil Bogenhausen, seine Heimat. Als die New Yorker Wohnung Jahrzehnte später aufgelöst werden musste, folgte ein Container voller Literaturgeschichte: Briefe, Fotografien, Manuskripte, Schreibutensilien und Bierkrüge. Sie erzählen der Nachwelt vom Leben eines großen Schriftstellers, der in die Fremde vertrieben wurde, dessen literarische Hinterlassenschaften aber nach Bayern zurückkehrten. Sie sind Teil des literarischen Erbes Bayerns, genauso wie der bairische Dialekt, der in den unterschiedlichsten Texten von Oskar Maria Graf für immer konserviert wurde.

Das vorliegende Lesebuch ist eine Reise in das Innere Bayerns. Es bietet ein facettenreiches und buntes Bild von Bayern und versammelt überwiegend Texte von Literaten des 20. Jahrhunderts, die in Bayern geboren und aufgewachsen sind, die also Sprache, Land und Leute von klein auf gut kannten. In ihren Romanen, Theaterstücken, Erzählungen und Gedichten verwandelten sie genau lokalisierbare Orte zu literarischen Schauplätzen und ließen damit eine Landschaft der Erinnerung entstehen, die heute für das Auge oft nicht mehr sichtbar ist. Ihre Autobiografien, Tagebücher und Briefe zeugen vom alltäglichen Leben in Bayern. Der inhaltliche Bogen spannt sich von Dorfgeschichten, über das Leben in der Kleinstadt bis zur Metropole München und dem besonderen Lebensgefühl in Schwabing.

Auch die bayerische Politik und die pragmatische Form des Glaubens kommen nicht zu kurz. »D'Religion, dö kost't nix und thuat koam weh«, heißt es bei Oskar Maria Graf, der den bayerischen Menschenschlag so charakterisiert: »Weitschweifigkeit oder, besser, das langsame, leicht umständliche Heranpirschen an das Eigentliche einer Sache gehört zu unserer Natur. Alles Knappe, logisch scharf Umrissene ist uns zuwider. Wir sind für das Kommode [...]. Ein »kamotter« Mensch mag das Durchdenken, das in heutiger Zeit so beliebte zu Ende-Denken nicht, er ist für das Betrachterische«. Das zeigt sich vor allem in der Reimkunst. Die Bayern haben seit jeher einen Hang zum Dichten durch alle Bevölkerungsschichten. Auf Marterln, Votivtafeln und Schnupftabakdosen wird gereimt, was das Zeug hält, bevorzugt auf bairisch. Sogar die Könige widmeten sich der Dichtkunst.

Wer die bayerische Seele erklären will, der braucht eigentlich nur auf die Geschichte des Brandner Kasper verweisen. Der 72-Jährige schlitzohrige Schlosser vom Tegernsee ist eine literarische Figur aus einer 1871 veröffentlichten Mundartgeschichte von Franz von Kobell. Als das Lebensende des Witwers naht und der »Boanlkramer« den Brandner Kasper in den Himmel holen will, macht er den Tod mit Kerschgeist betrunken und ringt ihm mit falschem Kartenspiel weitere 18 Lebensjahre ab. Der Stoff ist mehrfach höchst erfolgreich für das Theater und jüngst auch für das Kino adaptiert worden.

»In der natürlichen Sprache wird der Geist eines Volkes tönende Form«, schreibt der Sprachwissenschaftler Johann Andreas Schmeller in seinem »Bayerischen Wörterbuch«. Das sah auch Bertolt Brecht in seinem Augsburger Kriegsbrief so. Als 16-Jähriger beobachtete er die Menschen bei einer Prozession und schnappte auf: »O mei, do bisch reiglegt, wannst an d' Feldposcht glaubscht! – Zeahn Täg z' spat und dann an die falsch' Adress ...«. Doch die vielfältigsten bayerischen Dialekte, die sich früher nahezu von Ort zu Ort unterschieden, sind im Aussterben begriffen. So jedenfalls sieht die Zukunftsvision vieler Lehrer und die des Sprachwissenschaftlers Pittner aus. »Das wird dann sein wie bei gewissen Indianersprachen der Irokesen, Huronen oder Algonkin, die heute noch von zehn oder zwanzig Volkskundlern gesprochen werden.«

Gründe, warum die bayerischen Dialekte im Aussterben begriffen sind, gibt es viele: die Flüchtlingsströme kurz nach Kriegsende, die omnipräsenten Medien und die globalisierte Wirtschaft haben ihre Spuren selbst im abgelegensten Dorf hinterlassen. »Man begegnet«, schreibt die Schriftstellerin Marieluise Fleißer, »dem Dialekt seit Hitler mit einem Vorurteil, weil man ihn irrsinnigerweise mit Blut und Boden verwechselt. Dabei ist er eine herrliche Sprachmöglichkeit, in sich schöpferischer als Schriftdeutsch.« Sprache ist eben Heimat.

Dokumente einer eigenständigen bayerischen Sprache finden sich in nahezu allen Romanen aus Bayern, also auch in Romanen, die von Nordlichtern geschrieben wurden.

Der Lübecker Thomas Mann lässt in seinem Roman »Buddenbrooks« den Münchner Herrn Permaneder zu seiner Gattin Tony sagen: »I bin ka Protzen net und mag net allweil o Göld z' ammscharrn; i mag mei G'müatlichkeit! Von morgen ab mach' i Schluss und werd' Privatier!« Und in Ödön von Horváths Erzählung »Wie der Tafelhuber Toni seinen Hitler verleugnet hat« wehrt sich ein Frauenzimmer gegen die lüsternen Blicke eines SA-Mannes mit den Worten: »Oder bist du gar so a Hakenkreizler? Die mag i nämlich scho gar net!«

Ein Meister des bairischen Dialekts ist freilich der Schriftsteller Ludwig Thoma. Seine Figuren sind allein schon wegen ihres Dialektes im Dachauer Land, im Chiemgau oder im Tegernseer Tal lokalisierbar. Wer es ganz genau wissen will, muss den Bayerischen Sprachatlas zu Rate ziehen, um zu erfahren, woher die Reischlin Bäurin stammt, die in der Erzählung »Der Probier« die Vorzüge ihrer Kühe lobt: »Die Scheck sell doben is mi de allaliaba, Brandlin. I hab scho oft zum Bauern g'sagt, Bauer, sag i, die Scheck is mi de liabeste. Wann i anort nei geh dazua zum Melken, halt sie sie so staad. Da braucht's gar nix, sag i.«

Die dialektale Zuordnung ist beim Stegreiferzähler Oskar Maria Graf etwas leichter. Seine bäuerlichen Menschen sprechen so, wie das rund um den Starnberger See um 1900 üblich war: »Jetzt konnst mi gern hob'n, dass d'ös woaßt, du kloans bissl Heiz, du! Jetzt is's oa für oimoi aus zwischen üns, basta!«, schreit in Oskar Maria Grafs Essay »Etwas über den Bayrischen Humor« der Wirt gereizt das Holzkreuz im Herrgottswinkel an.

Das Auswählen, Abwägen und Ordnen ist eine lustvolle, wenn auch nicht immer leichte Angelegenheit. Manche Leserinnen und Leser mögen den einen oder anderen Text vermissen, der vielleicht in ein bayerisches Lesebuch gehört, weil er zum Bildungskanon bayerischer Literatur gezählt wird. Er wurde geopfert, um Raum zu schaffen für weniger Bekanntes, das nicht weniger lesenswert ist. Die Geschichten und Essays aus, für, von und über Bayern rufen in Erinnerung, aus welchen kulturellen und geistigen Wurzeln das Land Bayern entstand. Sie sind eine Sammlung köstlicher und kostbarer Einsichten, die man bewahrt, weil sie heute nicht mehr zu gewinnen wären. Sie zeigen auf, was sich in den letzten 100 Jahren unter dem weiß-blauen Föhnhimmel getan hat: was sich geändert hat und was beim alten geblieben ist. Das vorliegende Lesebuch ist ein Stück Heimatkunde für Bayernkenner und für alle, die auf Bayern neugierig sind. Nach der Lektüre können wir uns Bayern einfach besser vorstellen, auch wenn wir weder bairisch sprechen noch bayerisch sind.

München, im Januar 2009   *Elisabeth Tworek*

KAPITEL I

Was ist bayerisch?

LION FEUCHTWANGER: Das Land Altbayern

Das Land Altbayern war kein reiches Land. Vier Gebirgsruinen lagen in ihm. Sie waren Ur-Sache vieler Störungen gewesen; jetzt hatte sich der Boden beruhigt, es gab keine Beben mehr. Aber seine Schätze, Steinkohle, Zementmergel, waren in Tiefen gesunken, die nicht mehr genutzt werden konnten.

Das Gebiet des Landes Altbayern war ein harter, eckiger Strich des Planeten. Lag, schon vor der geologischen Neuzeit, an der Grenze zweier Welten, ein Einschiebsel, getrennt von der nördlicheren Welt, der südlicheren nicht ganz angeschlossen.

Das Land hatte Höhe und Weite, Berge, Seen, Flüsse. Seine Himmel waren bunt, seine Luft machte alle Farben frisch. Es war ein schön anzuschauendes Stück Welt, wie es sich herunterzog von den Alpen nach dem Strome Donau.

Die Bewohner des Landes waren seit alten Zeiten Ackerbauern, städtefeindlich. Sie liebten ihren Boden. Sie waren zäh und kräftig, scharf im Schauen, schwach im Urteil. Sie brauchten nicht viel; was sie hatten, hielten sie mit Händen, Zähnen, Füßen fest. Langsam, träg im Denken, nicht willens, für die Zukunft zu schuften, hingen sie an behaglich derbem Genuss. Sie liebten das Gestern, waren zufrieden mit dem Heute, hassten das Morgen. Ihren Siedlungen gaben sie gute, anschauliche Namen, sie bauten Häuser, an denen das Auge sich weiden konnte, schmückten sie mit handfester Bildnerei. Sie liebten Gebrauchskunst jeder Art, hatten Sinn für bunte Trachten, für Feste, Komödienspiel, Prunk von Kirchen, Prozessionen, für reichliches Essen und Trinken, für ausgedehnte Rauferei. Auch auf die Berge zu steigen liebten sie und zu jagen. Im übrigen wollten sie in Ruhe gelassen sein, ihr Leben passte ihnen, wie es war, sie waren misstrauisch gegen alles Neue.

Das Zentrum dieses Bauernlandes, die Stadt München, war eine dörfliche Stadt mit wenig Industrie. Eine dünne, liberale Schicht von Feudalherren und Großbürgern war da, nicht viel Proletariat, viele Kleinbürger, noch sehr verwachsen mit dem Landvolk. Die Stadt war schön; ihre Fürsten hatten sie mit reichen Sammlungen geschmückt und gutem Bauwerk; sie hatte Paläste von Fülle und Anmut, Kirchen von Innigkeit und Kraft. Viel Grün war da, große Biergärten mit behaglicher Sicht auf Fluss und Berge. In schönen Läden wurden die Erzeugnisse der Früheren feilgehalten, altväterisch nette Möbel, gemütvoller Kleinkram aller Art. Die Stadt basierte ökonomisch auf Brauerei, Veredlungsindustrie, Kunstgewerbe, Bankgewerbe, Holz-, Getreide- und Südfruchthandel. Sie produzierte gute Gebrauchskunst und das beste Bier der Welt. Sonst bot sie wenig Material für industrielle Betätigung. Die geistig Regeren wanderten ab; sie ergänzte sich aus spätgeborenen Bauernsöhnen, die, altem Brauch zufolge, nicht erbberechtigt waren. Seit dem Sturz der Dynastie zog sich auch der Feudaladel mehr und mehr zurück, die Arco-Valley, die Öttingen-Wallerstein, Castell-Castell, die Poschinger und Törring. Reiche Leute blieben wenige. Nur einer unter je zehntausend Einwohnern versteuerte ein Vermögen von einer Million und darüber. Im Übrigen lebte die Stadt sich selber, ein lautes, ungeniertes Leben im Fleisch und im Gemüt. Sie war zufrieden mit sich. Ihr Wahlspruch war: bauen, brauen, sauen.

Vier Jahrhunderte zuvor hatte der Geschichtsschreiber Johann Turmair, genannt Aventinus, von seinen altbayrischen Landsleuten gesagt, das Volk sei schlecht und recht, höre auf die Geistlichkeit, bleibe gern zu Haus, reise wenig. Es trinke stark, habe viel Kinder. Lege sich mehr auf Acker und Vieh als auf den Krieg. Sei unfreundlich, eigensinnig, querköpfig. Achte nicht der Kaufmannschaft, es komme auch wenig Handel. Der Durchschnittsbayer tue, was er wolle, sitze Tag und Nacht beim Bier, schreie, singe, tanze, spiele Karten. Liebe lange Messer und Raufwerkzeuge. Große, prasserische Hochzeit halten, Totenmahl und Kirchweih feiern gelte als anständig, werde keinem verübelt. Im zwanzigsten Jahrhundert konstatierte der einheimische Geschichtsschreiber Doeberl: Man finde an den Bayern kein feines, zierliches, Liebe erzeugendes Wesen. Vielmehr ruhige Sprache, ruhige Außenseite, dabei Neigung zur Roheit und Gewalttätigkeit wie zum grobsinnlichen Genuss, Verschlossenheit und Argwohn gegen Fremde.

Was die Bayern von alters her vor allem haben wollten, war ihre Ruhe. Im zwanzigsten Jahrhundert ließ man sie nicht mehr in Ruhe. Bisher hatten sie aus dem Überfluss ihrer Landwirtschaft reichlich kaufen können, was sie für ihr behaglich anspruchsloses Leben brauchten. Auf einmal hieß es, sie produzierten unrationell. Mit Maschinen und kluger Methode könne man ihre Äcker besser bestellen. Wo ihrer zwei arbeiteten, genüge ein Einziger. Der Verkehr steigerte sich, die Fracht wurde billig. Man bewies ihnen, dass man aus fruchtbaren Ländern mit klüger bearbeitetem Boden bessere und billigere Lebensmittel einführen könnte. Die andern waren auf einmal nicht mehr auf sie angewiesen, wohl aber sie auf die andern.

Die Bayern schimpften, ja, was wäre denn das? Solange war es gegangen: Warum sollte es denn auf einmal nicht mehr gehen? Sie wollten es nicht wahrhaben: Aber es war etwas anders geworden. Der Acker trug wie bisher und war dennoch unzuverlässig geworden. Es reichte nicht mehr, unbegreiflicherweise, man musste sich immer öfter etwas abknapsen, was die andern hatten, und was man selber haben wollte, und was man bisher gegen den Überschuss seines Bodens hatte eintauschen können. Man musste die andern haben, man brauchte sie, man musste sich knurrend in das Ganze des Reiches schicken. Es ging nicht mehr an, dass alle sitzenblieben auf dem Hof, im Dorf, in der kleinen Stadt. Viele, wollten sie nicht hungern, mussten in die Stadt abwandern, in die Industrie. Die ganz Gescheiten behaupteten, auch dieser beschränkte Zustand lasse sich nicht halten. In dem industrialisierten Mitteleuropa sei das agrarisch-starrsinnige Bayern ein recht wenig wichtiges Ding. Wie das Auto die Pferdedroschke, so mache eine rationelle Weltgetreidewirtschaft die bayrische Landwirtschaft überflüssig. Nur aus Rücksicht auf die Selbstversorgung im Kriegsfall halte das Reich den unrentablen, viel zu teuren Ackerbau durch hohe Getreidezölle und andre Liebesgaben aufrecht. Aber der Krieg sei eine veraltete Methode, im Absterben. Schon arbeite man, aus diesen Erwägungen heraus, überall daran, die Zölle abzuschaffen, zweckmäßiger zu wirtschaften, ein sinnvolleres Gebilde Europa aufzurichten. Werde das erreicht, öffne Deutschland seine Zollgrenzen, dann sei es aus mit der bayrischen Landwirtschaft. Der Bayer werde dann seine Bauernzüge, sein Sondergesicht ablegen, werde sich in einen Normalmenschen verwandeln müssen.

Die Bayern knurrten, sie wollten nicht in die Ferne schauen und was lag ihnen an einem sinnvolleren Europa. Sie wollten leben wie bisher, breit, laut, in ihrem schönen Land, mit einem bisschen Kunst, einem bisschen Musik, mit Fleisch und Bier und Weibern und oft ein Fest und am Sonntag eine Rauferei. Sie waren zufrieden wie es war. Die Zugereisten sollten sie in Ruhe lassen, die Schlawiner, die Saupreußen, die Affen, die geselchten.

Sie ließen sie aber nicht in Ruhe. Von der fernen See her führte man in großen Massen Fische ein und von jenseits der See gefrorenes Fleisch, als ob ihre Lebensmittel nicht genügten. Autos kamen, Fabriken kamen, Flugzeuge schwirrten durch ihre bunten Himmel. Schon kletterte die erste Bahn einen ihrer höchsten Berge hinauf; und da sie selber zögerten, erkroch von der österreichischen Seite her eine Bahn gar ihren höchsten Gipfel, die Zugspitze. Das Wasser ihrer Flüsse verwandelte sich in Elektrizität, schlanke Masten der Überlandleitungen schwangen sich, grauglänzend, filigranhaft klar, in die leichte Luft. Ihr schöner, finsterer Walchensee musste sich verschandeln lassen durch ein großes Werk, das Bogenlampen leuchten machen sollte und Wagen antreiben. Das Gesicht des Landes änderte sich.

Es kam ein großes Aufatmen: die Inflation. Den Bauern schwand ihr Besitz nicht wie den Städtern unterm Arsch weg, sie konnten die Schulden, die auf ihrem Boden lagen, mit entwertetem Geld abdecken. Die Lebensmittel zogen an wie in den Jahren des stärksten Kriegshungers, und die Bauern nützten die spinnerte Zeit aus. Sie hatten Geld wie Heu und schmissen damit um sich. Manche von ihnen gaben es nobler, als es Bauern jemals hatten geben können. Der Landwirt Greindlberger fuhr aus der schmutzigen Dorfstraße von Englschalking nach München in einer eleganten Limousine mit livriertem Chauffeur. Er selber saß darin in brauner Samtweste, mit grünem Hut und Gamsbart. Der Käsereibesitzer Irlbeck in Weilheim hielt sich einen Rennstall. Er besaß die Rennpferde *Lyra*, *Da fehlt sich nichts*, *Dorflump*, *Banco*, die Vollblutstute *Quelques fleurs* und die Fohlen *Titania* und *Happy End*. Viele Bauern, hatten sie nicht Automobil und Rennrösser im Stall stehen, hielten sich nicht für voll.

Aber in allem Fett der Inflation merkten die Altbayern, dass es nicht mehr stimmte. Viele freilich wollten es durchaus nicht wahrhaben, sie machten die Augen zu und pressten die Fäuste davor, als ob es dann nicht Tag würde. Aber viele spürten, dass es mit ihrer bisherigen Wirtschaft zu Ende ging. Ihr Privatstaat war zu teuer, sie mussten sich in das Ganze des Reichs schicken, konnten sich ihre politischen und kulturellen Extrawürste nicht mehr leisten. Aus Instinkt wurden sie

Nationalisten, denn sie ahnten, dass nur die Rücksicht auf die Versorgung im Kriegsfall den deutschen Bauern hielt. Aus Instinkt wurden sie Mischling aus slawischem und romanischem Blut, germanische Rassenschützler, weil sie so am besten das bodenständige Bauerntum zu verteidigen glaubten gegen den zukunftsträchtigeren landfremden Nomadentyp.

Sie hatten nicht viel Metaphysik; aber sie spannten, dass sie trotz alldem das letzte Geschlecht waren, dem es vergönnt blieb, auf diesem Stück Erde so zu leben, wie man seit mehr als einem Jahrtausend dort gelebt hatte. Dieses dumpfe Wissen machte, dass sie nicht einmal an der Inflation die rechte Freude hatten. Manchmal, rülpsend nach einem guten Essen, steigend aus dem Bett eines gestellten Weibsbilds, knackend mit den Gelenken nach einer saftigen Rauferei, sagte einer, nachdenklich ohne ersichtlichen Grund: »Die gscherten Hammel, die damischen.«

Ludwig Thoma: Agricola (Frei nach Tacitus' »Germania«)

Vor beinahe 1800 Jahren hat der berühmteste aller Geschichtsschreiber mit vielem Wohlwollen und ehrlicher Bewunderung unsere Vorfahren geschildert. Da es eine schöne und für die Nachwelt so wertvolle Aufgabe ist, situs gentium describere, Land und Leute zu beschreiben, so will ich versuchen, Sitten und Gebräuche der Nachkommen zu zeichnen. Aber nicht derer, welche untreu germanischer Sitte Städte bewohnen, sondern derer, welche ferne von ihnen die Felder bebauen. Daher auch der Titel der Schrift.

Die Ebene Germaniens vom Donaustrome bis zu den Alpen bewohnen die Bajuwaren. Ich halte sie für Ureinwohner dieses Landes, für »selbstgezügelte«, wie sie in ihrer Sprache sich heißen. Fremden Einwanderern ist es schwer, sich mit ihnen zu vermischen. Gewiss ist, dass sie nie mit den Autochthonen verwechselt werden können.

Da sich dieses germanische Volk nicht durch Eheverbindungen mit fremden Nationen vermischt, bildet es einen eigenen, sich selbst gleichen Stamm. Daher auch der nämliche Körperbau bei dieser zahlreichen Menschenmasse, dieselben ungewöhnlich ausgebildeten Hände und Füße, dieselbe harte, widerstandsfähige Kopfbildung. Wie die Vorfahren, sind sie zu stürmischem Angriff tauglich und gerne bereit. Für Strapazen und Mühseligkeiten haben sie große Ausdauer, nur Durst können sie nicht ertragen.

Das Land ist verschieden gestaltet. Wälder wechseln mit Getreidefeldern, Höhenzüge mit großen Ebenen. In der Nähe der größten Ansiedlung erstreckt sich ein großes Moos; hier hat sich der Stamm am reinsten erhalten.

Die Bajuwaren haben viel Getreide und Vieh; doch herrscht über den Wert dieser Dinge jetzt großer Streit. Das Geld haben sie schätzen gelernt. Sie lieben nicht nur die alten, längst bekannten Sorten, sondern auch sämtliche neue. Das Hausgerät ist einfach. Besonders an den Gefäßen schätzen sie den Umfang höher als die kunstfertige Arbeit.

Waffen. Kriegswesen. Waffen hat dieses Volk vielerlei; doch wird auch hierin mehr auf Tauglichkeit als auf Schönheit gesehen. Sehr verbreitet ist die kurze Stoßwaffe, welche jeder Mannbare in einer Falte der Kleidung trägt; ihr Gebrauch ist aber nicht freigegeben, vielmehr sucht die herrschende Obrigkeit in den Besitz derselben zu gelangen. In diesem Falle ersetzt sie der Volksgenosse stets durch eine neue.

Als Wurfgeschoss dient ein irdener Krug mit Henkel, der ihn auch zum Hiebe tauglich erscheinen lässt. An ihren Zusammenkunftsorten sucht bei ausbrechendem Kampfe jeder möglichst viele dieser Gefäße zu ergreifen und schleudert sie dann ungemein weit. Die meisten Bajuwaren führen eine Art Speere oder in ihrer Sprache Heimtreiber aus dem heimischen Haselnussholze, ohne Spitze, biegsam und für den Gebrauch sehr handlich. Wo diese Waffen fehlen, sucht jeder solche, die ihm der Zufall bietet. Ja, es werden zu diesem Zwecke sogar die Hausgeräte, wie Tische und Bänke, ihrer Stützen beraubt. Beliebt sind auch die Bestandteile der Gartenumfriedung. Vor dem Beginne des Kampfes wird der Schlachtgesang erhoben. Es ist nicht, als ob Menschenkehlen, sondern der Kriegsgeist also sänge. Sie suchen hauptsächlich wilde Töne zu erzielen und schließen die Augen, als ob sie dadurch den Schall verstärken könnten. Sie kämpfen ohne überlegten Schlachtenplan; jeder an dem Platze, welchen er einnimmt. Der Schilde bedienen sie sich nicht. Als natürlicher Schutz gilt das Haupt, welches dem Angriffe des Feindes widersteht und den übrigen Körper schirmt. Manche bedienen sich desselben sogar zum Angriffe, wenn die übrigen Waffen versagen.

Der vornehmste Sporn zur Tapferkeit ist häufig die Anwesenheit der Familie und Sippschaften. Diese weilen in nächster Nähe ihrer Teuern und feuern sie mit ermunterndem Zurufe an. Die Schlacht beendet meist der Besitzer des Kampfplatzes, der hierzu eine auserlesene Schar befehligt.

Lebensweise im Frieden. Wenn sie nicht in den Krieg ziehen, kommen sie zu geselligen Trinkgelagen zusammen. Auch hier pflegen sie des Gesanges, der sich aber von dem Schlachtgeschrei wenig unterscheidet. Tag und Nacht durchzuzechen, gilt keinem als Schande. Versöhnung von Feinden, Abschluss von Eheverbindungen, der beliebte Tauschhandel mit Vieh und sogar die Wahl der Häuptlinge wird meist beim Becher beraten. Selten spricht einer allein, häufig alle zusammen.

Jeder legt ohne Rückhalt seine Meinung dar und hält daran fest. Bei Verschiedenheit der Meinung obsiegt der mächtige Schall der Stimme, nicht die Kraft der Gründe. Am meisten liebt dieses einfache Volk die unbefangenen Scherze. Auch den anderen ist es nicht abgeneigt.

Der männlichen Jugend gilt als das höchste Fest die Wehrhaftmachung. Diese findet in den größeren Ansiedlungen statt, wo die Jünglinge in die Liste der Krieger eingetragen werden. Zu diesem Feste schmückt jeder die Kopfbedeckung mit wildem Gefieder. Die Gefolgschaft eines jeden Dorfes zieht dann mit furchterregendem Geschrei in die Stadt ein. Eine eigenartige Musik begleitet sie. Das Fest endet mit größeren Kämpfen. Denn ein stilles Leben liebt diese Nation nicht. Das Getränke der Bajuwaren ist ein brauner Saft aus Gerste und Hopfen. Häufig beklagen sie den schlechten Geschmack, niemals enthalten sie sich des Genusses. Ihre Kost ist einfach. Aus Mehl zubereitete Speisen nehmen sie in runder Form zu sich; die geringe Nährkraft ersetzen sie durch die große Menge. An einigen Tagen des Jahres essen sie geräuchertes Fleisch von Schweinen und beweisen hierbei geringe Mäßigkeit.

Prunkvolle Kleider tragen sie nicht. Auch sehen sie nicht darauf, daß diese die Formen schöner erscheinen lassen. Das Oberkleid des Mannes ist kurz und mit Münzen geziert. Das Unterkleid dagegen ist sehr lang, eng anliegend und reicht bis an die Mitte der Brust. Meist ist es aus Leder gefertigt, schützt gegen Hitze und Kälte und ist dem Luftzuge unzugänglich. Das Kleid des Weibes besteht in übereinandergelegten Säcken und lässt über die Schönheit der Körperbildung im Unklaren. So wenig wie auf die äußere Schmückung legt dieses Volk auf die sonstige Pflege des Körpers übergroßes Gewicht. Bäder werden als weichlich verachtet. Die Seife ist selten. Der Gebrauch der Zahnbürste unbekannt.

Das Weib. Unähnlich hierin den Vorfahren, achtet dieses Volk den Rat der Weiber nicht und glaubt nicht an deren göttliches Wesen. Ihren Aussprüchen horchen sie nur ungern. Doch fehlt nicht alle Verehrung des Weibes. Zu den geselligen Zusammenkünften haben die Weiber Zutritt; ja sie dürfen sogar mit den Männern aus einem Gefäße trinken. In dieser Gastfreundschaft herrscht eifriger Wettstreit. Auch tanzen die Jünglinge, welchen dies eine Lustbarkeit ist, mit ihnen umher. Bei dieser Übung erweisen sie mehr Fertigkeit als Anmut. Eigentümlich ist die Art, wie sie sich zum Tanze paaren, sie beweist die Oberherrschaft des Mannes. Der Jüngling, welcher eine Stammesjungfrau gewählt hat, stößt einen grellen Pfiff aus und winkt ihr befehlend mit der Hand. Häufig hört man auch bei diesen Lustbarkeiten plötzlich den Kriegsruf ertönen. Den Weibern gilt es als ehrenvoll, wenn um ihretwillen der Kampf entbrennt. So ist auch die Werbung um sie oft mit Gefahren verknüpft. Hass der anderen, nächtlicher Überfall und Heimscheitelung bedrohen den Jüngling, welcher einer Volksgenossin zuliebe die Gehöfte aufsucht und Mauern erklettert.

Das ist's, was ich im Allgemeinen von dieses Germanenvolkes Sitte erfahren habe.

CARL AMERY: Was ist bayerisch?

Herbert Achternbusch, mein geschätzter Kollege und Landsmann, formulierte es gelegentlich so: »Die Bayern machen, was immer sie machen, wenn sie auch noch so technisiert sind, nämlich Mist aufladen. In Gummistiefeln stehen sie in der Miststatt und legen vom Misthaufen mit der Mistgabel Mist auf den Mistwagen, den sie dann auf beiden Seiten mit dem Mistbrett schrägschlagen. Sie sind stolz auf ihre Oberarmmuskeln, und sie sind stolz, dass ihre Regierung ihren

Stolz auf den Stolz ihrer Oberarmmuskeln vertritt, und dass sie von ihrer Regierung behandelt werden, wie sie den Mist behandeln, denn keinem soll es besser gehen.«

Der Text, wenn auch für ein Kind geschrieben, reicht weit und ist bei etwas denkerischer Anstrengung auch recht differenziert und brauchbar. Wir könnten also hier jede weitere Nachforschung einstellen. Aber da auch für solche etwas geschehen sollte, die nicht an Achternbusch gewöhnt sind, und weil der Leser ein Recht auf mehr Ausführlichkeit hat, folgen die Seiten dieses Kapitels (und dieses Buches).

Zunächst gilt es ein- und abzugrenzen. Was meinen wir mit bayerisch? Meinen wir, um einmal eine Unterscheidung anzuwenden, die ihre Vorteile hat, damit das Bayerische oder das Bairische? Meinen wir, mit anderen Worten, den Staat oder den Stamm? Das Vielvölker-Konglomerat des Ministers Montgelas oder das eine Volk der Dialekt-Geeinten (durch Mittel- und Nordbairisch Geeinten, ohne der südbairischen Irredenta gesondert Erwähnung zu tun)?

Wenn man zu Resultaten kommen will, muss man beides meinen – oder keines von beiden.

Wir gehen mit der Zeit; das heißt, wir gehen vom Stamm aus und nähern uns der gesellschaftlichen, staatlichen Wirklichkeit von heute. Was im Laufe der Annäherung die Baiern den anderen Stämmen, den Franken, Schwaben, Pfälzern, Deutschböhmen antaten und antun (oft zu deren großem Missvergnügen); was, andererseits, die neubayerischen Stämme den Alt-Baiern antaten und antun (gleichfalls oft zu ihrem großen Missvergnügen): Es wird, hoffentlich, im Laufe unserer Betrachtungen sichtbar werden.

Aber wir gehen von Unbestreitbarem aus: Es gibt etwas Bairisch-Bayerisches, etwas Spezielles, das es von anderen Stämmen und Landschaften unterscheidet. Und zwar stärker unterscheidet als diese Stämme untereinander verschieden sind. Nicht einmal der Begriff des »Süddeutschen« hilft da weiter; die Kluft zwischen Baiern und Alemannen kann nur der übersehen, der ganz oberflächlich hinsieht. Und auch das Österreichische hat sich längst, hat sich ganz, ganz anders entwickelt – trotz der missverständlichen Gemeinsamkeit, die im Dialekt zu stecken scheint.

Aber was ist nun das spezifisch Bayerisch-Bairische? Was für Merkmale, was für Kriterien können wir heranziehen, damit die

Klassifikation einerseits nicht zu weit, andererseits nicht zu eng wird?

Erledigen wir zunächst das Einfachere. Bayerisch ist natürlich nicht identisch mit dem Gebirglerisch-Zünftigen, dem Krachledern-Aufdraherischen, dem verwegenen Gemsenjägerblick und den Landschaften, die mit dem Munde gemalt sind (so sagte mir's einmal ein spitzzüngiger Norddeutscher). Es ist im weitesten Sinne auch nicht identisch mit dem, was man mit dem ganzen Stuss von »weißblau und heiter« umschreiben kann: mit Komödienstadl und Gebirgstrachtenerhaltungsvereinen, mit Kammerfensterln und Goaßlschnalzern. Dass Reste jungsteinzeitlicher Lebensart hier und anderswo in Europa (etwa bei den Hochland-Schotten) noch erhalten sind, mag in Grenzen sogar stimmen; und dass sie Geld auf dem tertiären Sektor einbringen, sei nicht bestritten. Aber weder das wirkliche Bayern noch das wirkliche Schottland ereignen sich in solchen Reservaten, haben sich nie in ihnen ereignet – vergessen wir es also.

Aber wie steht's mit der Gleichung bairisch = bäurisch? Erklärt sie nicht wesentlich mehr von der Sonderart dieses Stammes?

Seine Verachtung des Abstrakten etwa, seine Überzeugung, dass es vor allem gilt, »das Sach zusammenzuhalten«? Sein Misstrauen gegen jedwede Ideologie (außer einer solchen, die er nicht als Ideologie erkennt)? Erklärt sie nicht die manchmal erfrischende, manchmal außerordentlich irritierende Grobheit, den Stolz auf die Oberarmmuskeln, von dem Herbert Achternbusch spricht? Das Bekenntnis zum Mist (auch Ludwig Thoma hat es abgelegt, seine Sensibilität muskelbeugend überspielend?) als der Prima-facie-Evidenz irdischer Gebundenheit, an der man halb spöttisch, halb ressentimentgeladen jeden Aufschwung der Seele misst? »Da hast dei' Vision, du Simpl!«, wurde der kleine königliche Page Baron Hans von Gumpenberg von einem älteren Semester angeschrien, der in seinem Pult das Konzept eines Gedichts mit der Überschrift »Vision« gefunden hatte, und der es vor den Augen des unglücklichen Knaben zerriss. Ähnliches hat August Graf von Platen schon erlebt, als er in der bayrischen Armee diente ...

In der Tat, man kommt der Sache näher; aber nur um den Preis der Versimpelung. Denn erstens gibt es bäurische Seelenlagen solcher Art allenthalben in der Welt, wo es Bauern gibt oder gegeben hat – und zweitens ist bayrisch-bairische Besonderheit beileibe nicht nur auf die einst herrschende Wirtschaftsform zurückzuführen. Es kommen andere Faktoren in die Gleichung hinein. Hier sollen nur zwei genannt werden: die Abkunft – und die spezielle historische Rolle des Landes seit der Reformation.

Zur Abkunft: Dass die Völkischen ausgerechnet in München mit ihrer Agitation begannen (von der Hitler zunächst nur ein kleiner Trommler war), geschieht ihnen, den Völkischen, aber auch ihren bayerischen Förderern recht. Denn von Germanentum kann in Bayern wirklich keine Rede sein – oder doch nur in einer kläglich verdünnten Lösung. Romanisches gibt es mehr (wer die schönen Mädchen an der alten römischen Donaugrenze, zwischen Regensburg und Passau, nicht kennt, ist selber schuld …), Slawisches, Awarisches, aus Böhmen mitgebracht, ganz alte Völkerschaften wie etwa die Narisker, die in der heutigen Oberpfalz saßen (der gelehrte oberpfälzische Arzt Ringseis hatte ein Nariskerprofil, desgleichen, in unseren Tagen, der Literaturprofessor Walter Höllerer aus Sulzbach-Rosenberg). Aber das meiste, das allermeiste in unserem Gen-Bestand wird doch keltisch sein.

Leider sind sie etwas in Mode gekommen, die Kelten; sind »in«, wie man so sagt. Aber die Evidenz ist dennoch erdrückend: Nirgends sonst in deutschen Landen ist ihr Charakter so dominierend. Die Verhandlungen, die Julius Cäsar mit gallischen Häuptlingen führte (im *De bello Gallico* ist's nachzulesen), könnten heute in bayerischen politischen Hinterzimmern laufen. Wilde, theatralische Kraft, posierendes Mittelpunktgefühl, Lust am Fantasieren, Desinteresse an größeren Zusammenschlüssen und der entsprechende Mangel an kaltem Weitblick, Populismus, Partikularismus bis hin zur Anarchie: Das alles kennen wir schon aus den älteren Quellen, aus Gallien, Irland, Schottland …

[…]

Ich halte die schlichte Ablehnung des »Weltgeistes« durch unser Stammes-Ingenium, die Weigerung, die »Wirklichkeit«, das heißt das zufällig reale Resultat der Makro- oder Mikrogeschichte, als Entscheidung über seine Richtigkeit anzuerkennen, für eine der wenn auch bescheidenen, so doch positiven Besonderheiten meines Stammes. Aber ehe wir das etwas genauer untersuchen, gilt es zuvor noch den zweiten Faktor heranzuziehen, von dem ich sprach: die spezielle Geschichte Bayerns (zunächst Baierns) seit der Reformation.

Hier genügt es festzustellen, dass die Gegenreformation in deutschen Landen nirgends so siegreich war wie in Baiern, wo sie das natürliche Misstrauen gegen jede Weltverbesserei bedeutend verstärkt hat. Reformation, das hieß ja auch, und nicht zuletzt, Verheißung; Wiederbelebung, Verstärkung des Entwurfs christlicher Lebensaufgabe auf das kommende Jerusalem hin. Dem setzte der militante Katholizismus seine Statik entgegen; sein Beharren auf dem hier und heute gegebenen »Apparat« der Heilsverwaltung. Gewiss, auch der Katholizismus, und gerade der sehr fromme Katholizismus der Baiern im 17. und 18. Jahrhundert, wusste, dass die Welt unvollkommen ist, und das Leben war schlimm genug, so schlimm wie in deutschen Landen anderswo auch. Aber – um hier einmal ganz grob zu generalisieren –: Rettung suchte man nicht im zukünftigen Heil für alle, sondern im separaten Gnadenerweis, im Mirakel. Das Land war dicht besetzt von Wallfahrten, Gnadenorten, Gelegenheiten, sich zu »verloben« (d. h. Gelübde abzulegen) in jeder Not des Leibes und der Seele. Es ist überliefert, dass sich die Leute im Wirtshaus stritten, wer für dies oder jenes zuständiger, heilkräftiger sei: die Muttergottes von Altötting oder von Tuntenhausen, der heilige Veit da oder der heilige Erasmus dort, der Leonhard von Leonhardspfunzen oder das heilige Kreuz von Tattenhausen … Noch mitten im Zweiten Weltkrieg hatte sich ein bedeutender Münchener Chirurg sowohl nach Altötting wie nach Tuntenhausen »verlobt« (beides Marienwallfahrten), um seine Klinik vor den Brandbomben zu retten. Sein Gebet wurde erhört, und der Chirurg stiftete zwei Votivbilder, eines nach Altötting und eines nach Tuntenhausen. Auf beiden aber waren die zwei Madonnen über dem brennenden Bavariaring zu erblicken: die eine in Weiß, die andere in Schwarz – ein doppeltes Netz der Sicherheit sozusagen …

Es sei festgestellt, dass dies nicht spöttisch gemeint ist: Es ist das logische Resultat einer Religiosität, die sich nicht von den uralten vor- und frühgeschichtlichen Bewusstseinsinhalten lösen kann oder will. Und natürlich war sie auch vor 1800 nicht die einzige Religiosität in Bayern. Natürlich gab es »echtere« Frömmigkeit, tiefe Mystik, gab es Todessehnsucht und – vor allem im 17. Jahrhundert – ständige Wiederholung des memento mori, der Ausrichtung auf die letzten Dinge. Doch – und das führt uns wieder zum entscheidenden Unterschied! – hinter all dem stand (und steht teilweise noch heute) ein letzten Endes prähistorisches Grundgefühl von der Stetigkeit der Welt, die uns umgibt; das Grundgefühl, das sich, Welten entfernt, in einem Todesgebet der Indianer so ausdrückt: »Menschen kommen und gehen, aber die grünen Berge bleiben.« (Es gab einen bayerischen Pfarrer, der dies auf seine Weise formulierte: Er war ein begeisterter Bergsteiger und erklärte schlankweg, dass er, wenn er in den Himmel komme, damit rechne, daselbst Berge vorzufinden. Ohne dieselben könne er sich eine paradiesische Ewigkeit nicht vorstellen.)

Eine der verblüffendsten Bestätigungen für diese Hypothese, die Hypothese von der letzten Endes statischen Weltfrömmigkeit, ist in Ernst Blochs schwierigem, aber spannendem Büchlein über »Die Lehren von der Materie« zu finden. Er spricht dort über die Materielehre des romantisch-katholischen, bayerischen Philosophen Franz von Baader. Alles Denken und Sein, so führt Bloch aus, hängt für Baader vom Gedachtwerden durch Gott ab; aber dass die Materie besteht, die Welt und ihre Schönheit mitten in der Gefährdung, das verdanken wir dem Mitleid Gottes. Dieses Mitleid schiebt das Gericht auf, dieses Mitleid, diese Barmherzigkeit selbst erschafft die schöne liebliche Außen- und Lichtseite der Natur. Baaders Prosa ist ungeheuer dunkel und pompös; aber der eine Satz verdient zitiert zu werden: »Es ist nur der Mensch, der dem verderbten Wesen offen ist … die äußere Natur kann also betrachtet werden als ein furchtbarer und mächtiger Schild, durch welchen der Schöpfer dem Vater der Lüge immer den Mund verschlossen hält …«

Hier geht es, hoffentlich, nicht nur um eine vergangene Philosophie oder Theologie. Es geht um die wunderschöne Grundidee: um die schöne Welt, die schöne Materie als einen Schutz vor dem Nichts und dem Bösen. Das ist, wenn man so will, das genaue Gegenteil dessen, was eine finstere Spiritualität durch Jahrtausende auch im Christentum angezettelt hat. Das ist, auf der Ebene der hohen Spekulation, die Sehnsucht des bayerischen Leutepriesters nach den höchst wirklichen Paradiesesbergen. Das ist die Kraft –und natürlich auch die Grenze bayerischen Welt- und Selbstgefühls. Weltverbesserer, im positiven wie im negativen Sinn, haben es deshalb in Bayern schwerer als anderswo. (Hier liegt, meines Erachtens, der grundlegende Unterschied zu den Alemannen: Nirgends in Deutschland gibt es mehr Chiliasten, mehr Weltverbesserer als dort.)

Die Medaille hat natürlich ihre negative Seite – sie sei sofort erwähnt. Ein bäuerisches Volk, jahrhundert-, ja jahrtausendlang an die Wichtigkeit des Besitzes in einer statischen Welt gewöhnt, wird hart, ja hartherzig. Wertbewußtsein, Identitätsgefühl klammern sich an »das

Sach«, an den Boden, an das Haus, an den Hausrat. Was von außen dagegen andrängt, wird grundsätzlich als Feind empfunden – ob es das Rentamt oder der Weltverbesserer ist. Wenn's dennoch zuschlägt; wenn die Dinge umstürzen oder umgestürzt werden, wird entweder ein Sündenbock gesucht – oder, was auch sehr bairisch ist, man fällt auf die Überzeugung zurück, daß der Weltlauf letzten Endes absurd, irrational ist. Nirgendwo sonst in deutschen Landen werden Unfälle, Krankheiten, Verderbnis von Mensch und Natur so breit, ja so selbstgefällig erörtert wie in Bayern, speziell in Altbaiern. Alles, so heißt's dann, ist »aufgesetzt«, das heißt vom Schicksal bestimmt, der Autounfall beweist letzten Endes die Dunkelheit der Welt, die Absurdität aller Dinge. Und wenn's ganz schlimm wird, dann wird die Verzweiflung wortlos. Der vornehme Generalbass der Verzweiflung, der durch die namhafte österreichische Literatur geht, hat durchaus seine bairische Entsprechung. Aber unsere Geschichte hat uns nicht die Werkzeuge geliefert, die im alten Kaiserreich einen Grillparzer, einen Trakl, einen Musil – und, noch in unseren Tagen, eine Ingeborg Bachmann und einen Thomas Bernhard ermöglichten und ermöglichen. Es gibt Dutzende von bairischen Moosbruggers – aber Thoma hat keinen beschrieben, und Xaver Kroetz auch nicht. (Es gibt zwei bairische Schriftsteller, die nahe herankommen: Oskar Maria Graf und – auf seine Weise – Herbert Achternbusch.) Die bairische Verzweiflung hängt in aller Regel wortlos und ohne Abschiedsbrief des Morgens im Heuboden. (Das allerdings hat auch Thoma beschrieben).

Bedeutet dies, dass der Baier kein Revolutionär, kein Empörer sein kann? Keineswegs. Es zieht sich ein Strang von Rebellion, von Aufsässigkeit durch unsere Geschichte – aber es ist immer die Rebellion gegen ganz konkrete Zwänge. Den Zwang etwa, kein Wildbret schießen zu dürfen. Den Zwang, zuviel Steuern zahlen zu müssen. Den Zwang, zum österreichischen Militär eingezogen zu werden. Den Zwang zu Vorschriften, die man nicht versteht und nicht verstehen will. Einmal in unserer Geschichte – anno 1918 – hat sich dieser Zwang und die Rebellion dagegen zur halbwegs wirklichen Revolution verdichtet. Aber als sie dann stattfand – was sollte durch sie erreicht werden?

Dafür gibt es wieder eine wunderschöne bairische Geschichte die Oskar Maria Graf mitteilt. In den Novembertagen 1918 – die Erbitterung über den sinnlosen, mörderischen, auspowernden Krieg hatte allenthalben, auch auf dem flachen Land, den Siedepunkt erreicht –

fand in München eine sozialdemokratische Versammlung statt. Es ging darum, ob die Mehrheitssozialisten, die sogenannte Basis, dem Appell der Unabhängigen, dem Appell Kurt Eisners folgen solle oder nicht. Eine Schlüsselfigur der Versammlung war ein riesiger Münchener Dreher, von allen als Respektsperson geachtet. Zornig, verbissen redete man auf ihn ein: »Was is? Was sagst? Mach ma mit oder net?« Der Dreher stand auf, atmete tief durch und sprach aus vollem Herzen: »Also dann – mach ma halt Revolution, damit a Ruah is!«

[...]

Das alte Land wurde von außen mit einem neuen Lebensstil, einer neuen Art der Existenz überzogen, dies führte, so oder so, zu seiner Sprachlosigkeit, zu seiner Fremdbestimmung. 1918, 1923, aber auch 1933 und 1945 bis in unsere Tage hinein hat das zur Folge, dass die verzweifelten Signale der alten Lebensart nur verzerrt als klägliche Parodien ihrer selbst sichtbar und hörbar wurden. Gewiss, der Norden hatte längst, hatte schon seit dem 18. Jahrhundert alles für sich: den Geist, das Geld, die Bildung, die Kanonen. Aber das bedeutete nicht, dass Bayern deswegen nicht das Recht gehabt hätte, seine eigenen Strukturen, seine eigenen politischen und gesellschaftlichen Entsprechungen zu seiner Eigenart zu entfalten. Sicher, Bayern machte seine eigenen Fehler; aber sie waren um keinen Deut schlimmer als die des Nordens. Es hatte nur keine Zeit mehr, sich seiner Fehler und seiner Stärken unter den Bedingungen der Moderne bewusst zu werden. Es konnte, seit 1866, nur noch reagieren. Und das tut es bis heute. Während es im täglichen Leben nach wie vor ein relativ liberales Land ist, hat es keinen Weg mehr wegzukommen – von der unfruchtbaren Fixierung auf sein Schicksal. Und selbst die Stichworte, mit der es diese Wut, verzerrt und gefährlich, ins Geschäft der Gegenwart einbringt, sind unfehlbar von außen bestimmt und geliefert.

KAPITEL 2

Dorfgeschichten

LENA CHRIST: Erinnerungen einer Überflüssigen

O ft habe ich versucht, mir meine früheste Kindheit ins Gedächtnis zurückzurufen, doch reicht meine Erinnerung nur bis zu meinem fünften Lebensjahr und ist auch da schon teilweise ausgelöscht. Mit voller Klarheit aber steht noch ein Sonntagvormittag im Winter desselben Jahres vor mir, als ich, an Scharlach erkrankt, auf dem Kanapee in der Wohnstube lag; es war dies der einzige Raum, der geheizt wurde.

Der Großvater war in seinem geblumten Samtgilet, dem braunen Rock mit den silbernen Knöpfen und dem blauen, faltigen Tuchmantel in die Kirche vorausgegangen, während die Großmutter in dem schönen Kleide, das bald bläulich, bald rötlich schillerte, noch vor mir stand und mich ansah, wobei sie immer wieder das schwarze seidene Kopftuch zurechtrückte. Neben der Tür aber stand in Hemdsärmeln der alte Hausl und wollte eben den Sonntagsrock vom Nagel nehmen, als sich die Großmutter umdrehte und zu ihm sagte: »Geh, Hausl, bleib du heunt dahoam und gib aufs Kind Obacht und tus Haus hüten; i möcht aa amal wieda in d' Kirch geh'.«

Darauf ließ der Hausl seinen Rock hängen und zog wieder seinen blauen, gestrickten Janker an, und die Großmutter ging zu dem Wandschränklein, das in die Mauer eingelassen war, nahm daraus das Weihbrunnkrügl und wollte gehen. In der Tür aber wandte sie sich noch einmal um und sagte zu mir: »Also, dass d' schö liegn bleibst, Dirnei, i bet scho für di, daß d' wieda g'sund wirst.«

Als sie fort war, ging der alte Hausl in seine Kammer, sich zu rasieren. Da fiel mir ein, ich könnte wieder einmal zu unserer Nachbarin, der alten Sailergroßmutter, gehen. Geschwind stand ich auf und lief hinaus in den Schnee und vor ihr Haus. Ich fand aber die Tür zugesperrt und niemanden daheim; denn sie waren alle in der Kirche. Und da ich nun lange im Hemd und dem roten Flanellunterröckl barfuß im Schnee gestanden war und vergebens gewartet hatte, schlich ich wieder heim; denn es war bitter kalt. Als der Hausl mich kommen sah, machte er ein ganz entsetztes Gesicht und kopfschüttelnd nahm er mich auf den Arm und legte mich wieder nieder. Alsbald fiel ich in ein heftiges Fieber und soll darauf viele Wochen krank gelegen sein, und man hat geglaubt, dass ich sterben müßte. Aber der Großvater hat mich gepflegt, und so bin ich wieder gesund geworden.

Der Großvater nämlich verstand sich auf alles, und wo man im Dorf eine Hilfe brauchte, da wurde er geholt. Er war Schreiner, Maurer, Maler, Zimmermann und Kuhdoktor, und manchmal hat er auch dem Totengräber ausgeholfen. Und weil er so überall zur Hand war, hieß man ihn den Handschuster, und der Name wurde der Hausname und ich war die Handschusterleni.

Der Großvater war bartlos und groß und gerade gewachsen und hatte trotz der mannigfachen schweren Arbeit schlanke schöne Hände. Die hab ich in späterer Zeit oft betrachtet, wenn er am Abend auf der Hausbank saß und über irgendetwas nachdachte.

Er war überhaupt anders als die Leute im Dorfe; denn er sprach wenig, ging nicht ins Wirtshaus und war bei keiner Wahl, wie er auch sonst allem öffentlichen Wesen fern blieb. Stattdessen erzählte man, dass er oft im Verborgenen geholfen habe; und wo einem Armen das Haus abgebrannt war, da habe er beim Aufbau mit zugegriffen, ohne lang nach dem Lohn zu fragen.

Damals, im Frühjahr nach meiner Krankheit, war es nun mein größtes Vergnügen, mit ihm auf dem Wagen, vor den unser Ochs gespannt war, aufs Feld hinauszufahren. Von den Äckern, die auf den Höhen rings um das Dorf lagen, konnte man die fernen Berge sehen, und der Großvater sagte mir von dem höchsten, dass es der Wendelstein sei.

Während er nun pflügte oder säete, brockte ich Blumen und betrachtete sie und die Welt dahinter durch bunte Scherben, die ich vor dem Hause des Glasers aufgelesen hatte; oder ich lief mit dem Sturm über die Wiesen und suchte ihn zu überschreien.

Abends auf dem Rückweg setzte mich dann der Großvater rittlings auf den Ochsen, und so sah ich schon von Weitem die bläulichen Rauchwölklein über unserem Dache, die uns anzeigten, dass die Abendsuppe schon auf dem Feuer stand.

Waren wir daheim angekommen, so sprang ich rasch in die Küche, steckte, wenn die Großmutter in der Speis war, die Nase in alle Hafen und Tiegel, zu sehen, was es Gutes gäbe, und lief dann hinter dem Großvater drein, der vom Hausflöz durch den Stall in die

Scheune ging, dort die Ackergeräte verwahrte und hierauf in dem Schuppen Holz für den Herd herrichtete. Ich tummelte mich derweilen in der Tenne, die wie der Stall und Schuppen an das kleine, freundlich mit bläulicher Farbe getünchte Wohnhaus angebaut war und mit ihm unter einem Dache stand, das sauber mit Holzschindeln eingedeckt und mit Felsblöcken beschwert war. Rings um das Häuschen zog sich ein saftiger Grasgrund, und von den Fenstern der Wohnstube, an denen reichblühende Geranien und Menschenleben standen, sah man im Sommer ein zierliches Gemüsegärtlein, dessen Beete mit feurigen Nelken, Dahlien, fliegenden Herzlein und buschigen Rosensträuchern eingefasst waren. Am Eingang des Gärtleins stand ein großer Rosmarinstrauch, den der Großvater bei seiner Heirat selbst gepflanzt hatte.

Von der Tenne nun schlüpfte ich des Öfteren in den Hühnerstall und durchsuchte ihn nach Eiern. Besonders als Ostern nicht mehr fern war, trieb es mich immer wieder dahin; denn um diese Zeit gab es unter uns ein großes Vergnügen, das Oarscheiben. Da zogen alle Kinder des Dorfes zu den großen Bauernhöfen, und dort wurden wir bewirtet und bekamen G'selchts, Osterbrot und bunte Eier. Diese aber wurden nicht gegessen, sondern zum Oarscheiben aufgehoben. Dabei teilten wir uns in zwei Parteien, und die einen standen hüben, die anderen drüben; dazwischen aber waren in schräger Lage zwei Rechen aneinander gelegt, und auf dieser Bahn ließen wir unsere Eier hinunterrollen. Die Partei nun, auf deren Seite das Ei fiel, hatte es gewonnen, und wo am Schluss die meisten Eier lagen, war der Sieg. Freilich begann dann oft erst der eigentliche Kampf, und die Eier, die zuvor gerollt waren, flogen jetzt.

Während aber die andern sich noch rauften, sammelte ich, ohne mich besonders sichtbar zu machen, mit flinker Hand die also zu Waffen gebrauchten Eier und lief alsdann mit meinem vollen Schürzlein heim, wo ich dem Großvater die Beute vor die Füße kugeln ließ.

Da gab's dann andern Tags ein gutes Gericht, den Oarsülot, zu dessen Bereitung ich schon am frühen Morgen mit der Großmutter den wildwachsenden Feldsalat von einer nahen Anhöhe brocken musste, während der Großvater derweil daheim die Eier fein zerhackt und zerrührt hatte, was er alle Ostern selber tat, da keins ihm dies Geschäft recht machen konnte.

Auch sonst war er oft in der Küche draußen und half der Großmutter

Rüben schälen oder Semmeln schneiden für die Alltagskost, die Knödel; denn diese durften keinen Tag fehlen. Auch am Sonntag kamen sie,
freilich viel größer und schwärzer, als Leberknödel auf den Tisch.

Das Wasser, in dem die Knödel, die neben ihrer Schmackhaftigkeit
auch noch den Vorzug der Billigkeit hatten, gesotten wurden, wurde
bei uns nie weggeschüttet, sondern in einer großen bemalten Schüssel
aufgetragen. Dazu stellte die Großmutter ein Pfännlein mit heißem
Schmalz und braunen Zwiebeln und im Sommer auch ein Schüs-
selchen voll Schnittlauch. Der Großvater langte dann den von der
Mutter selbstgebackenen Brotlaib, der mittels unseres großen Haus-
schlüssels ringsum mit einem Kranz von ringförmigen Eindrücken
verziert war, aus dem Wandschränklein und begann langsam und
bedächtig Schnittlein um Schnittlein in die Brüh zu schneiden. Danach goss er die Schmelz darüber, würzte gut mit Salz und Pfeffer
und rührte mit seinem Löffel etliche Male um. Alsdann sagte er:
»So Muatta, jatz ko'st betn.«

FRANZISKA GRÄFIN ZU REVENTLOW: Tagebücher

Am Chiemsee   [37] *[453]* 11 – 18 August – 1909
Eine Woche voller Freude alles so ~~rasch~~ plötzlich, glühend u zusam-
mengedrängt, ich weiß nicht mehr wo ich bin, nur lauter übermäch-
tige Seligkeit. Ach du mein Gott, das war so schön, mir ist wie verbrannt u. versengt u dabei so weich vor Glück. Am ersten Abend mit
P. u. A. war ich schon so unmotiviert freudig gestimmt, als ob ich
wüsste was kommen müsste. Den Abend im engl. Garten unter den
Sternen im Gras u. die glühenden Sommernächte bei P., der Heimweg durch den schönen Morgen u daheim geschlafen, geschlafen.
Und Abend wieder zu ihm. Und der letzte ~~etw~~ u der etwas traurige
u verschlafne Abschied. Nun ist er fort u ich fort aber ich gehe noch
ganz heiß u. glücklich herum, mit soviel Sehnsucht dass es sehr süß
ist. ~~Nun war~~
[38] 20 Aug nach Winkl abgefahren, abends vorher Lisa u. Frank
wieder aufgetaucht, Adam wieder in München, aber mich mochte

nichts halten nur fort, nur fort. Und in wirklich glückseliger Stimmung abgefahren. In Übersee zum ersten Mal seit 3 Jahren auf mein Rad gestiegen. Etwas Bangen, ob der Verwalter Schwierigkeiten machen würde, aber nein, alles ging glatt. In unsrem Zimmer lag noch ein Ball von damals, überall meine Malflaschen u. in Suchs Zimmer die Lampe am Bett u. polnische Zeitungen, das zog einem etwas das Herz zusammen. Wir gingen dann gleich weiter nach Grabenstädt, u. Nachmittag nach Hagenau, wo man uns mit stürmischem Jubel empfing, u. gleich mit zum Haberaufladen nahm. Dann kam der Professor mit dem Build [39] herunter u. zeigte es mir.

21 Abends in Grabenstädt geschlafen, dann früh morgens hierher u. eingerichtet, Nachm. wieder gebadet.

[454] 22 Sonntag. Vormittag See u. Bad, lauer Regen. Nachm. Wald u. Schwammerln gesucht. Abend Bubi vorgelesen Brief von Wohlert, 2̶3̶ u. das erwartete Geld. Ein Stein nach dem andern vom Herzen, es ist jetzt alles so schön, so leicht u hell u lauter Freuden vor sich. Ich bin so glücklich wie seit lange nicht, auch so merkwürdig gesund. Die letzten Wochen waren wie ein einziger Traum voll schöner Dinge, direkt von der glückseligen Übermächtigkeit der letzten Münchner Zeit hier in den Sommer hinein u in das geliebte alte Winkl. Es fehlt nur eins, damit ich nicht übermütig werde – ein Brief irgendein [40] Zeichen von ihm. Ich möchte wissen dass er auch an mich denkt u. dass er mir noch eine Zeitlang bleibt Oder sollte es sich so gehören, dass ich jedesmal nach Winkl ein wundervolles, plötzlich abgerissenes Erlebnis mitbringe. Diesmal hab ich wohl kaum Grund das anzunehmen aber ich möchte den Haufen von Glückseligkeit vollkommen haben. Franziska du wirst wohl nie vernünftig werden.

Mittwoch, der ersehnte Brief gekommen den ganzen Tag mit Bubi auf dem See u sehr froh. Ein paar Stunden auf einer Sandhalbinsel in der Sonne gelegen u. gespielt, mir dabei die ganze Haut verbrannt Dann in fürchterlicher Hitze nach Chieming herüber u. von dort nach Hagenau zurück, im Ganzen 5 Stunden gerudert bei den Hagenauern Kartoffeln u. Buttermilch gefuttert, mein Kind ich glaube du bist wieder gesund.

[41] Donnerst. Vorm. nach Traunstein per Rad. Nachm. etwas müde, nur nach Grabenstädt gegangen. Regen. Freitag. Unv[erändert] u. schlechtes Wetter, am Bett gelegen, Bubi vorgelesen, Nachm. im nassen Wald.

Samst. 28 endlich das Datum wieder erwischt. Früh zur Post,

Nachmittag auf dem Bett. Viel an mein Liebes gedacht Ach ich wollte das würde etwas Schönes Dauerndes, ich bin so ausgehungert nach einem Menschen, der mich lieb hat.

Sonnt 29.

Nachmittag etwas Sonnenschein, im Wald.

Mont. 30.

Regen, Regen, Regen alles grau u. bedeckt. Abends heller, wundervoller Mondaufgang, sitzen am Fenster u. lesen 1001 Nacht, Bubi hängt seine Angel zum Fenster hinaus u angelt in der Luft

[…]

1 Sept.

Mein 12-Jähriges gefeiert. Bescherung nach altem Winkler Brauch in der Kapelle, Eskimo Bogen, Boomerang Malkasten. Dann ich auf den Polstern gelegen u ihm vorgelesen u. er gemalt. So bis zum Nachmittag im geheizten Zimmer u. draußen gießt es in Strömen. [43] Gegen 4 in den Wald, auf der Wiese Boomerang u. Bogen probiert, uns dann etwas gezankt, was mich sehr traurig machte Abend noch vorgelesen u die Geburtstagslichter heruntergebrannt.

2 Sept.

Endlich besseres Wetter u nach all dem Himmelssegen der letzten Tage heftiges Verlangen nach Bewegung Also die Räder hergenommen und nach Seebruck gefahren. Ein wunderschöner Nachmittag aber ganz lahm zurückgekommen.

3. Morgen wieder bei himmlischem Wetter nach Grassau. Nachm. das Boot ausgeschöpft u. repariert. Die Mutter in Hagenau: »Gräfin, du wirst alle Jahr schener.«

4. Vormittag Wald, Nachm. Boot u Bad – Abend immer 1001 Nacht vorlesen.

[44] 5 Sonntag. Wollten nach der Fraueninsel fahren, aber wieder Regen. Ach verdammt. Stattdessen in Oberwinkl am Froschteich gehockt u. Prospekt gemacht. Nachmittag Brief von Walter [Strich], was immer eine Freude ist.

Ganzen Nachm. in Strömen geregnet.

6. Wetter wieder heller, zwischen Wolken u Sonnenschein morgens im Dorf. Nachmittag das Boot in Ordnung gebracht.

8. Früh im Wald, Bubi in Exstase weil ein Hase mehrmals an ihm vorübersprang. Nachmittag bei starker Hitze nach Unterwössen, so ein richtiger glühender Sommernachmittag zwischen den Bergen.

Bubi hatte sich sehr elegant gemacht u. war dann etwas enttäuscht, weil garnichts los war. Abends 1001 Nacht u. Schwammerln gekocht

9. Mir nicht ganz gut, ruhiger Tag zu Hause im Garten in der Sonne [45] gesessen u Bubi bringt [456] mir Hunde u. Katzen, um mich zu amüsieren. Nachm. ihm im Garten vorgelesen, Bücherpacket von Wohlert

10. Früh nach Feldwies um Zwetschgen zu holen, aber noch keine reif. Unterwegs ein weißes Häuschen mit allen Fenstern voll roten Geranien u. einen Wald von Sonnenblumen. Es war so schön, dass wir abstiegen u. der Frau vorm Haus Complimente machten wofür sie uns mit Sonnenblumen beschenkte. Nachmittag am See u. gebadet. Bubi lag dicht neben dem Boot im warmen Uferwasser u. lauter kleine Fische um ihn herum.

11
Radtour um den See herum. Erst in schöner Morgenfrische über Grassau an den Bergen entlang. Mittag in Prien, dann bei gewaltiger Hitze bis Seebruck, wo wir [46] halbtot ankamen. Unterwegs mein armes Bübchen mit dem Rad gestürzt u. Kniee verschrammt. Dann noch bis heim, sehr müde, aber schöner Abend.

12
Etwas müde, früh Wald, Nachm. See, wundervolles Bad. Tote Ente die Bubi durchaus begraben wollte. Nachts Gewitter.

13 Wollten auf den Hochfelln aber Wetter zweifelhaft. Große Faulheit Zuhause geblieben u Briefe geschrieben. Abends Sprung nach Grabenstädt alles trieft von Regen u funkelt in der Sonne.

14. Früh in den »Zauberwald«. – Bubi, als ich ihm bei einem Zank das Wort abschneiden will: Du darfst mich nicht ungehört verdammen!
Am Froschteich gehockt.

[47] Nachmittag zum See, um das Segel aufzumachen, uns gezankt und Regenwetter. Also früh nach Hause u. uns den Abend desto schöner gemacht.

14. Regentag. Der ganze Himmel zugedeckt und ein Guss nach dem andern. In einem heroischen Anfall meine Übersetzung angefangen.
Nachmittag 2 Stunden gegangen, von dem feinen Regen alles wie mit Silber überschüttet. Gegen Abend allmählich heller u. wundervoller Rückweg. Vorgelesen.

15. So schön geträumt, dass ich sehr schön u. sehr gefeiert war u. in einem Palast wohnte, aber schon 50 Jahre alt war. Aber ich dachte

nur, es schadet ja nichts, es ist ja alles so schön. Ganz glücklich aufgewacht u Bubi wacht auch auf u sagt halb im Schlaf wie schön. – als ob er mitgeträumt hätte.

Früh nach Grabenstädt, am Spring[48]brunnen ein Vögelchen das sich in dem Strahl badete u. lauter Entzücken hervorrief. Auf dem Weg ein junges Pferd das in einem fort wieherte. Und der Sonnenschein auf dem nassen Land. *[457]* Gott sind wir hier glücklich. Ich kann mir nicht mehr vorstellen dass ich die vorigen Monate in München so bedrückt war.

17. Vormittag mit Rad nach Traunstein. Nachm. am See. Segel aufgemacht.

19. Um 5 auf, mit Rad nach Bergen gefahren. Ganz dichter Nebel u. tausende von beperlten Spinnennetzen im Gras. Bergen Räder eingestellt u. auf den Hochfelln, anfangs noch im Nebel, dann wurde es nach oben hin immer heller.

Bubi ganz Seligkeit, umarmte mich u. sagte immer wieder Ach Mamai wie wunderschön. Ich schenkte ihm alles was wir sahen, einen [49] Bach mit Felssteinen, einen Salamander, Almwiesen etc.

Wir frühstückten auf einem Felsblock im Bach. Neue Jubelschreie als wir aus dem Tannenwald auf die erste Almwiese herauskamen, da lagen 2 Hütten u. 2 weiße Katzen spielten zusammen. Dann eine Einzäunung mit Kälbern die lange gekost wurden, weiter oben Schafe am Felsen u eine Kuh die uns zögernd vorbeiließ. Zuletzt ziemlich steil hinaus u. mein gutes Herzkind meinte da könnte man schon etwas schwindlich werden. Von oben einen schönen Ausblick auf die Bergspitzen, die Thäler waren alle voller Wolken. Oben gegessen u. ausgeruht. Der betrunkene Mönch, der viele u. ganz gute Witze machte. Um 2 als wir abstiegen, alles weiß vor Nebel, man konnte immer nur 20 Schritte vor sich sehen.

Die Schafherde kreuzte unsren Weg [50] u. ein großer schwarzer Hammel machte Miene uns von hinten zu attackieren. Bubi einigermassen in Schrecken klammerte sich recht fest an mich an. Ich habs so gerne, wenn er sich fürchtet u. bei mir Schutz sucht. Neckte ihn ein bisschen u. dann lacht er so entzückend verlegen. Weiter unten Enziane gesucht, die ich an G. schicken wollte

Von den Almen sah man bei dem Nebel gar nichts mehr. Dann fing es an kräftig zu regnen, wir gingen langsam, ruhten noch ein paar Mal aus, bei der Blockhütte u. kamen erst um 5 in Bergen an. Aus der Höllenschenke, wie wir erst statt Hüttenschenke lasen, brach mit bachantischem Gebaren u. geschwungenem Bergstock der betrunkene Mönch mit seinem Begleiter heraus u forderte uns [51] auf auch hereinzukommen. Wir neckten uns noch eine Weile, dann wir ins Wirtshaus. Mein armes Tierle war ganz müde u. fror. Bei strömendem Regen machten *[458]* wir uns dann weiter auf den Weg ließen noch bei einem bleichen Schmied Bubis Rad richten u. rasten heim, durch Pfützen, Regen u. Sturm. Um Bubi aufzumuntern erfand ich dass wir Hexen wären, die zum Blocksberg ritten u. so sausten wir unter furchtbarem Geschrei dahin. Ein Bauer blieb wie versteinert am Weg stehen u. sah uns nach.

Zuhause fand ich noch einen Brief von Walter, als Extrafreude Es war so ein wundervoller Tag.

19. Sonntag

Wieder schönes Wetter, beide etwas lahm. Vorm. Wald, Nachm. [52] etwas gesegelt, aber es war stürmisch u. ich traute mich nicht weit hinaus. Manchmal bekomme ich plötzlich eine so wahnsinnige Angst vor Wasser.

[…]

26 Sonntag.

Morgens Wald zum letzten Mal. Nachmittag Chieming, beim Unterwirt gesessen. Wollten nach Pfaffing aber plötzlich Mordsgewitter. In Hagenau abgewartet, eine Masse Leute, die auch wegen dem Wetter warteten in der Stube, draußen alles dunkel und ein Blitz nach dem andern. Dann durch den Regen heim.

Mont. 27 Morgen bei strömenden Regen nach Übersee Gruhle abholen. [54] Dann zuhause Feuer angemacht und uns getrocknet. In Grabenstedt Mittag Gruhle wieder fort, ich schweres Kopfweh, ganzen Nachm. im Halbdunkel dagelegen. Warmes Zimmer, draußen prasselte der Regen, und an morgen gedacht.

[459] 28. Morgens ~~noch~~ meine Sachen für die Stadtfahrt gerichtet, mit solcher innerer Freude. Gott war das eine lange Zeit jetzt seit den schönen schönen Sommernächten und ich hab so viel Sehnsucht gehabt. Das Wetter wurde wieder besser und ich fuhr so glücklich in den Abend hinein nach München, u dachte ob er mich wohl abholt. Und da stand er wirklich am Bahnhof u wir fuhren zusammen durch den hellen Herbstabend Und alles war so schön. Ich bin jetzt viel zu glücklich, mir schwindelt beinah. Nach dem schlimmen Jahr u. all

den öden u. quälenden Erlebnissen. Ich bin wieder ganz, ganz [55] jung u. sentimental und so leicht und froh, als ob nie etwas Schweres gewesen wäre. Franziska, du hast eine glückliche Natur!

Der Abend und die Nacht, um ½ 4 hab ich aus dem Fenster gesehen, ganz dichter Nebel u. man hörte Autos vorbeifahren. Und dann das Aufstehen, u. Einpacken in Eile, mir kam alles so golden u. hell vor. Ich lief voran hinunter ein Auto holen, es war derselbe Chauffeur, der uns gestern gefahren hatte u. er grinste, das freute mich auch. Dann zusammen zum Bahnhof u. jeder zu seinem Zug.

EDITORISCHE NOTIZ: Der abgedruckte Text folgt der neu editierten Ausgabe der Tagebücher im Verlag Stutz Passau, 2007. Streichungen, Interpunktionen und Schreibweisen sind textgetreu wie im Original wiedergegeben.

KLAUS MANN: Kind dieser Zeit

Unser Landhaus in Bad Tölz

Unser Landhaus in Tölz habe ich als Neubau wahrscheinlich nicht kennengelernt. Wir müssen es im Jahre 1909 oder 1910 bezogen haben (ich weiß nicht das Datum). Von den ersten Sommern meines Lebens weiß ich zwar, wo man sie mit mir verbracht hat, aber dieses Wissen verhilft mir nicht zu der geringsten klaren Erinnerung. – Das schwierigste am Aufrichtig-sich-erinnern-Wollen ist, dass einem immer das Erzählte dazwischenkommt. Man erzählte mir zum Beispiel, wir seien in dem Sommer, ehe das Tölz-Haus fertig war, im Örtchen Geisach bei Tölz gewesen. Meine Lebenslust in diesem Sommer war fulminant, nach diesen Berichten. Der Kriegsruf und Freudenschrei, den ich bevorzugte, war der Name, mit dem wir unseren Großvater anredeten: Ofei. Wie ein Besessener:»Ofei! Ofei!« brüllend, rannte ich einen kleinen Wiesenhügel hinauf und hinunter. – Bei aller Anstrengung vermag ich mir nicht klar zu werden, ob ich mich dieses Hügels und dieses Schreis wirklich erinnere, oder ob ich sie mir nicht mittels des Erzählten nach-konstruiere.

Das Städtchen Bad Tölz zerfällt in zwei Teile: in den alten Markt-

flecken mit der schönen, steilen Hauptstraße und in das Bad Krankenheil, jenseits der Isar, das Quellen und nicht sehr angenehme Ho-
tels bietet. Unser Haus lag oberhalb des alten Ortes mit dem Blick
aufs Gebirge. Es hatte ein rotes Dach, auf dem ein Gockelhahn sich
nach dem Winde drehte, eine Terrasse, auf der wir saßen, wenn es
draußen nicht gar zu unwirtlich war, und einen sehr großen Garten.
Gleich hinter dem Garten begann ein Wald von sehr hohen, schlan-
ken und schönen Tannen, der in den ersten Jahren völlig unberührt
und wie ein Privatbesitz zu unserer Verfügung stand. Später wurde
ein Heim für blinde Kinder dort eingerichtet, die sich nun, weißäu-
gig tappend, mit ihren Hunden und frommen Schwestern zwischen
den Tannen ergingen; und während des Krieges wurde der Wald ein
Erholungsort für kranke Soldaten. – In unserem Garten gab es den
Platz mit der großen Kastanie, den Spielplatz mit Sandhaufen, die
Asternbeete, den Tennisplatz, der verfiel, und die Apfelbäume. Eine
Allee – die wir langweilig zu gehen fanden, so kurz sie war – führte vom Zaun zum Hause. In den ersten Tölzer Sommern war der
Garten nur halb so groß, als wir ihn später kannten, man kaufte ein Stück dazu, was zur Folge hatte, daß Klein-Monika sich in
dem neuen, unbekannten Gartenteil verirrte und bitterlich weinen
musste. Was denn hier für Leute wohnten, fragte sie, als sie unseres
Hauses von einer ungewohnten Seite ansichtig wurde. – Wir waren
in Tölz jeden Sommer, und später auch oft noch im Winter, bis zum
Jahre 1918. Im letzten Kriegsjahre tauschten die Eltern ihren Besitz
gegen ein wenig Kriegsanleihe ein. – Immer, wenn ich »Kindheit«
denke, denke ich zuerst »Tölz«.

Über den Wiesenweg ging man zum Klammerweiher, in dessen moo-
rigem Wasser ich so mühsam schwimmen lernte. Auf dem Arm meiner
Mutter – auf Mieleins Arm musste ich mich »auslegen«; was für gräss-
liche Angst ich immer hatte, sie könnte loslassen! Der Geruch dieses
Moorwassers – unvergesslich. Ich spüre die glitschige Berührung der
Holzstange, die das Nichtschwimmerbecken vom gefürchteten Tiefen
trennte. – Das Sprungbrett, von dem wir nicht sprangen, aber auf dem
wir uns zu sonnen liebten, und wo die Damen aus Krankenheil ihre
matten Scherze mit uns machten. (Es war mit rauhem Rupfentuch bezogen; ich spüre noch seine Berührung, die kitzelte.) – Mielein konnte
bis zu den Seerosen schwimmen; weiter ging es überhaupt gar nicht.

Später bekamen wir ein flaches, kleines Planschbasin in unserem

Garten. Wenn die Sonne stark brannte, wurde sein Wasser rasch warm, man konnte herrlich lange darin liegenbleiben. Auch kleine Spiele waren hier möglich, für die der Klammerweiher denn doch zu gefährlich war; etwa als zerstreuter alter Gelehrter spazierengehen, ins Gespräch vertieft auf nichts achthaben, um plötzlich mit ungeheurem Gespritze ins Wasser zu purzeln.

In den Ort konnte man entweder über die Wiesenwege – die ich sehr feucht und rutschig in Erinnerung habe – oder die Landstraße hinunter, von der mir im Gegenteil vorkommt, als sei sie stets heiß und staubig gewesen. Die Landstraße hatte den Vorteil, dass man sie beim Hinweg zum Ort mit dem Leiterwagen benutzen konnte: der Leiterwagen rollte mit prachtvollster Geschwindigkeit fast bis zur Bahnhofstraße. Zurück und hinauf mussten ihn dann »die Kleinen« ziehen (Golo und Moni), die wir tyrannisierten. Nicht nur, dass sie beim Heimweg diese hässliche Last hatten, ohne dass sie an den Genüssen der Hinunterfahrt jemals hätten teilhaben dürfen, fiel ihnen auch die wirklich demütigende Aufgabe zu, vorauszulaufen, während wir bergab sausten, um uns dort abzufangen, wo das Gefälle endete, und uns, so geschwind sie es schaffen konnten, bis zum Nächsten zu ziehen, damit unsere stolze Fahrt nur ja nicht unterbrochen werde.

Im Ort gab es verschiedene Geschäfte, wo wir immer etwas geschenkt bekamen. Frau Holzmayer spendete Cremehütchen; Frau Pöckel, deren weißes, aufgeschwemmtes müdes Antlitz mit einem angewiderten Zug um den Mund (so, als wenn sie Erbrochenes schmeckte) ich merkwürdig stark in Erinnerung habe, rote Zuckerbonbons, die sie auf eine maulfaule und vom Überdruss gedehnte Manier, welche wir zu parodieren liebten, eine »Himbäre« nannte; der Apotheker mit weißem gütigem Spitzbart eine Stange zähen Eibischzuckers. Bitterste Enttäuschung, wenn wir nur auf die Post oder ins Papiergeschäft gingen, wo es schlechterdings gar nichts gab.

Wir waren vier Kinder in Tölz: Erika, ich, Golo und Monika; Erika ein Jahr älter, Golo zwei Jahre jünger als ich (Elisabeth und Michl gab es noch nicht). Erika und ich übten die grausamste Herrschaft, die Monika sich gefallen ließ, weil sie noch so klein und dumm und niedlich war, Golo hingegen aus zerknirschter Überzeugtheit und masochistischem Hang zur Demütigung. Wir waren alle vorwiegend nett, dann erst sonderbar. Golo aber repräsentierte unter uns das groteske Element. Von skurriler Ernsthaftigkeit, konnte er sowohl tückisch als unterwürfig sein. Er war diensteifrig und heimlich aggressiv; dabei würdevoll wie ein Gnomenkönig. Ich vertrug mich ausgezeichnet mit ihm, während er sich mit Erika viel zankte. Halb aus dämonischer Servilität und halb, weil ihn Neugierde und Ehrfurcht bannten, ging er stundenlang mit mir im Garten spazieren, wo ich ihm Geschichten erzählte. Ich konnte erfinden wie die listige Dame der Tausendundeinen Nacht, so endlos und so fantastisch. Was gäbe ich darum, wenn eines von diesen großen Gartenmärchen aufbewahrt geblieben wäre! Vielleicht würde es viel schöner sein als irgendetwas, was ich mir seitdem habe einfallen lassen. – Um erzählen zu können, brauchte ich zwei harte und genau gleichmäßig lange Gräser als Spielzeug, das ich »Handding« nannte. Es konnte losgehen, sobald das Handding gepflückt und zubereitet war. Ich fabulierte von Königen, Hexen und orientalischen Großkaufleuten, wobei ich etwas mit der Zunge anstieß. Golo trippelte nebenher, das finster-schlaue Mäusegesicht vom glatten Pagenhaar witzig gerahmt, verzaubert von den Verwicklungen meiner Mären, die er vielleicht hinter der eigenen wunderlichen Stirne weiterspann und überraschend deutete.

Erika war die Rüstigste von uns. Sie konnte wie zwei Buben turnen und raufen, und sah aus wie ein magerer, dunkel hübscher Zigeunerjunge, dessen braune Stirn sich manchmal trotzig verfinsterte. Als Einzige von uns beherrschte sie die bayerische Mundart, die ich niemals erlernt habe. Wenn eines von den Kindern des Zwickerbauern, mit denen wir manchmal spielten, sie fragte: »Ärika, magst an Äpfi?«, konnte sie in ganz ähnlichem Tonfall antworten, was mir doch einfach unmöglich gewesen wäre.

Außer den Zwicker-Kindern sahen wir in Tölz nur noch zuweilen die kleinen Öttels (Sprösslinge unseres Winterhausmeisters), die aber ziemlich schüchtern-störrisch waren, und die Söhne des Postexpeditors Möslang, Hugo, Hans und Angelus. (Von Hugo sagten wir, dass er »hinterm Rücken« sei; Angelus wollte Damenschneider werden; nach ihm wurde übrigens, Erikas striktem Wunsch zufolge, Golo getauft.) – Kinder im Alter von drei bis dreizehn Jahren haben kaum ein Bedürfnis nach Freunden, vor allem wenn sie mehrere Geschwister sind und also für sich eine kleine Macht bilden. Sie stehen grausam kühl zu allen Menschen, die nicht zur Familie gehören. Einiges Ansehen genießen noch die Wesen, die zum Hause, wenn auch nicht zur Familie gehören. Man muss sie nicht geradezu lieben, aber man rechnet doch fest mit ihnen, so sehr ist man an sie gewöhnt. Sie werden zu Begriffen, zu kleinen Extramythen, die im großen Kindheitsmythos einen Platz einnehmen, dessen Wichtigkeit man beileibe nicht unterschätzen darf.

GRETE WEIL: Leb ich denn, wenn andere leben

Geburt

Ich bin in Egern, an dem von beiden Eltern geliebten Tegernsee, geboren, nicht in unserem eigenen Haus, das gab es damals noch nicht, Vater schenkte den Baugrund Mutter zu meiner Geburt. Hausgeburten waren zu jener Zeit eine Selbstverständlichkeit, sonst wäre es nicht zu begreifen, warum meine Eltern sich für das damals so abgelegene Egern entschieden hatten, wo sie bei Emil Ganghofer, einem Bruder Ludwig Ganghofers, zur Miete wohnten. Es wäre auch fast schief gegangen. Mutter war nach Dorles Tod und einer folgenden Nierenentzündung noch recht geschwächt, und ich hatte so wenig Eile, auf die Welt zu kommen, dass der aus München bestellte Professor Mitte Juli in Urlaub fuhr und Vater einen neuen Geburtshelfer herbeizaubern musste. Es war eine schwere Geburt, mit einem aufblasbaren Ballon eingeleitet, aber schließlich war ich doch am 18. Juli morgens um sechs Uhr da. Ein recht dickes Mädchen mit erstaunlich vielen dunklen Haaren auf dem Kopf. Das Ganghoferhaus liegt genau an dem Punkt, von dem aus man den ganzen See und die Egerner Bucht überblickt. Meine Augen sahen als Erstes die geliebte Landschaft, Schönheit, nur Schönheit.

Im Haus wohnten Emil Ganghofer, der früher zur See gefahren war, und einen nervösen Gesichtstick hatte – jetzt war er Fotograf, setzte seine Kunden vor eine mit Bergen bemalte Leinwand und knipste unter einem schwarzen Tuch –, Emils Frau Bim und sein Sohn Rudi. Da war auch noch Bims Schwester, Grete von Schönthan, eine sehr liebe, kluge ältere Dame, die gemeinsam mit Mann und Schwager den *Raub der Sabinerinnen* geschrieben hatte. Sie hat es mit ihrem Humor und ihrer Natürlichkeit meinen Eltern so angetan, dass sie ihr Neugeborenes, das zum ersten – und einzigen Mal – das getan hatte, was man von ihm erwartete, nämlich ein Mädchen zu sein, nach ihr Grete nannten.

In meinem ersten Jahr wurde unser Egerner Haus gebaut, vermutlich stand ich in meinem Kinderwagen recht oft auf dem Bauplatz, geblieben ist mir natürlich nichts davon, nur dass ich das, was da entstand, später über alle Maßen liebte. Kaum war ich auf der Welt, bekam ich eine Amme, eine Bergarbeiterfrau aus Hausham bei Schliersee, die einen Buben hatte, der Otto hieß und mein Milchbruder wurde. Ich habe sie beide nur einmal noch gesehen, als Neunjährige. Sie schienen mir sehr schüchtern und verlegen zu sein.

Warum Mutter mich nicht selber stillte, weiß ich nicht. War sie zu schwach? Hatte sie zu wenig Milch? Oder war es in den »besseren Kreisen« damals üblich, die Kinder nicht selbst zu stillen?

Orte der Handlung: Egern

Niemand kann sich heute vorstellen, was für ein stilles, verträumtes Dorf dieser aufgeblasene Kurort einmal war.

Das heutige Talmi-Nobelhotel, nahe bei unserem ehemaligen Garten gelegen, war eine kleine Wirtschaft, in der wir jeden Abend mit einem Henkelgestell in Maßkrügen das dunkle Bier holten, eine Wirtschaft mit knarrenden Dielen, in der sich auch eine Bäckerei befand, in der es herrlich nach frisch gebackenem Brot und Kümmel roch. Wie schön war es erst im Winter, wenn an einem immer wieder mit Wasser übergossenen Holzgestell im Wirtschaftshof die schönsten Eiszapfen hingen, die in allen Farben leuchteten. Ein Ort, in dem man jeden Weg, auch den entlegensten, kennt, jeden Baum, jede zarte Linie der Berge, jeden Geruch, jede Beleuchtung, jede bunt blühende Wiese, jeden Bauern, der des Weges kommt, jede Bäuerin in ihrer schönen Tracht, den Klang der Kirchenglocken, ob sie einen Feiertag, die Messe, ein Begräbnis einläuten, oder wenn ein schweres Gewitter mit Sturm droht, auch vor dem Unwetter mit aufgeregtem Gebimmel warnen. Ein Ort, in dem man das Geräusch der Wellen kennt, die gegen das Ufer schlagen, ein See, den man oft von einem zum anderen Ufer durchschwommen hat, auch im Spätherbst, wenn einem die Kälte den Atem nimmt.

Ein Ort, in dem man, tritt man in ein Geschäft ein, oft mit Namen oder doch mit Handschlag begrüßt wird. Ein Ort, in dem man weiß,

dass es in dem einen Kaufhaus nach der Appretur von neuen Dirndl-
stoffen riecht, im anderen nach Wasch- und Putzmitteln.

Ein Ort, in dem man im Winter, die Skier an den Füßen, die steilen
Hänge hinaufsteigt, und in ein paar Schwüngen hinunterflitzt. Wo
unten der beste Läufer des Tales, einer der besten des ganzen Landes
steht und Bravo schreit, ein bisschen lauter vielleicht als es nötig wäre. Später wird er ungeachtet seines Meisterschaftstitels aus der SA
ausgeschlossen, weil er sich zu oft vor den Pflichtabenden gedrückt
hat. Ein Ort, in dem einen jeder kennt, wo man die Dispeker Gretel
heißt, auch wenn man schon längst einen anderen Namen hat.

Ein Ort, in dem man zu Hause ist, wirklich zu Hause, auch dann
noch, als über dem Ortsschild ein Transparent mit der Aufschrift
hängt: »Juden betreten den Ort auf eigene Gefahr.«

Das Transparent macht die Menschen hässlicher, nicht den Ort.

Der Ort wird erst hässlich, als der Massentourismus einsetzt.

HERBERT ACHTERNBUSCH: Neues von Ambach

Ich fahre jedes Wochenende nach Ambach und sitze beim Bierbichler
im Biergarten. Neulich machte ich die Augen zu und öffnete sie wieder, und wieder stand ein neues Weißbier da. Als das 30. zu bestellen
war, sagte der junge aber erwachsene Sepp, dass er mir das spendiert,
da musste ich mich ehrenhalber mit der Behauptung »Möchst mich
bsuffen machen?« entfernen. Wieder mühe ich mich ab, das Wasser
des Starnberger Sees zu erblicken. Wenn die Wellen Heuschrecken
wären, gäbe es die großen Uferbäume nicht mehr, die neuen Straßen-
lampen stünden allein da, die die Dummen der Gemeinde aufstel-
len ließen, damit sich das sieche Volk, das hierher zur Verjüngung
kommt, nicht erfällt, sondern wiederkommt und wieder Geld bringt,
damit man die Bäume und das Liebliche vernichten kann mit einer
breiten Straße, auf der sich dann noch mehr Siechtum wälzt und alles
erstickt. Mögen sich die Wellen nicht in Möwen verwandeln, die so
mancher Leute Hirn einhacken? Einmal lacht alle 16 Minuten ein
Siege, dem als Fünfjährigen eine Dreschmaschine das Hirn heraus-
gerissen hat, das ihm die Ärzte zwar wieder vollständig aber etwas

verschoben eingepflanzt haben. Da kommt schon einmal eine, der das Gespräch ihrer Arztfreunde zu langweilig wird und die bittet, ob sie sich an meinem Tisch erholen kann. Mein Gesicht leidet so offensichtlich, daß ich es niemand zumuten will. An einem anderen Tisch heißt es dann, dass jemand eine Arie gesungen hat wie schon lange nicht mehr zu hören (dann allerdings bekam sie ein Kind), und an unserem Tisch heißt es, dass jemand herzzerreißend dirigiert hat (im Gespräch danach war er banal). An ihr vorbei sehe ich gerade das Wasser noch, denn wenn ich das eine schon gedacht habe, so das andere noch nicht. Trotzdem sage ich, das sich noch nie ein Mädchen zu mir hergesetzt hat. Stillschweigend merke ich, dass es stimmt. Ich nehme eine Nil aus der Schachtel und sage, dass ich in der Hoffnung hier bin, dass meine Tochter einmal vorbeikommt.

Dort ist der Dampfersteg, dort muss sie einmal aussteigen, weil jeder Mensch einmal in seinem Leben eine Dampferfahrt macht. Ja, ich habe eine Tochter aus der Schulzeit, die nächstes Jahr volljährig wird. Ich wollte sie schon lange kennenlernen, aber ich fürchte mich vor ihr, jetzt warte ich, damit sie einmal kommt. Als ich sie vor zwei Jahren erblickte, saß ich in einem Apfelbaum. Es war Nacht, Werner Herzog und ich sind über ein Nachbargrundstück in den Garten eingestiegen, ein Vorhangspalt gab sie frei. Da ist eine, die hat einen breiten Kopf und sieht dir gleich, sagte er. Das wird sie sein, antwortete ich. Ihr kam ein doofer Lacher vorm Fernseher aus. Drei Zigaretten habe ich noch, dann muss ich mehr reden. Der Siege fängt gerade wieder mit seinem Demokratiewitz an. Da hör ich jemand schreien: Das ist ja valentinesk, das ist ja valentinesk. Da bin ich auf einmal ganz Tisch. Worum geht es? Da haben Frauen für die Abschaffung des Abtreibungsverbotsparagrafen demonstriert, und von den Demonstrantinnen hat die Polizei, obwohl sie das nicht darf, wie von Verbrechern Fingerabdrücke genommen, und zwei, die sich geweigert haben, denen haben sie die Finger abgebrochen. Abgeschnitten hätte ich lieber gehört, sagt einer. Valentinesk? Oder dass wenigstens die Polizei die Erzeugungswaffen sicherstellt, damit sie bei weiteren Straftaten keine Verwendung finden. Ich habe sowieso acht Austern auf meiner Geschlechtssäule sich festklemmen lassen, unten im Starnberger See, bei den drei schwedischen Soldaten aus dem Dreißigjährigen Krieg, die im Winter auf den kürzesten Weg nach Starnberg hinüberwollten, und die ein Ambacher Fischer auf ein dünnes

Eis führte, wo sie mit ihren Rüstungen einbrachen. Ich war einmal verliebt und wir wollten Dampfer fahren. Mit dem Rückwärtsgang rauschte der Dampfer in die Nacht. Tanzmusik. Da wollte sie mich nicht mehr, weil der Dampfer besetzt war. Hochgerankt stand ich am Wasser. Hunderttausend Zuschauer schrieen. Wie ein Efeu, dem man die Hauswand nimmt, stürzte ich in den See. Penthesileia! Meine Braut! Was tust du? / Ist dies das Rosenfest, das du versprachst?

Wie gerne las ich das, dass sie die Zähne in seine Brust schlägt mit den Hunden wetteifernd: Troff Blut von Mund und Händen ihr herab. Kleist hat sich erschossen, hat es nicht geschafft: Gleich einem Schacht, und grabe, kalt wie Erz, /Mir ein vernichtendes Gefühl hervor. Zwischen den Vermouthbrüdern am Viktualienmarkt blieb nur er, Valentin. Auch blöde sein zu wollen, war meine größte Leistung. »Während ein faustgroßer Stein in der Mitte des Sees, also an der tiefsten Stelle, rapid unterging, blieb ein ebenso großer Gummiball an der seichtesten Stelle auf der Wasserfläche liegen.« Dann wird wieder über Valentin geredet, und jeder so gut er kann, das reicht aber nicht. Man muss mit seinem Kopf was riskieren. Mit der Polizei kannst nichts riskieren. Da gegen die Polizei noch nie ein Prozess gewonnen wurde, habe auch ich meine Verhandlung verloren, weil ihnen geglaubt wird, auch wenn sie zu fünft dasselbe Protokoll mit denselben Rechtschreibfehlern haben. Als Hunde und Schweine hätte ich sie beschimpft. Ja, wenn ich kein Schriftsteller wär, dann hätte ich mich dieses üblichen Polizeibeschimpfungsjargons bedienen müssen, wenn ich mich überhaupt einer Beschimpfung bedient hätte, denn ich habe sie nicht beschimpft. Wenn ich die Polizisten beschimpft hätte, habe ich zum Richter gesagt, dann hätte ich »ihr Dregsei« gesagt. Aber das bayerische Gericht machte sich lächerlich, indem es mich verurteilte, und niemand lachte. Obwohl ich sie gar nicht beschimpft habe, das ist doch komisch. Lach doch! Lachts doch über eure Polizei. Meine Polizei ist sie nicht. Die tät ganz anders ausschaun, aber ich will mich nicht streiten. Es drängt mich in die Innenräume, ich muss das Vorhängelchen am Türglas zur guten Gaststube zur Seite schieben und sehen, welche Mengen an Fisch die teuren Filmregisseure wieder verschlingen. Wie sie sich am leichenweißen Fischfleisch weiden! Es ist so eine Trockenheit, dass die Kühe mit Bananen gefüttert werden müssen, und auf den Wiesen so eine Brandgefahr, dass wegen der Brandgefahr die Bauern Schwimmwesten tragen, so eine Hitze, daß die Fischer mit ihren Kompressoren keinen Sauerstoff mehr in den Starnberger See pressen dürfen, weil er sonst in der Luft fehlt, sodass die Fische eingehen und gegessen werden müssen. Mit dem gleichen Gewand wie sie Fische essen, drehen sie Filme, statt was anderes anzuziehen. Was kann man von Leuten schon erwarten, die sich von Fischleichen nähren? Nichts. Den Valentin allerdings mögen sie alle sehr gern, und wenn ein Bauer wegen der Brandgefahr mit einer Schwimmweste kommt, dann sagen sie wieder valentinesk, denn sie haben den Valentin ganz weit von sich weggeschoben, und bevor sie zugeben, dass an ihm viel Bayerisches ist, werden sie lieber Rassisten, indem sie behaupten, dass seine Eltern von auswärts waren und er hier nur aufgewachsen ist. Warum er nicht weggegangen ist, kommt ihnen nicht in den Sinn. Natürlich behaupten das nicht nur die Filmregissöre, sondern alle Intellektuellen und die SPD. Ich weiß auch, warum sie ihn mögen, damit sie sich auch wieder eine zeitlang länger mögen können. Ja, die sind vielleicht froh, dass sie keine solchen Deppen sind wie der Valentin! Die größten Deppen findet man wirklich nur noch in der CSU. Die singen nur noch »O Haupt voll Blut und Wunden«, inwendig ist bei denen alles zerstört. Die Frage allerdings »Haben Sie ein Hirn?«, kann einwandfrei nur ein Metzger beantworten. Während ich so vor mich hinmosere, wer taucht da auf? Einer von der Aktion Dasanderebayern. Und was sagt er? Er sagt, dass sie meinen Beitrag *Blutentnahme* in ihrem Lesebuch zu einem Freistaat nicht gebrauchen konnten, weil der Staatssekretär Glotz bangt, der Bundesjustizminister Vogel könnte eventuell meinen Beitrag lesen und vielleicht meinen, was ich geschrieben habe, sei gegen die Polizei. Schleich dich! So vertrieb ich diesen kleinen Schatten des großen Schattens. Ich bin dann an den Starnberger See gegangen, wo passend düster der kleine Mond unterging, und ich habe mir gesagt, das soll mein Land sein, wo ich woanders nicht leben kann, und ich fühlte mich fern wie am Tschadsee. Diese Gefahr, dass der Kopf einfach aussetzt und das Leben verfließt, habe ich schon als Jüngling gekannt. Wenn die Jugend vergeht, dass dann die Gefahr bleibt? Die Lehrer stocherten jedem von uns so lange in der Nervenzentrale herum, bis es in jedem Kopf still wie in einem Schlafzimmer wurde (und heute habe ich noch den Verdacht, dass vielleicht meine starke Welt der Schlaf ist) und die meisten nicht herrlich ausschliefen, sondern eingingen und jetzt herumgeistern. Valentin: Wir hauchten unsere Seelen aus und verwandelten uns in Geister. Ich lebte damals mit meiner Großmutter in einem Zimmer, aber wir hatten in unserem Haushalt alles, Kopfschmerzen, Kreislaufstörungen und einen kleinen Radio (anfangs war er größer). Der einzige Mann, der damals Karl Valentin im Radio Gehör verschafft hat, war ein Jimmy Jungermann in seiner Dienstag-Sendung. Ohne ihn hätte ich in meiner Jugend überhaupt niemand kennengelernt, der die Welt anschaut. Die Lehrer schauten ja nicht einmal uns an (die Eltern schauten das Geld an). Wir sollten nur auf die Lehrer schauen, dass wir gerade extra auf ihre Krawatten schauten, und wenn da ein Dings oben war, ein Rotzmops, dann schauten wir stundenlang nur den an. (Ja, was haben jetzt eigentlich die Lehrer angeschaut?) Wie ein Hund das Bein, hoben sie ihre Gedanken, die schon hunderttausend andere gedacht haben und pissten uns damit an, wie ein Hund das Bein hebt. (Mein einziger Erzieher, den ich nicht angefeindet habe, war das Kino.) Als wir damals in der ersten Stunde in der Turnhalle den *Ententraum* weiterdachten, schlug uns der wütende Turnlehrer seine Trillerpfeife an der Schnur in die Kniekehlen, und wir machten uns halt wieder an die Hupferei am Reck. »So ein länglicher Wurm, ungefähr 30 Zentimeter gelb.« Das ist realistisch, mit seinem Kopf zu denken, was er kann! An diese Stelle will folgender Satz: »Herr Achternbusch, Sie müssten einmal zu einem realistischen Drehbuch gezwungen werden.« Die Antwort des Bayerischen Fernsehens auf mein Drehbuch *Die Atlantikschwimmer* und wieder kein Geld. Das musst du erst merken, dass du in einer gespreizten Kultur bist, in der du so viel denken musst, weil es so wenig zu leben gibt. Aber ich bin davon abhängig, dass ich angeregt werde, es dürfte nicht jeden Tag dasselbe passieren. Ich spüre oft den Drang, wegzugehen, wegzugehen ist ein alter Drang, ganze Völker sind schon weggegangen. In der Schulzeit ging ich oft an die Donau und sah den Ertrinkenden zu, und es kam mir nicht in den Sinn einen zu retten: nur für die Leiche bekam man von der Wasserwacht 16 Mark. Am Starnberger See kann viel Zeit vergehen, und auf einmal hast du doch wieder Lust, deinen Mund auf einen anderen zu pressen und an ihre blonde Brust zu langen, denn bald genug schreist du aus der Hölle: So einen Saustall wie ihr oben habt, können wir in der Hölle nicht brauchen. Übrigens der erste, der zur Erde hinauffunkte, war wieder Valentin.

Mir gefällt es ausgezeichnet in der Hölle, war sein erster Satz. Bayern soll der Teifl holen, schreit er, die Politik soll der Teifl holen, und das trotz Feiersalamandermarmelad und Kreuzotternkompott zum Essen. Neulich sah ich im Stadtmuseum sämtliche Filme mit Karl Valentin, deren man noch habhaft werden konnte. Ich sah den Film *Der Theaterbesuch*, den ich schon 1966 gesehen habe und daraufhin unbedingt was schreiben musste, und einem vorgelesen, der zu entscheiden hatte, ob ich das auch in seinem Papageikreis für München vorlesen darf: nichts. Dann habe ich den *Firmling* wiedergesehen, der wahrscheinlich der beste deutsche Film ist (ich weiß es gewiss). Und dann habe ich die Wiederentdeckung *Beim Rechtsanwalt* gesehen (mit Ton und zwischendurch ohne Ton), und bei meinem Rechtsanwalt Bossi war es genauso, die ganze Zeit hat er telefoniert und nach Verwandten gefragt, damit er weiß, von wem er das Geld holen kann. Ein Recht, das was kostet, ist genau wie ein Apfel. Da sind die Leute hineingeströmt ins Museum, und das hat ihnen gefallen im Museum, weil wir verzagt sind und uns kein Mensch hilft und wir uns nicht helfen dürfen, weil wir zu dumm und zu gemein sind und Äpfel essen sollen, statt ein Recht zu kriegen. Apfel mindern Kopfschmerzen und Schlaflosigkeit, einen Apfel in jedes Grab! Saudumm ist Valentins gebräuchlichstes Wort. Und oft schimpft (flucht) er so was von bayrisch (man brächte ihn lieber mit diesem James Juice in Verbindung) Aff blöder, Depp depperter (ich habe die Polizei nicht beschimpft!), so unerbittlich grausam wild (das ist nur in den Filmen zu erfahren, weil das entbrannte Geschau dazugehört), sodass er nicht nur alles zerdenkt, sondern auch verflucht, (und seine eigene Weltanschauung), weil es so saudumm ist. So etwas fällt mir in Ambach ein, wenn ich nachts auf dem Steg sitze und ins schwarze Wasser Blicke werfe, die ich nass heraushole. Und wie war es, als ich aus dem Stadtmuseum herausgekommen bin? Da bin ich gestanden in der Hitze und habe mir die Häuser angeschaut, die sie im Glauben gebaut haben, dass es nie wieder Sommer wird. Und tatsächlich hat es seit 30 Jahren keinen Sommer mehr gegeben (und 30 Jahre haben sie gebaut). Und jetzt stehen die Häuser da und wissen nicht wie sie schauen sollen in dem vielen Sonnenschein. Woher soll ein Haus sein Hirn nehmen, wenn der Hausbesitzer keins hat? Und woher soll ein Hausbesitzer ein Hirn nehmen, wenn alle Hausbesitzer keins haben? Den Valentin soll man endlich verbieten, dann tauchen so saublöde Fragen überhaupt nicht mehr auf. »Nimm einem ein Hirn, der keins hat, dieser Staat.« Sehen Sie, so gefährlich ist der. Erst neulich lief ich am Valentinsbrunnen vorbei und rief: An dir renn ich vorüber. Wie gern hätte er abendfüllende Spielfilme gemacht: kein Geld. Und das Geheimnis meines Wartens geb ich preis: ich warte, bis die Wirtstochter in der Küche fertig ist, Annamirl, sie für meinen nächsten Film zu gewinnen, was mir beim *Atlantikschwimmer* noch nicht gelungen ist. Im *Bierkampf* möchte ich, dass sie mein Eheweib spielt. Es wird nach Mitternacht, bis sie mit ihrer Arbeit fertig ist, jetzt sitzt sie da, die weiße Schürze ausgezogen. Müde und wach sitzt sie da. Aus ihrem Gesicht lacht das schlaue mit den Händen arbeitende Bayern, und unterscheidet mich von den anderen Regissören.

KAPITEL 3

Leben in der Kleinstadt

MARIELUISE FLEISSER: Eine Zierde für den Verein

Die Altstadt hat neun Kirchen, ein Männer- und zwei Frauenklöster. Sie hat vier Hauptstraßen, die genau im Zentrum ein Kreuz bilden. Die beiden Balken sind von einem Stadttor bis zum anderen einen Kilometer lang. Sie hat zwischen diesen Balken ein Gewirr von alten, oft krummen Gassen, die nach Zünften benannt sind oder andere altertümlichen Namen tragen. Sie heißen Am Bachl, Am Lohgraben, Am Pulverl, Auf der Schanz, Bei der Schleifmühle, Brunnhausgasse, Fechtgasse, Goldknopfgasse, Griesbadgasse, Höllbräugasse, Lebzeltergasse, Mauthstraße, Neue Welt, Schliffelmarkt, Schloßländle, Schrannenstraße, Taschenturmgasse, Tränktorstraße, Zipfelgasse, Oberer und Unterer Graben. Am Stadtrand gibt es den Probierweg, den Ruschenweg, den Schießstattweg, die Schinderschüttstraße.

Sie hat einen volkstümlichen Heiligen, dem man nachsagt, dass er jeden Brand durch dreimaliges Pochen voranmeldet und der seit vier Jahrhunderten durch seine Fürbitte verhütet hat, dass bei einem Brand mehr wie ein einziges Haus in Flammen aufging. Der Heilige liegt in der Unteren Pfarr begraben, Nachbarn haben sein Pochen in der Nacht schon oft gehört.

Die Stadt hat viele Häuser, die schon zur Zeit des Dreißigjährigen Krieges standen. Sie hat einen Moorbach, der teilweise unterirdisch durch die halbe Stadt läuft und an dessen Lauf die Gärtner und Färber sich angesiedelt haben. Sie hat einen breiten Fluß, der nicht schiffbar ist, eine steinerne Brücke für Fußgänger und Lastwagen und eine Eisenbahnbrücke aus Stahl.

Sie hat ein weites Hinterland, das Ackerbau und Hopfenzucht treibt, das aber der Stadt als Käufer mehr und mehr untreu wird, seitdem die direkten Agenten der Industrie das flache Land überschwemmen. Sie hat einen regelmäßigen Viehmarkt, der viel zu oft wegen eingeschleppter Maul- und Klauenseuche gesperrt und an einen anderen Ort verlegt wird, sodass die Kaufkraft des ganzen Landstrichs abwandert. Sie liegt weit entfernt von den Industriezentren des Reichs, zahlt hohe Fracht – und Transportkosten. Sie liegt gefährlich nahe der Landeshauptstadt, deren leistungsfähige Warenhäuser ihren Geschäften durch Prospekte und Inserate systematisch Konkurrenz machen.

Sie hat außerhalb des mittelalterlichen Kerns neugebaute Beamten-, Villen- und Arbeiterviertel, die längst zur Größe der Altstadt angeschwollen sind oder darüber hinaus, die aber durch den veralteten Festungsgürtel, durch den Fluss, das Moorgelände und das selten unterführte Schienennetz unglücklich von ihr abgeschnürt bleiben.

Sie hat Volksschulen und Mittelschulen, eine Gewerbeschule, eine Sonntagsschule für Dienstmädchen. Sie hat zwei Sportvereine, verschiedene Innungen und als lebendigen Überrest aus dem Mittelalter die mächtige Zunft der Schornsteinfegermeister. Sie hat im alten Kern vier privilegierte Apotheken. Sie hat noch ein paar Stadtbauern, die sich selbst ernähren können, viele ehrsame Handwerksmeister, die von den Fabriken abgewürgt werden, viele kleine Kaufleute, die bereits im halben Angestelltenverhältnis zu den Konzernen stehn mit vorgeschriebenen Preisen, sie hat alteingeführte Qualitätsgeschäfte, die von den auswärtigen Warenhäusern, wenn auch nicht in der Güte, so doch im Preis unterboten werden.

Alle diese Leute, die durch die Inflation ihr in besseren Zeiten erspartes Vermögen verloren, haben ihre Kinder unter persönlichen Opfern etwas lernen lassen. Ihre Töchter gehen in Handelsschulen, kommen als Lehrlinge in Bankbetrieben unter und werden abgebaut, wenn sie ihr volles Gehalt zu beanspruchen haben. Ihre Söhne studieren, werden Ärzte, die sich keine genügend tragfähige Praxis schaffen, weil zu viele sich die Patienten streitig machen. Sie werden Lehrer und nicht ins Lehrfach zugelassen. Sie werden Chemiker, Ingenieure, die in der Heimat keine Beschäftigung finden, weil dort keine Industrie ist, im Reich nur schwer Beschäftigung finden, weil es zu viele Arbeitslose gibt und weil sie weitab vom Schuss leben. Der Massenandrang nach den gehobenen Berufen hat sich in den vergangenen fünfzehn Jahren gerächt. Die akademische Bildung ist in dem Maße entwertet, als sie sich verbreitet hat.

Als Studierende haben die jungen Menschen Jahre in der Großstadt verbracht. Es wird ihnen zu eng in den Verhältnissen zu Hause. Im besten Fall passen sie sich äußerlich an. Aber ein Keim in ihnen, die Unzufriedenheit bleibt, zwingt sie zu einer zerstörerischen Hellsichtigkeit, zu den unwillkürlichen Vergleichen.

Zugegeben, in jedem Beruf kommen die Tüchtigen durch verzweifelte Auswahl nach oben. Aber hier in der gedrosselten Stadt entscheidet oft nur die Beziehung, das Privileg der Kaste, der bloße Zufall, wer zuerst da war. Das macht es den jungen Menschen so schwer. Wenn man sie damit abspeist, dass sie sich in einer besonders schwierigen Übergangzeit befinden, dass sie ein Massenschicksal erleiden, dann verlangen sie, dass dies Massenschicksal alle ohne Unterschied trifft. Sie stoßen sich daran, dass es die ungerecht Bevorzugten gibt. Sie fallen Gedanken anheim, die wie Keimstoffe in der Luft schwirren und an Anarchie und Verbrechen streifen. Sie spielen mit dem Vorsatz zu irgendeinem gewaltsamen Handeln, sogar um den Preis, dass es nachher noch schlimmer wird, einfach um sich Luft zu schaffen. Die Gemeinschaft hält sie notdürftig in der äußerlich vorgezeichneten Bahn. Aber es schwelt, bald wird es brennen.

Um nicht müßig zu gehn, springen sie in Gelegenheitsberufe ein, zu denen man leicht Zutritt findet, weil man in ihnen schwer was erreicht. Sie werden Reisende, Vertreter von Firmen, Agenten auf eigene Rechnung, immer mit einem Fuß draußen, wissend, dass man sie zum alten Eisen schmeißt, wenn sie verbraucht sind. Ein Härtekrampf bildet sich in den Edelsten unter ihnen, Frieda Geier hat ihn. Sie kennt die seltsamen Handlungen der Verzweiflung.

Die Stadt kann nicht leben und nicht sterben, seit ihr durch den Versailler Vertrag das Militär genommen wurde und alle Zubringerdienste für das Militär samt den Rüstungsbetrieben. Doch weist ihr mystischer Leib, aus den Voraussetzungen des Mittelalters gewachsen, immer noch vereinzelte Schutzinseln auf. Es gibt Familien, die Glück gehabt haben oder in einer Branche sitzen, deren Boden noch trägt. Die Gillichs rechnen sich dazu, wenn nicht alles trügt. Sie haben die derbe Rasse mit dem starken Auftrieb.

Auch sie kämpfen um das bloße Dasein, aber mit einer gewissen Zuversicht. Sie kennen noch den alten Familiengottvater, der sie belohnt und bestraft, je nach der freiwilligen Anstrengung und dem Verdienst. Sie blicken noch nicht einem kollektiven Schicksal ins Auge, das alle gleich arm machen will.

Wenn Entwurzelte auf eine Schutzinsel stoßen, erliegen sie vielleicht der übermächtigen Versuchung, sich fallen zu lassen, sich hier zu vergraben, sich blindem Optimismus auszuliefern. Und doch dürfen sie auf der Insel nicht bleiben. Es ist zu spät für sie geworden, sie können nicht mehr das gewöhnliche Brot im Volkskörper sein. Ihnen bleibt nur der Ausweg, sein Salz zu werden.

Eines Tages treibt es sie wieder hinaus. Oder sie zerstören die Insel, wenn sie nicht rechtzeitig sie verlassen.

Dies ist der vierte Tag, seitdem Gustl Gillich, Tabakwarengillich, seinen eigenen Laden am Bitteren Stein aufgemacht hat. Vergangen sind die drei bangen Tage, in denen keiner, der nicht wirklich musste, über seine jungfräuliche Schwelle trat. Gustl Gillich steht hinter dem Ladentisch in seinem Sonntagsanzug mit weichen Knien. Hat er sich überschätzt? Ist die Lage nicht gut? Hat er sich beim Vertrag hereinlegen lassen?

Fünfzehn Schritte von ihm entfernt tobt der Verkehr. Das kann doch nicht wie abgeschnitten sein.

Sie kennen sein Gesicht, jawohl. Sie kennen ihn als den langjährigen Fachmann in der Tabakwarenbranche. Es ist nicht der erste Laden, den er aufgezogen hat in der Stadt. Er hatte schon einmal Glück in der Donaustraße, eine Goldgrube schien es zu werden. Den Laden dort nahmen ihm seine Eltern ab, als der Laden lief, und er musste es dulden, weil er das Geld von ihnen hatte. Er würde den Laden doch einmal bekommen.

Aber jetzt war er zum Mann erwacht und wollte nicht mehr darauf warten, bis sie gestorben waren.

Man darf nicht verlangen, dass die Leute nach drei Tagen einen neuen Laden mit Gewalt auskaufen wollen. Aber sie sollen ihn auch nicht schneiden. Vielleicht ist gar keine böse Absicht dabei. Was lässt sich von der entmilitarisierten Stadt mit neunundzwanzigtausend Einwohnern und zehn Prozent Arbeitslosen anders erwarten?

Dann sind es die Arbeitslosen, die Gustl Gillichs, des Schwimmphänomens, Knie so weich machen?

Ach nein; nicht nur diese.

Die Menschen sind ja Steine.

Die Knie sind hinter dem Ladentisch versteckt. Sichtbar ist nur die obere Gegend des Sonntagsanzugs und auf dem kleinen eisernen Kopf sein rechtschaffenes Lächeln.

Gustl lächelt rechtschaffen von sieben Uhr morgens bis sieben Uhr abends und steht dabei auf ein und demselben Fleck vor atemloser Erwartung. Er ist übertrieben bereit zum Empfang.

Sind denn die Menschen wahnsinnig, dass sie nicht eintreten, um sich anlächeln zu lassen. Für jeden einzeln würde er sich ja zerreißen. Besitzen sie die Schamlosigkeit, überhaupt nicht einzutreten, nicht einmal mit dem Fuß?

Dann wird ihnen zur Strafe entgehn, wie Schwimmgustl in seinem Käfig steht wie angenagelt, sich gar nicht mehr hinsetzt aus einer neuen Frömmigkeit für den Handel und Wandel. Er macht sich müde und weiß nicht für wen. Diese Ehrerbietung vor dem abwesenden, ja vor dem imaginären Kunden ist die letzte Errungenschaft von Gustl, dazu gemacht, um Steine zu erweichen.

Mag denn sein Eifer hinausstrahlen ins All, in dem nichts verloren geht!

Oder ist es notwendig, dass er den menschenleeren Laden schon um sieben Uhr in der Früh für den säumigen Kunden bereithält? Alles ist notwendig. Die Menschen sind Knechte auf Erden.

Also strahlt Gustl seinen Willen hinaus, die magischen Wellen. Fortgesetzt gibt er Kraft weg. Aber bis jetzt ist die Kraft nicht wie ein Bumerang in seine eigene Hand zurückgekehrt. Was soll nun diese Verstocktheit heißen?

Wenn Gustl unermüdlich seine eigenen Fehler ausmerzt, sollen ihm die Mitmenschen darin endlich Nachfolge leisten.

Als man ihm ins Gesicht sagt: »Deine Auslage zieht nicht, sie hebt sich nicht über den Boden heraus«, hätte er zum Beispiel beleidigt sein können.

Aber ist er beleidigt?

»Sie gefällt mir selber nicht«, sagt er elastisch und gibt sofort zu, dass er mit großen Fenstern noch nicht umgehen kann.

Er hat seine Erfahrungen an kleinen und hochgelegenen Fenstern gesammelt.

»Dein Fenster ist ja so gut wie leer«, sagt die Mutter. Sie würde nie und nimmer glauben, welch eine Lage Waren Gustl hineingeschmissen hat und es geht nicht aus. Schließlich kann er nicht sein halbes Lager in die Sonne legen.

Gustl ist kein eingebildeter Mensch. Er schleppt leere Kisten zusammen und reißt seine Dekoration nächtlicherweile wieder heraus.

»Diesmal weiß ich, wie ich es machen muss«, sagt er unverdrossen zu Frieda. »Ich schaffe einen ansteigenden Unterbau, der den Passanten die Ware direkt unter die Nase hebt.«

Wird nun Gustl, wenn nachts um elf Uhr seine Kisten nicht reichen, vor Ohnmacht beben und die Nägel in die Handflächen pressen, weil er an allen Ecken und Enden gehemmt ist? Schweigend stapelt er einige hundert Zigarrenschachteln in Lagen aufeinander. Es hält furchtbar auf, weil die Schachteln in der Größe abweichen. Frieda schimpft, dass Verpackungen dieser Art nicht genormt sind.

»Nur überall Spielraum lassen«, kommandiert er, als sie den Unterbau mit den blauen Zubantüchern verkleiden. »Du kannst gar nicht genug Stoff auslegen. Wenn das Tuch zu straff gespannt ist, reißt es mir hernach die Flaschen herunter. Hast du Reißnägel?«

Sie sind beide abgekämpft, als sie nachts um zwei Uhr zum eigentlichen Dekorieren übergehn.

Doch sucht Gustl wie die Biene das Gute.

»Was für ein Glück, dass ich es nicht allein machen muss! Ohne dich wäre ich aufgeschmissen«, übertreibt er.

Das Hirtentäschchenkraut ist in sich selbst nicht so bescheiden. Als beiden grau und flau wird, dass sie am liebsten alles nochmal herausreißen möchten, lässt er die Genossin der Freuden teilnehmen am Rotwein und Leberkäs, den sie wie die Wilden in langen Streifen hinunterschlingen.

»Wenn wir erst was im Magen haben, gefällt uns die Auslage wieder besser«, behauptet Gustl.

Der Wein muss sowieso getrunken werden. Die Rotweinflasche ist Bruch. Gustl hat ihr am Nachmittag, als er die Kisten vorzog, aus Versehen den Hals abgeschlagen.

Dann wird Gustl so sehr Optimist, dass er als Mittelstück wahllos Zigarettenschachteln nach unten rollen läßt

»Nur recht unordentlich hineinwerfen, damit die Leute stutzen und stehenbleiben.«

Um vier Uhr darf er mit aufrichtiger Erleichterung sagen: »Das hätte ich nicht geglaubt, dass wir in dieser Nacht noch fertig werden!«

Nun hat er Frieda so lang wachgehalten, dass er sich im Morgengrau gezwungen sieht, auf den gemeinsamen Altar ein Versprechen zu legen.

»Das nächste Mal geht es schneller. Ich lasse mir als Unterbau ganze Treppenstücke und Würfel vom Schreiner machen.«

»Das will ich auch hoffen«, hackt Frieda ein. Sie zuckt nicht mit der Wimper.

Nach diesem kriegerischen Klang will Gustl nicht übermütig werden und nichts verschrein.

»Wir werden ja sehn«, sagt er vorsichtig, »ob das Fenster diesmal Anklang findet.«

Und es hat eingeschlagen. Die Passanten bleiben wenigstens vor der Auslage stehn, um den Laden nicht ganz mit Verachtung zu strafen. An Laufkunden fallen vor allem die Fremden bei Gustl Gillich herein. Aber er fängt auch an, sich einen kleinen Stamm von festen Abnehmern zu schaffen.

Schon kann er Frieda, die ihn in der Mittagspause ablöst, verheißen: »Um halb zwölf wird der und der seine fünf Ravenklau holen. Ravenklau stehen hier drüben, dass du es weißt«

Er hört Frieda in Zigarettenmarken ab, und sie muss zwischen all den Packungen an die richtigen hinfassen, ohne zu zögern. Das gibt ein Gelächter. Wenn man einmal drin ist, weiß es ein kleines Kind. Und doch hat Frieda, hell wie sie ist, gestern partout Haus Ulmenried nicht gefunden.

Wie in der Schule sagt sie als Ausrede: »Das haben wir noch nicht gehabt.«

Der erste Bann ist gebrochen. Doch hat Gustl der Geschäftsgang nicht die Rede verschlagen.

»Das ist doch bloß getröpfelt«, kann er sagen.

Nach vierzehn Tagen wechselt er die Dekoration, sodass andere Tabakwarenhändler, die es ihm nachtun müssen, sich über den unnötigen Fleiß erbosen.

»Ich bin neu in der Straße«, verteidigt sich Gustl. »Ich muss das Bild öfter verändern wie die eingeführten Geschäfte.«

Gustl rührt sich auch sonst und stellt als einer der Ersten am Rand des Trottoirs einen Fahrradständer auf, in dem gleichzeitig fünf Räder parken können. Weil ihm der Ständer zu viel kostet und Gustl behauptet, dass er ihn fürs halbe Geld selbst herstellen könnte, lässt er ihn vorerst auf Widerruf stehn. Er zahlt erst, wenn sich der Ständer bewährt.

Aber mit seinen verstellbaren Zigarrenkistenhaltern erweist sich Frieda als unzufrieden. Sie hält sie für genauso langweilig wie überall.

Gustl widerspricht nicht, denkt jedoch intensiv. Man muss das verwerten, was auf dem Markt liegt.

Frieda will ihn ja auch, wenn er eine bestimmte Auffassung hat, nicht mit Gewalt zur eigenen Meinung bekehren. Es ist sein Laden.

»Es ist auch dein Laden«, sagt Gustl.

Da nimmt Frieda einen abwesenden Blick an, so ganz ist das noch nicht heraus. Gustl fängt an, sie zu bezichtigen mit Hinweisen, die immer deutlicher werden.

»Ohne dich hätte ich den Laden niemals aufgemacht«, stellt er ein für allemal klar. »Bei meiner Mutter drunten ist die Lage besser. Wenn ich mich hineinreite, habe ich es aus Liebe zu dir getan.«

»Wie stimmt das damit zusammen, dass du den Schritt ohne mein Wissen machtest und schon seit Jahren vorgemerkt bist für den Zeitpunkt, wo dieser Laden einmal frei wird?«, berichtigt Frieda.

»War es nicht ein alter Plan deiner Familie, im Zentrum eine Filiale aufzumachen?«

Ja, aber Gustl hat sich womöglich verhaut. Der Laden wird nicht halten, was er sich davon versprach. Da wäre es gut, den Sündenbock dafür zu haben. Und es kommt immer hinzu, dass ihn die Liebe dem Experiment willfähriger machte.

»Es war auch höchste Zeit, ein Mann zu werden«, weiß Frieda dagegen.

Wenn sich Frieda auch nicht stillschweigend die ganze Verantwortung aufbürden lässt, ist sie auf ihre Art doch wieder recht. Unauffällig poliert sie die Flaschen. Frieda sieht aufs erste Mal ein, dass Gustl dafür keine leichte Hand hat.

Überhaupt hat er eine draufgängerische Art, die immer einen braucht, der nachgeht und aufräumt. Ohne sie würde er im Hinterraum vor eingerissenen Stanniolkapseln, missglückten Preisschildern, vor Reißnägeln und altem Seidenpapier ersticken. Besonders nach jedem Dekorationswechsel häufen sich hinten die Leichenteile. Gustl kann mit gleichgültigen Männerblicken tagelang an ihnen vorbeigehn.

Aber wie langweilig ist das, wenn man sich dafür hergibt!

Frieda ist nicht abgeneigt, nach der eigenen Arbeitszeit das Gröbste zu beseitigen. Anders ist es schon, wenn sie merkt, dass er darauf pocht. Sie kann in den Tod nicht leiden, wenn Männer den lästigen und undankbaren Teil der Arbeit den Frauen zuschieben aus Prinzip.

»In Amerika helfen die Männer und Frauen auch zusammen,« sagt sie zum Beispiel.

»Hier ist nicht Amerika.«

Aber hier ist Frieda, die jahrelang Männerarbeit gemacht hat. Wie soll das einmal werden, wenn Frieda sich auf die Heirat einlässt? Dann ade, schöne Selbständigkeit!

»Daran darf ich noch gar nicht denken«, sagt Frieda.

Da lacht Gustl sie aus. Das wäre doch sonderbar, wenn eine sinnenfreudige Frau sich nicht die Finger bis zum Ellbogen ableckte, falls sie beim Genossen der Liebesspiele sich absichern kann auf Zeit.

Aber um welchen Preis? Frieda hat Ahnungen, sie kann es nicht lassen.

Allen Ernstes fragt Gustl, ob sie sich bei ihm nicht auslebt? »Ausleben, ja«, kommt es gedehnt.

Wenn das für sie wenig ist, ist Gustl machtlos und Frieda ein Rätsel.

»Es fehlt eben was.«

»Dir fehlen Prügel.«

»Das muss man erst können.«

»Was?«

Gustl schnaubt. Gustl hat unter Können natürlich die reinen Körperkräfte verstanden, ein Beweis, wie einsam Frieda neben ihm lebt.

»Dazu müsste ich dir denn doch zuvor das Recht geben«, spricht deutlich Luzifers Tochter. »Ich würde nämlich sofort von dir gehn.«

Da steht sie und behauptet sich, als seien die Paragrafen des Gesetzbuches für sie nicht geschrieben.

Der beliebte Krauler ist nicht so souverän, wie er glaubt.

Er nimmt es von der leichten Seite und lacht, sollte vielleicht nicht lachen.

Es stört sie, dass er niemals mehr bei ihr erreicht, als sie ihm freiwillig gibt. Er wird ihr nicht Herr. Er besitzt nicht die Fähigkeit, ihren Widerstand aufzuzehren.

Gustl kann nicht die ganze Nacht umhergehn und an dem widernatürlichen Gedanken bohren. Jetzt macht er Schluss. »Es geht dir so gut, dass du vor Übermut nicht weißt, was du willst. Sei froh, daß du mich hast.«

»Ich bin ja froh«, sagt sie schwankend.

»Wer A gesagt hat, muss auch B sagen.«

Natürlich ist das eine vorübergehende Stimmung von Frieda. Aber zwischen den Wänden steht es geschrieben, der beliebte Krauler soll ihr manche Enttäuschung bereiten.

Er hat wohl neben der Mutter, die keinen neben sich aufkommen lässt, eine gewisse Unentschlossenheit angenommen. Wenn man ihm den Anstoß gibt, arbeitet er wie ein Pferd. Er wartet bloß, dass Frieda die Initiative ergreift, und Frieda sieht sich das an, wie er wartet.

Schon zeigt sich sein Eifer für den Handel und Wandel von einer gesunden Sparsamkeit durchsetzt, er ist nicht mehr süchtig.

»Ich kann die Leute auch nicht an den Haaren herbeiziehn«, sagt er und sieht sich gezwungen, seinen Anzug und seine Nerven zu schonen. Er ist nicht mehr so habgierig, dass er Handstand und Kopfstand macht für jene Kunden, die ihn ohnehin beehren, und für die Abwesenden, die ja doch draußen bleiben. Die Welle hat sich überschlagen. Er lässt den Dingen einen gewissen natürlichen Lauf.

Er, den es wie einen gefangenen Löwen umhertrieb, hat es gelernt, sich ohne Tatendrang im Käfig zu bescheiden. Er starrt vor sich hin, solange die Käufer nicht wie Trommelfeuer bei ihm einfallen.

»Ich bin ja doch darauf angewiesen, was sie mit mir machen«, murmelt er schwer, sein Blick ist gebändigt.

Eine seltsam ausweichende Art von Fleiß hat Gewalt über ihn gewonnen und zwingt ihn, auf gelber Pappe Werbeschrift zu üben.

»Meine Fünfer sind noch nicht zügig«, murmelt er in panischer Angst.

Tag für Tag schielt er den Pinsel entlang, seine Zungenspitze schreibt mit. All seine Lebensgeister wandern wie ein Ameisenheer in derselben gebundenen Richtung. Als könne er dadurch, dass seine Fünfer zügig werden, Unerreichbares erreichen.

KARL VALENTIN: Klagelied einer Wirtshaussemmel

Nicht jede Semmel hat so ein schweres Dasein als gerade wir Wirtshaussemmeln. Eine Privatsemmel z. B. wird beim Bäcker gekauft, heimgetragen und meistens gleich gegessen. Aber wir Wirtshaussemmeln und meine Kolleginnen, die Römischen Weckerln, die Loabeln und die heruntergeschnittenen Hausbrote, wir haben meistens ein ekliges Dasein, bis wir von den Menschen verspeist werden.

Es hat sich ja einmal der Magistrat um uns gekümmert und hat in jeder Wirtschaft kleine Tafeln anbringen lassen, mit der Inschrift: »Das Betasten der Nahrungsmittel zum Zwecke ihrer Prüfung ist verboten.« Aber darum kümmert sich heute keine Sau mehr, viel weniger ein Mensch. Nicht genug, dass wir gleich nach unserer Erschaffung aus Mehl und Wasser sofort ins Krematorium kommen, werden wir, wenn wir fertig gebacken sind, von rohen Bäckerlehrbuben in die Lieferkörbe geworfen, diese Körbe werden wiederum unsanft ins Lieferauto geschwungen, und im 60 km Tempo rasen wir armen Semmeln dem Restaurant oder Gasthof zu, in welchem wir heute noch verspeist werden sollen.

Nicht jeder Semmel blüht dieses kurze Dasein, wie einer sogenannten Eintagsfliege. Manchen Semmeln geht es wie den alten Jungfrauen. Sie bleiben über, wenn auch nicht so lange. Nach Wochen und Monaten kommen wir in eine vielschneidige Guillotine (Knödelbrotschneidemaschine genannt), werden zu Scheiben geschnitten und bilden den Bestand der berühmten bayerischen Semmelknödel.

Aber wie traurig und dreckig geht es uns armen Wirtshaussemmeln. Wir werden von den Kassiererinnen (früher Kellnerin) in aller Frühe ins Brotkörbchen gelegt und auf den Tisch gestellt. So – und nun sind wir der sogenannten Hygiene unterworfen.

Zum Frühschoppen kommt schon um 10 Uhr direkt vom Bahnhof die Familie Huber aus Neuburg. Sie setzen sich alle an den Tisch, und Frau Huber entnimmt gleich dem Brotkörbchen ausgerechnet »mich«, drückt mir den Brustkorb ein und sagt zu ihrem Mann: Anton, guck mal, fühl mal das Brötchen an, wie weich das ist. Hier in München ist das Brot nicht so knusprig gebacken, wie bei uns in Neuburg.

Herr Huber hatte keine Zeit, mich gleich zu drücken, er hatte sich mit seinem Taschentuch eben die Nase geputzt, und erst, nachdem er dieses eingesteckt hatte, nahm er mich in die Hand, drückte mich zusammen, dass ich beinahe aussah, wie ein Pfannkuchen, legte mich wieder in das Körbchen und sagte: »Du hast recht, liebe Kreszenz, die Brötchen sind hier scheinbar alle so weich» – indem er sich auch davon überzeugte, und eine Semmel nach der andern zerdrückte. Mit gebrochenem Brustkorb lagen wir Semmeln im Körbchen.

Herr und Frau aßen ihre Weißwürste, welche ihnen scheints auch nicht besonders schmeckten, aber die mussten sie ja schließlich essen, weil sie dieselben bestellt hatten.

Wir Semmeln stehen aber unbestellt am Tisch, mit uns kann ja jeder tun und lassen, was er will.

Nach der Familie Huber nahm ein alter Herr, der zwar sehr gut gekleidet war, aber trotzdem einen riesigen Schnupfen hatte, an dem Tische Platz. Oweh, dachte ich Semmel, der wird mich und meine Kolleginnen wohl nicht anniesen – gesagt – getan – einige Dutzend Male ging ein kräftiges Hah–zieh über uns Semmeln nieder, begleitet von einem heftigen Bakteriensprühregen.

Wir ertrugen gerne diese Schmach des Angespucktwerdens, uns war es nur um die armen Menschen leid, die nach dieser Sauerei vom Schicksal an diesen Tisch geführt werden.

Der alte Herr aß, trank, zahlte, nieste und ging.

Eine Mutter mit vier Kinder waren die Nächsten. Wir Semmeln zitterten, als wir die vier Kinder an den Tisch kommen sahen.

»Mutter, Mutter – darf i mir a Semmel nehmen?«, schrie es durcheinander und wie Siouxindianer überfielen die Buben das Brotkörberl, welches dem Ansturm nicht standhielt und über den Tisch hinunter kollerte, und natürlich wir Semmeln auch. Die Mutter schalt leise: »Glei klaubts die Semmeln auf und tuts wieder ins Körberl neilegn schö, dass niemand siecht, dö Semmeln genga euch gar nichts an, mir bstelln uns Brezen.«

Zerdrückt, beschmutzt lagen wir vier Semmeln wieder ungegessen im Körbchen. Was wird aus uns noch werden? dachten wir.

Da kamen die vielen Mittagsgäste, schauten uns verächtlich an und bestellten sich anderes Brot, aber direkt vom Büfett.

Wir Semmeln sahen selber ein, dass wir zu unappetitlich aussahen, um verspeist zu werden. Keiner von den vielen Mittagsgästen wollte von uns was wissen – wir blieben auf dem Tisch stehen, obwohl wir fast von allen Gästen berührt, zerdrückt und angehustet wurden.

Bis der Abend kam, bis die Nacht kam – und schon gleich die Polizeistunde, da kam noch schnell ein Liebespaar geschlichen, setzte sich an den Tisch und trank mitsammen ein Glas Bier.

Sie hatten auch noch Hunger – aber nicht viel Geld. Wie wärs mit den vier Semmeln?

Indem sich beide verliebt in die Augen sahen, aßen sie dazu – uns vier Semmeln.

Die beiden hatten gar nicht bemerkt, wie wir aussahen, denn Liebe macht blind …!

ÖDÖN VON HORVÁTH: Ein sonderbares Schützenfest

Anfang August fuhr ich durch das bayerische Oberland und in der Nähe von Partenkirchen, dort wo die Berge beginnen, durchfuhren wir auch einen sogenannten schmucken Markt. Die Sonne schien und Sonntag wars. Aber auch abgesehen vom Tage des Herrn herrschte eine überaus feiertägliche Stimmung. Fahnen, Musik, jubelnde Bevölkerung, sowohl Eingeborene als auch Fremde, biedere Landmänner und erholungsbedürftige Bürgersleut.

Und warum jubilierten all die Braven?

Darum:

Durch die Hauptstraße zogen Schützen, viele Schützen, lauter Schützen. Ein Schützenzug. Im gleichen Schritt und Tritt. Fürbass. Mit wallenden Bärten und Gamsbärten, Gewehren und Bowiemessern, Standarten und heroischen Wunschträumen. Meist waren es bereits in Lederhosen Geborene, aber es waren auch welche dabei aus Ingolstadt, Köln, Jena und Berlin. Ja sogar aus Sachsen marschierten welche mit, wortkarg und unnahbar. Trotzdem hätte ich den ganzen großen Schützenzug ziemlich bald vergessen, hätte ich nicht zufällig ein Plakat erblickt. Auf diesem Plakate stand: »Graf Arco Erinnerungsschießen.«

Ich dachte zuerst an jenen Herrn, der Kurt Eisner ermordet hatte, aber jener konnte es nicht sein, denn da stand ja ausdrücklich: »Historisches 120. Arco-Schießen am 28. Juli, 3. und 4. August 1929.«

Also etwas ganz historisches, dachte ich mir und las weiter: »In dankbarer Erinnerung an die Befreiung des vor 120 Jahren am 18. Juli 1809 von den Tirolern belagert und schwer bedrängten Marktes M. durch den kgl. Bayer. Obersten Grafen Maximilian von Arco, der den Markt vor schwerer Brandschatzung bewahrte, begeht die unterfertigte Schützengesellschaft alljährlich ein ›Arco-Schießen‹. Jeder Gast wird sicherlich eine stete Erinnerung an unseren anmutigen Sommerort, den schönen See und das herrliche Gebirge behalten. Möge es uns daher vergönnt sein, eine recht große Zahl froher Schützenbrüder beim 120. Arco-Schießen willkommen zu heißen.

Kgl. priv. Feuerschützengesellschaft.«

Was bedeutet das?

Ich forschte weiter: Ein um die sogenannte Heimatbewegung überaus verdienter Priester schreibt in der Zeitschrift »Bayerland«

folgende Sätze: »– – Noch schlimmer (als die Schweden. Anmerkung meiner Wenigkeit) spielte der spanische Erbfolgekrieg den M.-ern mit, als die erbitterten Tiroler bis M. und H. vordrangen und die wehrlosen Orte plünderten und einäscherten. Als im Jahre 1809 dreitausend Tiroler den Markt aufs Neue brandschatzen wollten, wurden sie allerdings mit blutigen Köpfen heimgeschickt; Oberst Arco, der zum Entsatz aus Benediktbeuern herbeigeeilt war, wird noch heute durch das sogenannte Arco-Schießen als Befreier des Marktes (mit Hilfe der verbündeten Franzosen. Anmerkung meiner Wenigkeit) gefeiert.«

Was bedeutet das?

Das bedeutet, dass sich noch heute Deutsche dazu hergeben, einen Tag, an dem Deutsche auf Deutsche geschossen haben, durch ein Schützenfest zu feiern. Dass es im dritten Jahrzehnt des zwanzigsten Jahrhunderts noch Deutsche gibt, die sich nicht schämen, einen Trauertag des deutschen Volkes als Freudentag zu begehen. Dass es Deutsche gibt, die mit markigen Ansprachen die Bedeutung des Tages würdigen (mit nachfolgendem Tanz) – – die jenen Tag rühmen, da Deutsche Deutsche »mit blutigen Köpfen heimschickten«, weil sie »brandschatzen und plündern« wollten – – die sich frischfrommfröhlich an jenen Tag zurückerinnern, voll Pietät »Jubilarscheiben«, statt die Borniertheit und das Unglück ihrer Urväter zu verfluchen und ihr Volk zu beweinen ob seiner tragischen Geschicke im Kampfe um seine Einigung.

Es gibt also noch Deutsche, denen die Errettung ihrer Marktgemeinde vor 120 Jahren wichtiger zu sein scheint, als Großdeutschland. Anders läßt sich das nicht formulieren. Denn sonst müsste ja diese »Kgl. priv. Feuerschützengesellschaft« jenen Tag von ihrem Festprogramm streichen und statt des »Historischen Arco-Schießens« einen Trauergottesdienst abhalten. Denn religiös sind sie wahrscheinlich.

Doch die Gerechtigkeit gebietet es zu sagen, dass dieser Kgl. priv. Gesellschaft mildernde Umstände zugebilligt werden müssen: nämlich sie überlegt es sich ja gar nicht und wird sich also gar nicht darüber klar, was sie da eigentlich feiert. Und das ist das Traurigste.

Ich sprach mit vielen Bürgern des Marktes M. Jeder, aber auch jeder, Lehrer, Bauer, Arzt, Briefträger, Wirt, Arbeiter, Student bestätigte mir, es sei ein grober Unfug. Trotzdem war alles beflaggt, alles jubilierte, die Beteiligung am Schießen war »überaus zahlreich«, die Preisverteilung im »prächtig festlichem Rahmen bei begeisterter Stimmung«, der Tanzsaal überfüllt. Es *ist* ein grober Unfug.

Dieses sonderbare Schützenfest ist wahrlich kein Zeichen partikularistischer Tendenzen, es ist lediglich ein Produkt sträflich leichtsinniger Gedankenlosigkeit, politischer Wurschtigkeit und Unwissenheit – – das typisch politische Merkmal breiter Schichten des Mittelstandes.

»Das deutsche Volk einig in seinen Stämmen – –« – – mir, als sogenanntem Auslandsdeutschem, als von den garantiert echten Vaterländischen unter der Rubrik »Internationalist« Geführtem, mir wurd es übel, Zeuge dieser entarteten Heimatliebe zu sein. Ich tröstete mich mit dem Gedanken, dass es im Deutschen Reiche hoffentlich nur ein einziges »Arco-Schießen« gibt. Vielleicht! Man könnte es sich ja gar nicht ausdenken, wieviel Feste gefeiert werden müssten, wenn jeder Sieg, den Deutsche über Deutsche im höchstpersönlichem Interesse vaterlandsloser Dynastien errungen haben, gefeiert werden würde! Jeder Tag wäre ein Doppelfeiertag.

Wie heißt es doch in dem Einladungsschreiben zur Kgl. priv. Arcoschießerei? »Möge es uns daher vergönnt sein, eine recht große Zahl froher Schützenbrüder beim 120. Arco-Schießen willkommen zu heißen – –« Nein! Sagen wir so: Möge es uns daher vergönnt sein, dass wir es möglichst bald erleben, dass kein Deutscher mehr nationale Verbrechen seiner Ahnen als »Tradition« pflegt, nur um eine »Jubilarscheibe« gewinnen und Bier saufen zu können!

ECKHARD HENSCHEID: Geht in Ordnung sowieso genau

Zu dieser Zeit war der ANO-Teppichladen bereits ein recht beliebtes nachmittägliches Ausflugsziel eines Teils unserer älteren und jüngeren Seelburger Streuner und Tagediebe geworden. Sie fanden in diesem Taubenschlag endlich jene kostenlose, mühelose und fast qualifizierte Unterhaltung, die sie mehr oder weniger seit ihrem Schulabgang gesucht hatten und doch letztlich immer schmerzlich hatten entbehren müssen. Fast täglich fand sich nun eine kleinere oder mittlere Freizeitgruppe bei Herrn Leobold und Herrn Duschke ein – wenn ich mich heute rückerinnere, so tauchen ganz besonders nachhaltig die grauenhaft vergnügungssüchtigen Gesichter der Herren Binklmayr, Schießlmüller, Wellner – ja, und letzten Endes auch meines auf, obgleich ich behaupten möchte, dass meine fortgesetzte und gesteigerte Gegenwart im ANO-Laden zum Teil eher intellektuelle Gründe hatte: Ich wollte mich wohl einfach über diese neue Form der Freizeitgestaltung, diese bezaubernde Kreation des Jahrhundertausklangs informieren, und dazu musste ich ja wohl mit Haut und Haaren mitmachen. Zum andern genoss ich das unerhörte ANO-Leben als geistige Erholung nach meiner damals bevorzugten Vormittagsbeschäftigung: dem überaus strapaziösen Studium der besten Schachpartien aller Zeiten, und wer einmal jene Gehirnakrobatien eines Steinitz, Capablanca, Bronstein und Michael Tal nachvollzogen hat, der wird mein Motiv, meine Ökonomie vielleicht verstehen …

Drittens war meine ANO-Existenz gewissermaßen durch jenes »Gefühl der Humanität« gedeckt, von dem der alte Kant noch sprach, als es schon mächtig mit ihm abwärts ging und er dennoch jene abendländischen Fäden von Kultur und Zivilisation nicht aus der Hand zu geben bereit war, und die auch, meiner Meinung nach, Alfred Leobold fest und entschlossen in den klapprigen, dürrgetrunkenen Fingern hielt, als er mir damals, gleichsam schon hinsiechend, den ANO-Kundenausweis überreicht hatte, den ich bis heute besitze und hoch in Ehren halte.

Es muß zu der Zeit gewesen sein, als der Verlust meiner Macht über die beiden Schwestern bereits feststand – da begegnete ich eines Tags einem in Seelburg ziemlich verrufenen Frauenzimmer namens Hilde, das heißt diese schon recht verrottete und im Gesamteindruck verquollene 16jährige lief mir eines Morgens beim Stadtbummel in die Quere und drang sofort unappetitlich und in der Weise in mich ein, ich solle ihr gefälligst einen angenehmen und bunten Tag gestalten und sie (das witterte ich ohne Vorzug) wohl auch noch irgendwie generell freihalten – dafür, deutete das kesse Stück an, könne ich mit ihr gewissermaßen tun, was mir beliebte.

Die Sorge um mein schönes Geld, aber wohl auch die Reserve gegen einen unerwarteten und vermutlich unerquicklichen Beischlaf flüsterten mir nun die duftige Idee ein, die Halbwüchsige zu ANO zu verschleppen, wo ich mich diesem Weib gegenüber gleichsam hinter den Herren Leobold und Duschke verstecken könnte. Und ich

65

berauschte sofort und eindringlich jene Hilde mit der Vision eines sagenhaft aufgeräumten Nachmittags im Kreise vielleicht zahlreicher »prima Kerls«, mit Herrn Leobold zu sprechen. Und von Getränken ließ ich auch dies und jenes fallen.

Der Nachmittag gelang denn auch auf das Befriedigendste. Skandalös, wie viele – und gerade junge! – Menschen heute, aufgrund der fortschrittlichen Arbeitslosengesetzgebung und sonstiger sozialer Unvorsichtigkeiten, in der Lage sind, auf Abruf alles liegen und stehen zu lassen und ihrem Tagesverlauf eine ganz neue und unerwartete Richtung zu geben! Herr Leobold hieß auch die Nachwuchskraft Hilde auf das Freundlichste willkommen, und der Fratz erkannte wohl auch sehr schnell, dass bei diesem anscheinend großmächtigen Geschäftsmann sicherlich eher Geld abzuzweigen wäre als bei mir – und der abgebrühte Teenager war versiert genug, seine Brüste gegen den seriösen Weißkittel Herrn Leobolds hin spielen zu lassen. Sodass ich mich bald Herrn Duschke zuwenden konnte, der gerade im offiziellen Geschäftsraum einer unglaublich gescheckt kostümierten Matrone einen feuerroten »Kamelsattelhocker« für sage und schreibe 98 Mark aufzuschwätzen suchte. Um dieses begnadete Schauspiel besser beobachten zu können, nahm ich buchstäblich zu Füßen der beiden Handelspartner Platz, auf einem sogenannten »Schmuckhund Pluto« (69,50 Mark), schmauchte erwartungsvoll ein Zigarettchen und sah den beiden Alten zu.

Duschke lehnte sich dabei mit dem linken Arm an eine Teppichwand, wahrscheinlich um nicht umzufallen, denn aus seinem Munde kam ein bekanntes Düftchen herausgeflattert, aus dem ich mindestens Weizenbier und Apfelwein herausdestillierte, es war aber nach meiner Überzeugung auch etwas Süßes darunter – nur die Matrone störte das offenbar gar nicht, vermutlich hatte sie heute selber schon ausgiebig gezecht.

»Gnädige Frau«, raunte Duschke mit niederzwingendem, gefügig machendem Bariton, »ich bin ein alter Mann. Ich habe kein Interesse daran – ich rede ganz offen zu Ihnen – Sie zu bescheißen. Stört es Sie, wenn ich rauche? Aber dieser Schmuckhund ist das Beste, was Sie auf diesem Gebiet in dieser Saison – und ich rede von der Bundesrepublik ...«

Da flog die Tür auf und herein mitten in das anmutige Spektakel segelte mit Pomp der Kerzenhändler und Teufel Lattern. Er schlenzte mit vorgebeugtem Oberkörper auf uns zu, begrüßte, die Verlegenheit über seinen offenkundigen Rausch mit Stolz über ihn mischend, Hans Duschke, mich und verblüffender Weise auch die Alte mit strammem, katholischem Handschlag, berichtete aufgewühlt, er müsse jetzt gleich mit dem Kombi-Wagen Ewiges Licht sowie »geweihte Körnlein« nach Passau, Deggendorf und anschließend zum Bischof von Eichstätt fahren, er habe nur noch schnell vorbeischauen wollen, »wie es euch in eurem Laden da geht«, sagte Lattern recht unpassend und schien sogar vor aufgeregter Freude zu weinen, riss sich aber dann doch am Riemen, und um jetzt noch etwas besonders Anmutiges und Effektvolles vorzubringen, erzählte er mit jämmerlicher Leutseligkeit Duschke und der mit diesem jungen Mann offenbar hochzufriedenen Matrone, der Bischof von Eichstätt habe nämlich immer das Rheuma und die Gicht und alles, und nur seine, Latterns, geweihte Körnlein vermöchten dem alten Herrn Hilfe zu bringen bzw. (log Lattern kreuz und quer durch das ANO-Lager) er, Lattern, bringe dem Bischof die Körnlein mit, die seien aus dem Fichtelgebirge, »wie der Sechsämter!«, brüllte Lattern obszön, er bringe die Körnlein mit, der Bischof segne sie dann, fresse ein paar, und den Rest habe er, Lattern, in dieser Dose!

Triumphierend klaubte sie Lattern aus der Jacke, hielt sie Duschke und der Alten unter die Nase und verzeichnete einen überraschenden Erfolg. Denn die Frau wandte ihr Interesse plötzlich vollständig von dem grauenreichen Kamelsattelhocker ab und berichtete Lattern, dass auch sie jeden Morgen beim Aufstehen unter einem gewissen Schwindel leide, unter Tag vergehe das dann wieder (vermutlich unter dem Einfluss von allerlei dunklen Likörchen!) – jedenfalls: ob sie die Körnlein einmal sehen und gegebenenfalls kaufen könne?

Lattern, von seinem unverhofften Erfolg verzaubert, packte darauf die Alte beidhändig an den Schultern und log hemmungslos weiter, praktisch beziehe ja der gesamte deutsche Episkopat seine Körnlein, »alle, alle, der Döpfner, der Graber, der Dings, der andere …« – hier schon fiel Lattern nichts mehr ein und deswegen stürzte er sich rasch ins Freie – angeblich musste er im Auto nachsehen, wann er beim Bischof von Eichstätt gemeldet sei –, kam wieder, öffnete zum Beweis jetzt endlich seine Zauberdose, in der sich wohl eine Art Myrrhe befand, von der sich Lattern entschloss etwa ein Dutzend Körnlein in den Mund schob, sodass die Alte endlich von deren Nutzen überzeugt war. Ich kriegte auch ein paar ab, die Alte aber ließ sich gleich eine leere Streichholzschachtel damit auffüllen und fragte hocherfreut, was sie denn schuldig sei.

»Nichts, Mutter, nichts!«, brüllte Lattern leidenschaftlich, überlegte es sich aber dann doch anders, griff sich wie denkend an den Kopf und korrigierte sich: »An sich nichts, aber wenn S' uns ein Fläscherl Sechsämter bringen könnten, so eine für 20 Mark, aufdass«, verfiel Lattern wieder einmal in seinen geliebten alttestamentarischen Tonfall, »für alle genugsam da sei, wenn das Abendmahl bereit steht. Hah! Ich freu mich, ich freu mich!«, jauchzte Lattern und machte ganz überraschend einen Arabersprung im Teppichlager.

Die alte Mamsell zückte sofort einen Zwanzigmarkschein, vergaß aber nicht, wegen der Krankenversicherung eine Quittung zu fordern. Da war nun freilich guter Rat teuer, denn Lattern hatte nichts dergleichen bei sich, sodass sich die Lösung des Konflikts wieder einmal der wachen Geistesgegenwart Hans Duschkes verdankte, der, anscheinend überwältigt durch seinen eigenen Schalk, einen ANO-Kassenzettel ergriff, »Arzneimittel 20 Mark« drauf schrieb und ihn der Alten, versehen sogar mit einem Stempel, überreichte.

Worauf sich das Unwesen, begleitet von einem sinnleeren Duschkeschen »Gnädige Frau, das Vergnügen war ganz auf meiner Seite«, schlurfend davonmachte.

Schon hatte Lattern, geradezu zitternd vor Alltagslust, die Sechsämterflasche beigebracht und war mit ihr entzückt ins ANO-Nebengemach gestürzt – da registrierte er die kleine Hilde im vertrauten Gespräch mit Alfred Leobold (wie ich noch am Abend erfuhr, hatte sie dem Geschäftsführer zwischenzeitlich 30 Mark abgeknöpft) – und damit war es um des Kerzenkaufmanns Besinnung vollends geschehen. Er umgriff die junge Frau sofort von hinten, presste sie hin und her und schwang über ihrem Kopf die Braunes verheißende Schnapsflasche, worauf er, erstaunlich höflich, Frl. Hilde zuerst zu trinken gab, dann dem alten hingegossen lachenden Duschke, dann Alfred Leobold, dann mir, und schließlich wuchtete er den Rest fast vollständig in seinen geweihten Körper, eine Leistung, die Hans Duschke tatsächlich zu einem kurzen, besinnungslosen Beifallklatschen veranlasste, indessen Herr Leobold abgrundtief zufrieden lächelte, ja, wenn ich mich recht erinnere, vor Vergnügen leis schnaubte.

Für Augenblicke muss Latterns wendiger Körper doch schockiert gewesen sein, denn der Kerzenhändler rülpste ein paarmal nach-

68

denklich und ließ dann allerhand Bräunliches und Schleimiges aus der Nase tropfen – dann hatte er sich im Prinzip wieder unter Kontrolle, umfing erneut rücksichtslos die kleine Hilde, der dieser stinkende Teufel anscheinend recht gut gefiel (womit ich auch endgültig entlastet war) – beide wackelten fast verzückt mit ihren Körperchen hin und her, und in einer Atempause rief mir Lattern glühend zu:

»Moppel, ich sage dir etwas! Ich sage dir, die Situation ist, dass ich euch empfinde wie wunderbare Pflocken! Jawohl, Pflocken!«, wiederholte der Kerzenhändler begeistert, verwirrt über seinen unverhofften Wortwitz. Der alte Unhold Duschke lachte scheppernd, Herr Leobold aber äugte jetzt verstohlen ins Teppichlager, ob wohl auch alles in Ordnung gehe und nicht etwa ein Kunde störe – und dann beeilte er sich, dem neuen Paar überraschend und wahrhaft großherzig zu eröffnen, sie könnten »jederzeit« in den Keller gehen, nur auf den Teppichen könnten sie es nicht machen, weil heute »eventuell« (bei Leobold klang es wie »evendöll«) der oberste ANO-Besitzer Alfred Nock zur Inspektion vorbeischaue.

Beim Schreiben muss ich erneut lachen, wenn ich an das Leoboldsche »evendöll« denke, das ich hier, wenn mich nicht alles täuscht, zum ersten Mal vernahm, das mich später so bezaubern und vielfach nachdenklich stimmen sollte: seine spezifische Artikulation durch Alfred Leobold nahm dem Wort sozusagen den letzten Rest an Schärfe und Bedrohlichkeit, die Umwandlung des Konsonanten ins Stimmhafte nebst der der beiden Vokale in ein Diphtong strahlte etwas so universell Begütigendes, Kalmierendes aus, dass, ja dass mir dazu nur das bekannte Brentano-Wort einfällt: »Alles ist friedlich wohlwollend verbunden, bietet sich tröstend und trauernd die Hand, sich durch die Nächte die Lichter gewunden, alles ist ewig im Innern verwandt.« Ist das nicht wunderbar?

»Hurra!«, brüllte tatsächlich Lattern, dem der Gedanke anscheinend selber gar nicht gekommen war, vielleicht hatte er über der Hektik der geweihten Körnlein und des Sechsämters auch das eigentliche Ziel der Erotik kurzzeitig aus dem Gesichtsfeld verloren: aber umso schleuniger zerrte er nun die kleine Hilde davon – unwahrscheinlich, wie das Kleinzeug mithopste, das doch nun tatsächlich Geld und Liebe in einem Aufwasch bekam! – und wir drei Kaufleute hatten erneut etwas zu lachen und eröffneten erfreut drei Flaschen Bier.

KAPITEL 4
Großstadtluft

JOSEF RUEDERER: Der Bürger

D er Herr Maier oder Meier, der Herr Huber oder Hueber, der
Herr Müller oder Miller – wie er nun heißt, hat vor acht Tagen
sein Geschäft verkauft, hat hunderttausend Mark in vierprozentigen
Staatspapieren auf der Hypothekenbank liegen, hat einen Anteil-
schein mit sechs anderen Münchnern auf eine Jagd im Brucker Moos
oder bei Dachau, hat gestern sein fünfundvierzigstes Wiegenfest
begangen und geht heute zum Salvator. In aufrechter Haltung, mit
dem frohen Bewusstsein, dass er erlöst ist. Es war höchste Zeit. Die
Herumtreterei hinter dem Ladentisch hat ihm so wie so schon lange
nicht mehr gepasst; alle Augenblicke kamen Reisende, die Offerten
machten und noch öfter Kunden, die was kaufen wollten. Die Lad-
nerin war zwar hübsch grob, sie hat den Leuten gehörig die Meinung
gesagt, wenn sie bessere Auswahl verlangten und besonders gespreizt
taten. Auch er, der Herr Chef, hatte in dieser Richtung gar nichts
versäumt. Er fuhr die Käufer oft an, dass man hoffen durfte, sie würden endlich wo anders hingehen. Aber, merktens die Dummköpfe
nicht oder war er doch noch zu höflich: sie kamen jedesmal wieder,
auch wenn er ihnen den größten Schund vorsetzte, und da riss ihm
eines Tages die Geduld. »Mari« oder »Babett«, sagte er zu seiner Frau,
»woasst was, i mag nimmer, i verkaaf.«

Und die Mari oder Babett, der die zwidere Bedienerei von der
hochnasigen Bagaschi auch schon lange zuwider war, stimmte bei.
Meinte außerdem, dass es heutzutage bei den ungesunden Verhältnissen nur noch die Juden mit ihren Warenhäusern zu etwas bringen
könnten. Der Herr Gemahl war zwar nicht Antisemit von der Sorte
der Christlich-Sozialen Wiens, weil ihm diese Brüll- und Skandal-
manier in der Seele missfiel, immerhin fand er in den Worten seiner
Ehehälfte eine willkommene Förderung seiner Absichten. So kontra-
hierte er denn, kaufte sich ein großes Zinshaus mit fünf Stockwerken,
und heute, wo er zum ersten Male ein freier Mann ist, zieht er seinen
besten Rock an, nimmt seinen Stock und geht, wie gesagt, zum Salva-

tor. Ohne die Gattin, die inzwischen ihr Mittagessen kocht, wenn sie nicht vorzieht, ihr tiefes Bedürfnis nach Ruhe in Gesellschaft eines Herrn der besseren Stände zu befriedigen. Was sie aber auch tut, es ist ihm vollkommen gleichgültig, dem Herrn Maier oder Meier, dem Herrn Huber oder Hueber, dem Herrn Müller oder Miller – wie er nun heißt. Er zündet sich eine Zigarre an und überlegt im Stillen nur noch das eine, soll er direkt auf den Nockherberg wandern oder vorher woanders hin. Da die Uhr erst auf elf weist, vor zwei Uhr aber nicht angestochen wird, entschließt er sich zu Letzterem und geht in den Kunstverein.

Das ist, wie schon der Name ganz richtig vermuten lässt, ein Verein, der sichs zur Aufgabe gemacht hat, der Kunst unter die Arme zu greifen. Er besteht seit hundert Jahren, zählt sechstausend Mitglieder, darunter gekrönte Häupter Europas, und hat über den sogenannten Arkaden, die sich als weites Rechteck von der Residenz bis zum neuen Armeemuseum hinüberziehen, vornehme Räume am östlichen Ende erbaut. Darin versammeln sich jeden Sonntag unter prächtigem Oberlicht Herren und Damen in großer Zahl. Ein Kommen und Gehen, ein Drücken und Drängen, ein Treppauf und Treppab, und dazwischen eine der nur zu bekannten Typen und Gruppen, die dem weltbekannten Verein seinen hohen Ruf auf immer gesichert haben. Da ein Leutnant, der sich mit Braut zum ersten Mal in der Öffentlichkeit zeigt, dort ein Anderer, der mit einer schönen Frau ein Rendezvous verabredet, da eine Mutter, die einem Rechtspraktikanten eine ihrer drei Töchter zukomplimentiert, und dort zwei ältere Damen, die kräftig auf sie schimpfen. Ist es Frühling, werden die neuen Hüte kritisiert, ging ein Ordensregen hernieder, werden die damit Begnadeten in aufrichtiger Herzlichkeit beglückwünscht, und gabs einen öffentlichen Skandal, wird er hier noch vergrößert. Nebenbei hängen allerdings auch ein paar Bilder an den Wänden herum, die aber weiter nicht stören. Ferner gibt der Verein zu Neujahr einen Kupferstich oder eine Radierung heraus, die er jedem, der den Beitrag pünktlich bezahlt hat, ins Haus sendet und auf die er mit großen Lettern die einfache Widmung druckt: der Kunstverein seinen Mitgliedern für das Jahr so und so oder so und so.

Dies Geschenk bekommt er natürlich ebenso regelmäßig wie die Andern, der Herr Maier oder Meier, der Herr Huber oder Hueber, der Herr Müller oder Miller, – wie er nun heißt. Seine ganze Wohnung hängt voll davon. Außerdem steht noch eine Menge auf dem Speicher herum, gesammelt von seinem Vater, Großvater und Urgroßvater. Alles längst verstorbene Herren, alles Münchner, alles Mitglieder des Vereins, denn sie sagten sich wie der Nachkomme ganz richtig, dass man für die Kunst etwas tun müsse. Originale erwarben sie freilich keine, sondern warfen jeden, der ihnen mit solchem Ansinnen kam, einfach zur Türe hinaus. Aber kauften etwa Andere so ein Zeug? Der Bierbrauer X? Der Großmetzger Y? Der Kaffeesieder Z? Leute, die zehn-, ja zwanzigmal so viel Geld hatten? Leute, die fürstliche Wohnungen, Equipagen und Dienerschaft hielten? Fiel ihnen gar nicht ein, und jenen Millionären erst recht nicht, die im filzigen Gegensatz alles zusammenscharrten, kaum einen Frühschoppen zu machen wagten und jahraus und jahrein mittags ihr Rindfleisch verzehrten. Den Malern und Bildhauern mochte der liebe Gott auf die Beine helfen. Das waren so Hungerleider, die nie was Rechtes gelernt hatten, und die halt da waren, damit man in diesem ernsten Dasein ein bisschen was zur Zerstreuung hatte und am Sonntag etwas zum Schwatzen. Obendrein tat doch der Staat schon genug. Kaufte jedes Jahr für hunderttausend Mark Bilder, stopfte die Sammlungen voll, ließ Denkmale und Brunnen errichten, also braucht sich der gute Bürger deswegen noch kein Glas Bier zu entziehen. Am wenigsten ein Glas von jenem Gebräu, das, wie die alljährlich zur Versendung gelangenden Prospekte der Paulanerbrauerei behaupten, schon im Jahre 1651 von frommen Brüdern an der Stelle gesotten wurde, wo jetzt die Aktiengesellschaft ihren Sitz hat. Von jenem Gebräu, das, aus besonderen Würzen hergestellt, im Grunde die gleiche Wirkung erzielt, wie der berühmte Bock, die Sinne betörend, in selige Träume versetzend. Aber auch aufmuckend und revoltierend. So fanden da draußen auf der Höhe des Nockherbergs Schlachten statt, die in die bayrische Geschichte mit goldenen Lettern gegraben sind. Die stärkste und größte an jenem Tage, wo die schwer entrüsteten Stammgäste ein ganzes Kavallerieregiment mit einem abgedeckten Hause in die Flucht schlugen und eine Kompanie Gendarme noch dazu. Freilich jetzt sitzt man zahmer, man singt bescheidene Lieder, weil die Behörden entsprechende Maßregeln getroffen haben. Aber nach wie vor birgt alles eine gewisse Dosis von Explosivstoff gegen jene Elemente, die der Münchner als seine Erbfeinde betrachtet: den Schenkkellner, den Zylinder, den Schutzmann. Der Erste füllt die Maßkrüge nur halb, der Zweite vertritt die verhasste Noblesse, der Dritte sucht die Ordnung aufrecht zu halten. Das ist auf einmal zu viel, und so wandert heute auch jener Mann in einer merkwürdig bewegten Stimmung dahin, der als neugebackener Privatier eigentlich zuerst in den Kunstverein möchte, ehe er zum Salvator geht.

Vom nüchternen Viertel der Schelling-Theresien-Amalienstraße, das die Stillosigkeit der siebziger Jahre erstehen ließ, biegt er ein in die Ludwigstraße, entlang der Universität, des Sahnenamts und der Staatsbibliothek. Vorbei am Kriegs- und Finanzministerium bis zur Feldherrnhalle. Es ist ihm, als sähe er das alles zum erstenmal, wie im Traum. Dort der Tilly, dort der Wrede und in der Mitte der nackte Oberbayer, der, einen griechischen Helm auf dem Kopfe, das stramme Frauenzimmer umfängt. Da regt sich in dem stillen Beschauer wieder das Mitglied des Kunstvereins. Das nur sonntags genießt, wie es auch nur sonntags zur Jagd geht, das mehr auf Genrehaftes sieht, auf Entstehung und Herkunft des Kunstwerks, als auf eigentlichen Wert, das die neuen Sachen immer den alten vorzieht. Und wie man nie in die Pinakothek geht, worin die verstaubten Schmöker hängen, so schaut man auch nicht auf die gediegene Art der Theatinerkirche oder der Alten Residenz, sondern man interessiert sich eben nur für das Kriegerdenkmal. Das hat der Herr von Miller gemacht, der in Bayern und München alles macht, jeden Auftrag, jede Konkurrenz, jede Sache, mit Ausnahme solcher, wo nichts dabei rausschaut. Der nun sechzigjährige Mann hat das Geschäft seines Vaters, des Gießers der Bavaria, übernommen, ist Mitglied der Reichsratskammer und zugleich Präsident jener festgeschlossenen, stillen Vereinigung, ohne die man heute innerhalb der weißblauen Grenzpfähle in künstlerischer Hinsicht nichts mehr erreichen kann. Wenigstens jetzt nicht mehr. Früher kam es wohl vor, dass der eine oder andere Auftrag durch fatalen Zufall in unberufene Hände kam. Das hat man zu verhindern gewusst. Man gab der nach innen längst gefesteten Vereinigung auch nach außen ein bestimmtes Gepräge und ließ sich von einer allezeit hilfsbereiten Regierung die offizielle, staatliche Anerkennung erteilen. Durch llerhöchstes Dekret, sowie durch den Titel einer königlich bayrischen Monumentalbaukommission. Die sieht bei der Aufnahme neuer Mitglieder weniger auf Talent als vor allem auf unbedingte Verlässlichkeit. Unter aktiven Mitgliedern versteht sie die eigentlichen Leiter und Macher, vor denen die Türen in allen Ministerien auffliegen, unter passiven jene Beamten, die eine freundwillige Regierung als zu allem nickende Beisitzer der Form halber abgeordnet hat. Ob aber ordentlich oder außerordentlich, immer vertreten die Mitglieder jenen Typus, der in München zur höchsten Blüte gelangt ist und unter dem Namen der »Spezl« eine weite Berühmtheit erlangt hat.

Der soll nun seine Erklärung finden wie der Kunstverein und der Salvator. Spezl oder auch Spezi, der Spezielle, der Besondere, der Freund, der Genosse, ist, in welcher Gestalt er sich auch zeigen mag, ob mit geraden oder krummen Beinen, ob mit großen oder kleinen Händen, immer dieselbe Erscheinung. Er fährt mit höchsten Kreisen auf die Jagd und schaut dabei verächtlich auf die Leute, die es nicht tun: das ist der sogenannte Jagdspezl, er schleicht in den Bureaux der Referenten herum, die über Bilderankäufe zu entscheiden haben: das ist der sogenannte Kunstspezl, er sitzt, wenn was los ist, in den vordersten Reihen der Theater: das ist der sogenannte Premierenspezl, er tritt bei Prozessen als Sachverständiger auf, und schwört jeden Eid, der von ihm verlangt wird: das ist der sogenannte Prozessspezl. Es gibt noch viele Abstufungen, so zum Beispiel den Redaktions- oder Kritikspezl, deren Titel sich von selber erklären, oder auch den Aktienspezl. Wie er aber ist: immer wird der Spezi seine Aufgabe erfüllen, er wird Stimmung machen. Niemals für sich; das besorgt der Andere. Ist doch in dem anregenden Verkehr alles auf sichere Gegenseitigkeit gestellt. So schlägt der Jagdspezi den andern für den Orden vor oder für den Professortitel, der Kunstspezi schlägt zum Ankauf für die Pinakothek vor, der Premierenspezl gibt ermunternde Zurufe dem Kritikspezi oder dem Redaktionsspezl, kurz und gut, es geht alles durch- und ineinander, es mündet alles an einer Stelle und trifft sich wieder, so entgegengesetzt die Ausgangspunkte sein mögen, im Punkte des gegenseitigen Zusammenhaltens. Geprüft wird niemals, was gut oder schlecht, was wahr oder unwahr, was echt oder unecht, es wird nur gelobt, es wird nur gefördert. »Brüaderl, kennst mi scho, leih mir an Sechsa.« Das ist die geheime Parole, die mit listigem Augenzwinkern verteilt wird, gegenseitiger Händedruck als Freimaurerzeichen, das ist die Begrüßung, und der bayrische Patriotismus das Banner, unter dem gesiegt wird.

[...]

Von ferne aber blaut der Alpenkranz über das weite Feld hinter dem Keller mit dem höchsten Berge, der Zugspitze. Wenn die Münchner das sehen, kriegen sie Wasser in die Augen und grüßen mit dem Maßkrug hinüber. Denn sie lieben diesen Berg, den Stolz ihrer Heimat, der zwei zerrissene Gletscher, drei großartige Täler und fünf Wirtshäuser in seinen Rippen birgt. Etwas Stammverwandtes, Knorriges schaut da zu ihnen herunter, mit dem sie sich verwachsen fühlen, etwas Frohes, Gesundes, dem sie im Sommer und Winter oft zuströmen. Hell strahlt es auf in der Märzsonne, und wie jetzt der Wind herankommt, der frische Wind von den Bergen, da schmecken die Brezeln noch einmal so gut und der Salvator erst recht. Man sitzt kühl und doch warm unter den kahlen Bäumen, durch deren Äste die Luft zittert wie flüssiges Metall. Man politisiert, man scherzt, man jammert über die Fleischpreise und zwickt die Nachbarin dabei verständnisvoll in den Hintern. Da und dort aber sitzt ein Alter; der hebt den Finger bedeutungsvoll in die Luft wie einer der Weisen vom Morgenlande. Vor den andächtigen Zuhörern entsteht da ein fesselndes Bild aus der alten Zeit, die die Leute, die sie gelebt haben, mit Vorliebe die gute nennen. Was damals ein Fiaker, ein Theaterbillet und ein Rettich gekostet hat, zieht vor dem verzückten Auge vorüber, staunend vernimmt man von dem Biere aus jenen Tagen, das fähig war, die Hose auf die Bank festzukleben, und dann wieder künden Sirenenklänge von der Kraft, mit der früher auf dem Salvator gerauft wurde. Lange und längst verschwundene Zeiten.

Der frische Märzwind trägt einen Hauch davon zu dem Helden dieses Kapitels, über die Isar hinüber zu dem Herrn Meier, dem Herrn Huber oder Hueber, dem Herrn Müller oder Miller – wie er nun heißt. Mächtig regt sich die Sehnsucht in ihm; und so geht er denn die Arkaden hinab, ohne umzuschauen, ohne hinzuhorchen nach der Parade, die jetzt in der Ferne mit einem vollen Akkord einsetzt. Ein Bekannter ruft ihm zwar im dichtesten Gewühle zu, er solle sich ja den neuesten Grützner ansehen, »eine Heidenviecherei«, aber der so Beratene geht weiter, immer weiter, die kleine Anhöhe hinunter, vorbei am ehemaligen Palais Royal, die ganze Prinzregentenstraße. Dabei zählt er die Schritte mit und addiert, was er kann. Denn, wenn er noch so zum Anstich drängt, vergisst er auch jetzt, wo er dem Ziele immer näher kommt und den Malzgeruch schon in der Nase zu spüren meint, keinen Augenblick, dass er Geschäftsmann war. Er denkt zurück, was er auf diesem Spaziergang gesehen hat und geht an keinem Staatsgebäude vorüber, ohne die Fläche zu berechnen. Selbst entlang des Englischen Gartens kommen ihm äußerst praktische Gedanken. Er sagt sich, wie viel man da profitieren könnte, wenn man die prächtigen Bäume zu Brennholz zerhacken und Häuser an ihre Stelle setzen dürfte, große, schöne Zinshäuser mit vier bis fünf Stockwerken, alles in möglichster Eile gebaut, mit besten Bedingungen für Trockenwohner. Fiel auch bald der Verputz von der Front, wie das bewährte Sitte ist bei der Sorte von Architekten, die, halb bankrott, solche Massenaufträge in die Hand nehmen, fiel die Decke ein und kam der Palier ins Gefängnis, krepierten die Esel von Inwohnern an der Malaria, weil die Lage eine tiefe war und der Englische Garten nichts weiter als ein trockengelegter Sumpf: die Hauptsache blieb, dass verdient wurde. Und noch wichtiger, dass man ein Zugmittel fand, was das Viertel beliebt machte, eine Reklame, ein Irgendetwas – was es war: es sollte von sich reden machen, es sollte die Leute herbeitreiben, es sollte dröhnen und scheppern. Weithin musste mans vernehmen wie eine Menagerie, einen Zirkus oder –

Auf einmal hielt er ein in seinem Gedankengang und sah sich um. Er war im tiefen Sinnen immer weitergegangen, am Nationalmuseum vorbei über die neue, prächtige Brücke und von ihr die Freitreppe emporgestiegen zur hochgelegenen Terrasse des Friedensdenkmals. Hier war es; nur wenige Schritte gegen Süden befand sich die Stelle, die jeder Münchner nur allzugut kennt. Ja, dort inmitten der Anlagen sollte das Theater stehen. Eine großangelegte Monumentalbrücke war bestimmt, die Verbindung mit der Stadt herzustellen, und wo jetzt die langweilige Liebigstraße zum alten Gerümpel des Lehels führt, sollten gewaltige Bauten eine gerade Linie zur Residenz beschreiben. Und all das geschenkt, für nichts. Nur den Bauplatz sollte die Stadt liefern. Etwa, als wenn man eine Mark aus der linken Hand legt, um mit der rechten hunderttausend zu fassen. Ja, so was wenn halt wieder käme, dann würde mans anders machen. Das meint er, der stille Beschauer. Er denkt nicht, dass mans heute nur mit Wagner anders machen würde, er denkt nicht, dass man jeden Revolutionär in der Kunst geradeso hinauspöbeln würde, er denkt nicht mehr daran, dass er als junger Kerl alle die Schmähreden auf den »narreten König« gedankenlos nachplapperte, sondern er schaut auf die Stadt, die mit ihren Kuppeln und Türmen im Sonnenglanz unter ihm liegt. Dort das Wahrzeichen Münchens, die Frauenkirche, dort der Justizpalast, dort das Dach des Hoftheaters, dort die Ludwigskirche und unter allem die Isar, so seicht, dass man die Fische drin zählen kann. Alles, alles sieht er, und wie er sich jetzt umdreht, gewahrt er inmitten des neuerstandenen Viertels hinter Zinshäusern und Villen das neue Prinzregententheater. Da weicht alle Kümmernis, es zieht ihm durch die Brust wie große, tiefe Versöhnung. Der Geist des seligen Königs konnte zur Ruhe eingehen, denn hier stand, was er ersehnt hatte. Ein bisschen weiter allerdings von dem Platze, wo es ursprünglich gedacht war, ein bisschen mehr aus Stuck und Verputz, ein bisschen Akkordarbeit, aber immerhin, es war da, dasselbe stolze Theater mit verdecktem Orchester, mit amphitheatralischem Zuschauerraum. Und das hatte er vorhin im Geiste gesehen, als er das neue Häuserviertel entwarf: Große Festspiele im Sommer mit auswärtigen Gästen, mit viel Geld, Automobilen und Champagner, das wars, was man brauchte, um die Bauspekulation entsprechend zu heben, die zwar nach dem glücklichen Siebziger Kriege einen kolossalen Aufschwung genommen hatte, dafür aber umso stärker zusammengekracht war. Oh, der das gegründet hatte, war ein Teufelskerl und die Herren von der Terraingesellschaft nicht minder. So was, wenn man halt machen könnte, so was, wenn man halt kriegen könnte! Das dachte er bei sich und damit ging er um das Maximilianeum herum über die Gasteiganlagen nun wirklich zum Salvator, der Herr Maier oder Meier, der Herr Huber oder Hueber, der Herr Müller oder Miller – wie er nun heißt.

Thomas Mann: Buddenbrooks

Achtes Kapitel

Sie schrieb: »Und wenn ich ›Frikadellen‹ sage, so begreift sie es nicht, denn es heißt hier ›Pflanzerln‹; und wenn sie ›Karfiol‹ sagt, so findet sich wohl nicht so leicht ein Christenmensch, der darauf verfällt, dass sie Blumenkohl meint; und wenn ich sage: ›Bratkartoffeln‹, so schreit sie so lange ›Wahs!‹ bis ich ›Geröhste Kartoffeln‹ sage, denn so heißt es hier, und mit ›Wahs‹ meint sie: ›Wie beliebt.‹ Und das ist nun schon die zweite, denn die erste Person, welche Kathi hieß, habe ich mir erlaubt, aus dem Hause zu schicken, weil sie immer gleich grob wurde; oder wenigstens schien es mir so, denn ich kann mich auch geirrt haben, wie ich nachträglich einsehe, denn man weiß hier nicht recht, ob die Leute eigentlich grob oder freundlich reden. Diese Jetzige, welche Babette heißt, was Bäbett auszusprechen ist, hat übrigens ein recht angenehmes Exterieur und schon etwas ganz Südliches, wie es hier manche gibt, mit schwarzem Haar und schwarzen Augen und Zähnen, um die man sie beneiden könnte. Auch ist sie willig und bereitet unter meiner Anleitung manches von unseren heimatlichen Gerichten, so gestern zum Beispiel Sauerampfer mit Korinthen, aber davon habe ich großen Kummer gehabt, denn Permaneder nahm mir dies Gemüse so übel (obgleich er die Korinthen mit der Gabel herauspickte), dass er den ganzen Nachmittag nicht mit mir sprach, sondern nur murrte, und kann ich sagen, Mutter, dass das Leben nicht immer leicht ist.«

Allein, es waren nicht nur die »Pflanzerln« und der Sauerampfer, die ihr das Leben verbitterten ... Gleich in den Flitterwochen hatte ein Schlag sie getroffen, ein Unvorhergesehenes, Ungeahntes, Unfassliches war über sie hereingebrochen, ein Ereignis, das ihr alle Freudigkeit genommen hatte und das sie nicht zu verwinden vermochte. Dieses Ereignis war folgendes.

Erst als das Ehepaar Permaneder bereits einige Wochen in München lebte, hatte Konsul Buddenbrook die testamentarisch fixierte Mitgift seiner Schwester, das heißt einundfünfzigtausend Mark Kurant, flüssig machen können, und diese Summe war hierauf, in Gulden umgesetzt, vollkommen richtig in Herrn Permaneders Hände gelangt. Herr Permaneder hatte sie sicher und nicht ungünstig deponiert. Was er aber dann, ohne Zögern und Erröten, seiner Gattin gesagt hatte, war dies: »Tonerl« – er nannte sie Tonerl, »Tonerl, mir war's gnua. Mehr brauchen mer nimmer. I hab' mi allweil g'schunden, und jetzt will i mei Ruh, Himmi Sakrament. Mer vermieten's Parterre und die zwoate Etasch, und dahier hamer a guate Wohnung und können a Schweinshaxen essen und brauchen uns net allweil gar so nobi z'sammrichten und aufdrahn ... und am Abend hab' i 's Hofbräuhaus. I bin ka Protzen net und mag net allweil o Göld z'sammscharrn; i mag mei G'müatlichkeit! Von morgen ab mach' i Schluss und werd' Privatier!«

»Permaneder!«, hatte sie ausgerufen, und zwar zum ersten Male mit dem ganz besonderen Kehllaut, mit dem sie Herrn Grünlichs Namen zu nennen pflegte. Er aber hatte nur geantwortet: »A geh, sei stad!«, und dann hatte ein Streit sich entsponnen, wie er, so früh, so ernst und heftig, das Glück einer Ehe für alle Zeit erschüttern muss … Er war Sieger geblieben. Ihr leidenschaftlichster Widerstand war an seinem Drang nach »G'müatlichkeit« gescheitert, das Ende war gewesen, dass Herr Permaneder sein in dem Hopfengeschäft steckendes Kapital liquidiert hatte, sodass nun Herr Noppe seinerseits das »Comp« auf seiner Karte blau durchstreichen konnte … und wie die Mehrzahl seiner Freunde, mit denen er abends am Stammtische im Hofbräuhause Karten spielte und seine regelmäßigen drei Liter trank, beschränkte Tony's Gatte nun seine Tätigkeit auf Mietesteigern als Hausbesitzer und ein bescheidenes und friedliches Kuponschneiden.

Der Konsulin war dies ganz einfach mitgeteilt worden. In den Briefen aber, die Frau Permaneder darüber an ihren Bruder geschrieben hatte, war der Schmerz zu erkennen gewesen, den sie empfand … Arme Tony! Ihre schlimmsten Befürchtungen waren weitaus übertroffen worden. Sie hatte zuvor gewusst, dass Herr Permaneder nichts von der »Regsamkeit« besaß, von der ihr erster Gatte zu viel an den Tag gelegt hatte; dass er aber so gänzlich die Erwartungen zuschanden machen werde, die sie noch am Vorabend ihrer Verlobung gegen Mamsell Jungmann ausgesprochen hatte, dass er so völlig die Verpflichtungen verkennen werde, die er übernahm, indem er eine Buddenbrook ehelichte, das hatte sie nicht geahnt …

Es musste verwunden werden, und ihre Familie zu Hause ersah aus ihren Briefen, wie sie resignierte. Ziemlich einförmig lebte sie mit ihrem Manne und Erika, welche die Schule besuchte, dahin, besorgte ihren Hausstand, verkehrte freundschaftlich mit den Leuten, die für das Parterre und den zweiten Stock sich als Mieter gefunden hatten, sowie mit der Familie Niederpaur am Marienplatz und berichtete dann und wann von Hoftheaterbesuchen, die sie mit ihrer Freundin Eva vornahm, denn Herr Permaneder liebte dergleichen nicht, und es erwies sich, dass er, der in seinem »lieben« München mehr als vierzig Jahre alt geworden war, noch niemals das Innere der Pinakothek erblickt hatte.

Die Tage gingen … Die rechte Freude aber an ihrem neuen Leben war für Tony dahin, seit Herr Permaneder sich sofort nach dem Empfang ihrer Mitgift zur Ruhe gesetzt hatte. Die Hoffnung fehlte. Niemals würde sie einen Erfolg, einen Aufschwung nach Hause berichten können. So wie es jetzt war, sorglos, aber beschränkt und so herzlich wenig »vornehm«, so sollte es unabänderlich bleiben bis an ihr Lebensende. Das lastete auf ihr. Und aus ihren Briefen ging ganz deutlich hervor, dass gerade diese nicht sehr gehobene Stimmung ihr die Eingewöhnung in die süddeutschen Verhältnisse erschwerte. Es ging ja im Einzelnen. Sie lernte es, sich mit den Dienstmädchen und Lieferanten zu verständigen, »Pflanzerln« statt »Frikadellen« zu sagen und ihrem Manne keine Fruchtsuppe mehr vorzusetzen, nachdem er dergleichen als »a G'schlamp, a z'widres« bezeichnet hatte. Aber im Großen und Ganzen blieb sie stets eine Fremde in ihrer neuen Heimat, denn die Empfindung, dass eine geborene Buddenbrook zu sein hier unten durchaus nichts Bemerkenswertes war, bedeutete eine beständige, eine unaufhörliche Demütigung für sie, und wenn sie brieflich erzählte, irgendein Maurersmann habe sie, in der einen Hand einen Maßkrug und in der anderen einen Radi am Schwanze, auf der Straße angeredet und gesagt: »I bitt', wia spät is', Frau Nachbohrin?«, so war trotz aller Scherzhaftigkeit ein sehr starker Unterton von Entrüstung fühlbar, und man konnte überzeugt sein, dass sie den Kopf zurückgelegt und den Mann weder einer Antwort noch eines Blickes gewürdigt hatte … Übrigens war es nicht diese Formlosigkeit und dieser geringe Sinn für Distanz allein, was ihr fremd und unsympathisch blieb:

Sie drang nicht tief in das Münchener Leben und Treiben ein, aber es umgab sie doch die Münchener Luft, die Luft einer großen Stadt, voller Künstler und Bürger, die nichts taten, eine ein wenig demoralisierte Luft, die mit Humor einzuatmen ihre Stimmung ihr oft verwehrte.

Die Tage gingen … Dann aber schien doch ein Glück kommen zu wollen, und zwar dasjenige, welches man in der Breiten Straße und der Mengstraße vergeblich ersehnte, denn nicht lange nach dem Neujahrstage 1859 ward die Hoffnung zur Gewissheit, dass Tony zum zweiten Male Mutter werden sollte.

Die Freude zitterte nun gleichsam in ihren Briefen, die so voll von übermütigen, kindlichen und gewichtigen Redewendungen waren, wie lange nicht mehr. Die Konsulin, welche, abgesehen von ihren Sommerfahrten, die sich übrigens mehr und mehr auf den Ostseestrand beschränkten, das Reisen nicht mehr liebte, bedauerte, ihrer Tochter in dieser Zeit fernbleiben zu müssen, und versicherte sie nur schriftlich des göttlichen Beistandes; Tom aber sowohl wie Gerda meldeten sich zur Taufe an, und Tony's Kopf war erfüllt von Plänen in betreff eines *vornehmen* Empfanges … Arme Tony! Dieser Empfang sollte sich unendlich traurig gestalten, und diese Taufe, die ihr als ein entzückendes kleines Fest mit Blumen, Konfekt und Schokolade vor Augen geschwebt hatte, sollte überhaupt nicht stattfinden, – denn das Kind, ein kleines Mädchen, sollte nur ins Leben treten, um nach einer armen Viertelstunde, während welcher der Arzt sich vergeblich bemühte, den unfähigen kleinen Organismus in Gang zu halten, dem Dasein schon nicht mehr anzugehören …

Konsul Buddenbrook und seine Gattin fanden, als sie in München eintrafen, Tony selbst nicht außer Gefahr. Weit schwerer als das erste Mal lag sie danieder, und während mehrerer Tage verweigerte ihr Magen, an dessen nervöser Schwäche sie schon vorher hie und da gelitten hatte, die Annahme fast jeder Nahrung. Indessen, sie genas, und die Buddenbrooks konnten in dieser Beziehung beruhigt abreisen, – wenn auch andererseits nicht ohne Nachdenklichkeit, denn es hatte sich ihnen allzu deutlich gezeigt und besonders der Beobachtung des Konsuls war es nicht entgangen, dass nicht einmal das gemeinsame Leid imstande gewesen war, die beiden Gatten einander erheblich zu nähern.

Nichts gegen Herrn Permaneders gutes Herz … Er war aufrichtig erschüttert gewesen, dicke Tränen waren angesichts seines leblosen Kindes aus den verquollenen Äuglein über die zu aufgetriebenen Wangen in den ausgefransten Schnauzbart geflossen, und er hatte mehrere Male mit schwerem Seufzen hervorgebracht: »Es is halt a Kreiz! A Kreiz is'! O mei!« Aber seine »G'müatlichkeit« hatte nach Tony's Begriffen nicht lange genug darunter gelitten, seine Abendstunden im Hofbräuhaus hatten ihn bald darüber hinweggebracht, und mit dem bequemen, gutmütigen, ein bisschen mürrischen und ein bisschen stumpfsinnigen Fatalismus, der in seinem »Es is halt a Kreiz!« enthalten war, »wurstelte« er fort.

Tony's Briefe aber verloren von nun an nicht mehr den Ton von Hoffnungslosigkeit und selbst von Anklage … »Ach, Mutter«, schrieb sie, »was kommt auch alles auf mich herab! Erst Grünlich und der Bankrott und dann Permaneder als Privatier und dann das tote Kind. Womit habe ich soviel Unglück verdient!«

Der Konsul, zu Hause, wenn er solche Äußerungen las, konnte sich eines Lächelns nicht erwehren, denn trotz alles Schmerzes, der in den

Zeilen steckte, verspürte er einen Unterton von beinahe drolligem Stolz, und er wusste, dass Tony Buddenbrook als Madame Grünlich sowohl wie als Madame Permaneder immer ein Kind blieb, dass sie alle ihre sehr erwachsenen Erlebnisse fast ungläubig, dann aber mit kindlichem Ernst, kindlicher Wichigkeit und – vor allem – kindlicher Widerstandsfähigkeit erlebte.

Sie begriff nicht, womit sie Leid verdient habe; denn obgleich sie sich über die große Frömmigkeit ihrer Mutter mokierte, war sie selbst so voll davon, dass sie an Verdienst und Gerechtigkeit auf Erden inbrünstig glaubte ... arme Tony! Der Tod ihres zweiten Kindes war weder der letzte noch der härteste Schlag, der sie treffen sollte ...

Als das Jahr 1859 sich zu Ende neigte, geschah etwas Fürchterliches ...

SCHALOM BEN-CHORIN: Jugend an der Isar

Prolog: Glockenspiel, 1974

Nicht vom Glockenspiel am Münchner Rathaus ist hier die Rede, obwohl es das Entzücken meiner Kindheit war. Wenn täglich um elf Uhr am Marienplatz sich das Turnier der Landshuter Fürstenhochzeit im Puppenspiel wiederholt, wenn in anderer Etage sich der Schäfflertanz immer neu ereignet, versammeln sich Reisende aus Europa und Amerika, um dieses mechanische Wunderwerk zu bestaunen, aber auch der Münchner selbst hält wohl den Schritt an, um diese harmlose Schaustellung unter Glockenmusik immer wieder zu genießen. Auch ich habe es nicht verabsäumt, meinen Kindern diese Wonne der eigenen Kindheit bei Besuchen in München zu bieten.

Das Glockenspiel vom Rathaus läutete durch meine Kinderträume, wobei sich die Freude über die bunten Figuren und die klingenden Glocken mit einer seltsamen Angst vermählte. Ich selbst stand inmitten der Szenerie, musste vor den anreitenden Rittern oder den tanzenden Schäfflern, den Fanfarenbläsern und Narren fliehen und in kühnem Sprung vom Rathausturm in die Tiefe fallen.

Ich überlasse es neidlos den Psychoanalytikern, diesen sich stets wiederholenden Kindheitstraum zu deuten. Er hängt innig zusammen mit einem Horrortraum, der auf das in München so beliebte Handspielpuppentheater mit dem Kasperl zurückgeht, das ich auf der Auer Dult und bei Darbietungen eines Giesinger Gesellenvereins gesehen hatte. Der Münchner Humor machte nicht einmal vor dem Tode halt, der als Totenschädel im langen Sterbehemd erschien. Dieser makabre Scherz verdüsterte das kindliche Gemüt.

Bis heute ist mir eine gewisse Scheu vor Handspielpuppen geblieben, vielleicht weil ich sie – natürlich im Unterbewusstsein – frühzeitig als Symbol des manipulierten Menschen erkannte.

Das berühmte Glockenspiel mit seinen mechanischen Figuren hatte für mich ebenfalls eine dämonische Schattenseite, die ich noch immer verspüre, zumal mir Figuren auf hohen Gebäuden, vor allem Karyatiden, immer unheimlich sind. Nur zögernd kann ich ein Bauwerk betreten, dessen Balkone von vollbusigen Genien oder wilden Männern getragen werden. Die kindische Furcht, dass diese unentwegten Lastträger sich ihrer Bürde entledigen könnten, werde ich nicht los.

Das Schicksal hat es gut mit mir gemeint: In Jerusalem kennt man derartigen Fassadenschmuck nicht, eingedenk des biblischen Verbotes: »Du sollst dir kein Bildnis machen«, an das sich Juden und Mohammedaner halten.

Aber ich will nicht vom berühmten Glockenspiel auf dem Rathausturm erzählen, sondern von einem anderen Glockenspiel, das unter diesem Namen nicht bekannt, aber in meinem inneren Ohr gegenwärtig ist. Das Glockenspiel, dem ich gegen Mittag in der paradiesischen Umwelt des Englischen Gartens auf dem Monopteros lauschte.

In diesem kleinen neugriechischen Tempel saß ich oft lesend. Wenn ich aber den Blick von den Seiten hob, fiel er auf die Türme der Stadt, die ihre Wahrzeichen bilden, und wenn dann die Glocken zu schlagen begannen, konnte ich sie wohl unterscheiden – das Dröhnen vom Dom der Frauenkirche, der Ruf von St. Peter und von Heilig Geist und vordergründig der Klang der barocken Theatinerkirche.

Nur wer das Lied, die Symphonie der heimatlichen Glocken so kennt (oder kannte), scheint mir ganz zugehörig zu sein, so sehr es ihm bestritten sein mochte.

Der Weg von meinem Elternhaus an der Oettingenstraße zur Universität führte durch den Englischen Garten, und ein kleiner Abstecher brachte mich immer wieder auf die künstliche Höhe des Monopteros, wo ich tags die Wonnen der Einsamkeit, nachts wohl auch manchmal die der Zweisamkeit kosten durfte.

Unvergessliche Stunden. Hier las ich Thomas Manns »Krull«, der in meiner Erinnerung mit dem Monopteros verbunden bleibt. Hier schrieb ich auch selbst Verse und Prosa, gelöster, als es am Arbeitstische möglich gewesen wäre.

Was ist Heimat? Ich glaube, nur ein ganz kleiner Ausschnitt aus Land und Stadt der Herkunft. Für den Reisenden, für den Fremden mag sich eine Stadt wie München als eine Einheit präsentieren. Die großen Sehenswürdigkeiten und die Kunstdenkmäler, die prächtigen Bauten und die imponierenden Straßenzüge fügen sich ihm zum unvergesslichen Bilde. Nicht so dem, der hier geboren wurde. Er sieht das Große im Kleinen – aus der Perspektive des Kindes, das an der Hand der Mutter geht, aus der Perspektive des jungen Mannes, der schüchtern den Arm um die Hüfte des Mädchens legt, wobei ihn die Berührung erzittern lässt.

Das alles wird auf ganz wenige Plätze und Gegenden einer großen Stadt reduziert. Weite Viertel der Großstadt blieben mir fremd, sodass es nach Jahrzehnten eigentlich nur ein Wiedersehen mit den vertrautesten Gegenden der Stadt gab. Zu ihnen gehörte der Englische Garten und sein Herzstück – der Monopteros.

Immer wieder leuchtete er mir im Traume als ein Tempel der Sehnsucht auf. Ich sah ihn wieder, war nicht enttäuscht, wenn ich auch nicht mehr finden konnte, was dort unsichtbar verblieben war: die eigene Jugend.

Ich habe nie zu den Narren gehört, die, wie es hier am Monopteros so viele taten, ihren Namen auf Gedenksäulen kritzeln, unsichtbar bleibt er aber doch hier eingetragen.

Heimlicher Musiktempel, von dem ich dem Glockenspiel der Türme lauschte. Auch die Türme ragten in meine Träume, wobei sie sich des Nachts auflösten und erst in der Morgenfrühe wieder zu erkennbarer Kontur zusammenrückten. Warum lösten sie sich in der Dunkelheit (kunstvolle Anstrahlungen waren noch unbekannt) in Nichts auf? Ich weiß es nicht, aber ich ahne es. Der kindliche Traum übersetzt in seiner Weise die philosophische Erkenntnis, dass unsere Realität nur das Schattenbild der Ideen darstellt.

Die Schatten schwinden, wenn die Sonne gesunken ist.

Ich bin überzeugt, dass in der Seele des Kindes archetypische Vorstellungen bis zur akustischen Realität verdichtet werden können. Mein eigener Sohn belehrte mich in dieser Hinsicht. Als kleines Kind behauptete er mit unumstößlicher Gewissheit, den Gesang der Sterne zu hören.

Niemand hatte ihm von der aristotelischen Musik der Sphären erzählt, der Prolog im Himmel aus dem »Faust«:

Die Sonne tönt, nach alter Weise,

In Brudersphären Wettgesang

war dem Siebenjährigen bestimmt völlig unbekannt.

Unter den Bauten, die sich in der Nacht verflüchtigten, sind vor allem auch die mittelalterlichen Tore der Stadt zu nennen, das Isartor, das Sendlinger Tor, das Karlstor, und wie sie alle heißen mögen, auch die gewaltigen Kirchen – aber nie der Monopteros. Dieser besonders zarte Bau, wie mit Pastellfarben in die künstliche Landschaft hineingezeichnet, trotzte der Dunkelheit … Stärke, Dauerkraft des Schwachen, Fragilen.

Wenn ich in diesen Seiten zurückblicke, so möchte ich den Monopteros gleichsam zum Standquartier wählen und von ihm aus den Rückblick wagen, ihn *zu meinem* »Lug ins Land« machen.

Was ist es für ein Land, das der Blick vom Monopteros umfängt? Ein geliebtes und ein erlittenes Land, ein Land fragloser Vorgegebenheit, in welcher nicht nur die Kastanienbäume rauschten und die Pfingstrosen blühten, sondern auch (welch schreckliches Bild!) die Fragen wuchsen und wucherten, die die Fraglosigkeit wie mit Moos überzogen.

In sieben Kapiteln, sieben Stationen, versuche ich, den Weg durch dieses Land nachzuzeichnen. Dieser Versuch ist notwendigerweise zum Scheitern verurteilt. Wie sollte es gelingen, nach einem halben Jahrhundert noch einmal das Entscheidende zu orten? Muss nicht allzuviel im Sog des Vergessens verschwunden sein? Hat sich nicht hier und dort die Kulisse unheilbar verschoben, sodass ein Zerrbild zustande kommen muss?

Das alles weiß der nicht mehr junge Erzähler sehr wohl. Die Unzuverlässigkeit seines Standortes ist ihm bewusst, aber zugleich vertraut er auf den Organismus der Erinnerungen. Was wir bewahren, ist nicht immer das Wesentliche, aber es ist für *uns* das Wesentliche – und nur davon können wir Zeugnis ablegen.

Das Zeugnis zählt, so bescheiden es auch sein mag. So unrepräsentativ jugendliche Existenz war, so gibt ihr doch die Patina der Jahrzehnte eine nicht geahnte und nicht erstrebte Repräsentanz. Man wird Exponent einer Vergangenheit, die in die Gegenwart ragt.

Aus Bibliotheken und Archiven, aus Tagebüchern und Korrespondenzen berühmter und weniger berühmter Zeitgenossen, kann der Historiker versuchen, das Bild einer Epoche zu formen. Nicht so der sich Erinnernde. Er lauscht dem Glockenspiel der abgelebten Zeiten, bringt es noch einmal zum Tönen und lässt die Vergangenheit als seine bewahrte Gegenwart für Minuten aufklingen.

Das Glockenspiel, dem ich vom Monopteros lauschte, klingt mir weiter nach. Es war die Symphonie meiner Kindheit und Jugend. Der kalte Wind, der durchs Land blies, trieb mich an die ferne Küste meiner Urheimat, in der ganz andere Töne erklangen. In Jerusalem waren es nicht mehr so sehr die Glockentöne, auch wenn sie hier nicht völlig fehlen, denen sich das Ohr und die Seele erschlossen. Der lang hinhallende Ruf des Muezzin von den Minaretts und das weltalte Schmettern des Widderhorns an der Klagemauer bilden die Urtöne Jerusalems.

Aber das alles klingt zusammen in der Symphonie meines Lebens, Symphonie mit Glockentönen, vox humana und Hornpartien.

Da ich leider keine Noten schreiben kann, musste ich die Symphonie in Worte umsetzen. Hier ist sie – eine Abschiedssymphonie.

OSKAR PANIZZA: ABSCHIED VON MÜNCHEN

Wo fang' ich nun an? Traun, Eure Vergangenheit ist groß und gewaltig. Und Ihr habt Ursache, Euch deshalb in die Brust zu werfen. Einer Salzstätte mit Brückenzoll über die Isar verdankt Ihr Eure Entstehung? Nun, attisches Salz habt Ihr damals gewiss nicht gehandelt. Und wenn man Euch betrachtet, muss man jenen Recht geben, die sagen, es sei Viehsalz gewesen. Doch das macht nichts. Es ist Euch wohl bekommen. Noch heute besteht Eure Stadt aus zwei Drittel Metzgern. Die Fleischer-Innung ist bei Euch die vornehmste. Den halben Süden Deutschlands nebst der Schweiz verseht Ihr mit Euren vortrefflichen Rostbeefs. Und Eure Schlachthäuser sind mustergültig.

Aber wehe, wer Euch und Euren Fleischermessern mit anderen Dingen, als mit Rostbeefs und Kuttelfleck in die Quere kommt! Wehe, wer Euch zumutet, Gedanken zu verdauen! Ihr zerhackt und zermetzgert ihn in der entsetzlichsten Weise. Schon Eure Schimpfnamen »Dünng'selchter«, »Dickg'selchter Hanswurst!« u. a. sind alle der Metzger-Innung entnommen. Bluttriefend muss derjenige von Euch sich zurückziehen, der die frevelhafte Zumutung an Eure Gehirnchen gestellt hatte. Und Eure Rache ist komplett.

Die erste, glänzende Leistung, mit der Ihr nach dieser Richtung in der Geschichte steht, sind die Jahre 1519–1521, als durch die Reformation an Euch die ungeheuerliche Zumutung herantrat, zu denken – ermesset! – ohne den Papst, Euren geistigen Nährvater in Rom, in religiösen Dingen zu denken – erstarrt! – und Eure Seele zu untersuchen – schaudert! – Wie habt Ihr damals aufs Rad geflochten und Eure Messerchen spielen lassen? Dutzendweis ersäuftet Ihr die Lutherischen in der Isar. Und hundertweis schlepptet Ihr von den Wegen nach Augsburg und den protestantischen Centren die Wanderer und Reisenden herein, berocht sie, ob es Geistes-Menschen waren, und warft sie dann in den Kerker oder in den Fluss. Ja, gegen das geistiger geartete Regensburg schlosset Ihr Euch sogar hermetisch ab – so groß war Eure Furcht vor dem Geist! – und ließet nicht einmal protestantisches Gemüse, protestantische Äpfel und protestantische Gelbe Rüben herein. Und zu den Hinrichtungen und Ersäufungen erschienen Eure Fürsten und nickten wohlwollend Beifall und Eure Prinzesschen patschten in die Hände. O Ihr süßen, herzigen Geschöpfe, auch in Euren Adern rollt das Münchner Metzgerblut!

»Aber man nennt uns doch ›Isar-Athen‹?«

Ja, man nennt Euch »Isar-Athen«! Das ist aber das Resultat einer Geistesverwirrung. Immer hat es nämlich unter Euch einzelne geisteskranke Fürsten gegeben, die, wie das so geht, wenn der Geist wandert, sich über den durchschnittlichen Metzger-Horizont ihrer Umgebung erhoben, und weil Ihr von einer Salzstößlerei herstammt, meinten: sie seien in Attika oder in Arkadien geboren. Sie ließen nun Marmorbrüche eröffnen und bauten statt Schlachthäuser »Ruhmeshallen« – denkt Euch! – statt Metzger-Gesellen-Häuser »Feldherrnhallen« – fallt um! – Glyptotheken und Pinakotheken, und stellten dahinein – Euch zum Vorbild – die Marmorgeschöpfe eines entschwundenen hochgeistigen Geschlechts – welcher Wahnsinn – und über Eure Stadt erhob sich in zwanzigfacher Lebensgröße das hochgemute Bronze-Bild einer vornehmen Frau mit griechischem Kopfbau – Euch Breitschädlern und Stirngedrückten gegenüber! – und Euer König hoffte, Eure Weiber würden sich an diesem Standbild versehen und Kinder mit noblen Schädel-Indices gebären! – das Euch! – Merkt Ihr nun, wo's dem Manne fehlte! – Daher stammt Euer Ruf von »Isar-Athen«.

»Aber wir sind doch sonst auch noch berühmt. Wir brauen doch auch Bier!«

Ja, Ihr braut auch Bier. Und so glücklich-naiv waret Ihr in diesem Metier, dass Ihr meintet, weil Ihr Alkohol versandtet, Ihr versehet die Welt mit Geist. Während es doch nur Sprit war. Faktisch war es auch nur eine Art Rache an dem Geist der Welt, die Ihr da nahmt. Denn so gedieh bei Euch, den Denkscheuen, dieses Gebräu im Hinblick auf seine Fähigkeit, bei den Trinkern das Denken zu unterdrücken, dass Ihr es den Geistesmenschen, die außer Eurem Weichbild gedeihen, zuschicktet und sie vergiftetet und – dumm machtet, und so wiederum, wie bei der Reformation, zu Eurer Rache kamt.

Feindselig schlosset Ihr Euch immer ab gegen alles, was Geist bedeutete. Es war Eure einzige Feindschaft, diese aber unerbittlich. Sonst wart Ihr gut, o herzensgut, Ihr seid ein weiches, zerfließendes Geschlecht, süß und duftig wie das Schmalz zu Euren Nudeln, eine schmalzgute Menschensorte, aber wehe, wer Euch mit Geist entgegentritt, da werdet Ihr unbarmherzig. Schon Ende des vorigen Jahrhunderts erregte Kant Eure namenlose Wut. – Sie waren wohl heftige Wolffianer, diese Münchner, oder entschiedene Berkeleyaner – O Gott, beileibe nicht! Nein, sie waren gar nichts; sie mieden Philosophie wie Wasser (damit ist alles gesagt) – nein, Ihr gerietet außer Euch vor Wut, dass überhaupt so ein Mensch es wagte, über die höchsten Dinge zu philosophieren – Geist zu haben. Und so thatet Ihr denn das Fürchterliche, und: am Hofe Eures Fürsten (Karl Theodor) erhielten die Hunde den Namen Kant (Häußer, Geschichte der rheinischen Pfalz. Bd. II, S. 970). So rächtet Ihr Euch an einem Mann, dessen Werke Ihr nicht verstandet.

Und wie habt Ihr an Schubart gehandelt? Der junge Brausekopf war zu Euch gekommen, und hatte sich da und dort als Musiker und Schriftsteller anstellig gezeigt. Es war wieder einer von der geistigen Sorte. Staatsrat von Lori – es hat immer auch Aufgeklärte unter Euch gegeben – wollte die junge Kraft für München festhalten. Und es handelte sich um eine Anstellung für Schubart. Da erfuhr man, dass er Protestant sei, in Ludwigsburg eine Parodie auf die christliche Liturgie verfasst habe und »an keinen heiligen Geist glaube«. –Jetzt war's aus? – O nein! Es erfolgte der gemessene Befehl: Schubart kann bleiben und erhält eine Anstellung, wenn er – katholisch wird. Aber der kecke Schwabe war zu frisch, es ekelte ihn der Prozessionen, wenn er ihnen begegnete, und der junge Gotteslästerer ging nach dem nahen Augsburg, wo er die erste deutsche Zeitung gründete.

Ja, ja – »wenn er katholisch wird« – das war immer Eure Kondition und Präsumtion. Euer Herz-Jesu-Fleisch, Eure Milch Mariä und die sekreten Haarbüschel der Jungfrau aus der Michelskirche, und die Schweiß- und Bluts-Tropfen und all das stinkige Windel-Zeug, und all die Papp-Mahlzeiten Eurer Hostien, und die Knochen- und Uterus-Litaneien – wenn man die mitmachte, wenn man da anbetete, wenn man hier zu Kreuze kroch, dann war man bei Euch salviert, dann war man lieb Kind, dann durfte man an Eurem Tischlein sitzen, dann durfte man von Eurem Biersüpplein essen, dann durfte man mit Euren Weibern im Bettlein schlafen, dann durfte man alles thun. Aber wehe, wer Kantianer war oder sonst sich mit geistigen Dingen beschäftigte!

Da war um jene selbe Zeit, Ende des vorigen Jahrhunderts, eine Sekte bei Euch, »Illuminaten« hießen sie – »Moderne« würde man heute sagen – die unternahmen die Elefanten-Arbeit, – Euch zu illuminieren – denkt Euch! – Euch ein Licht aufzustecken – hört! – Eure Gehirnchen nach der geistigen Richtung zu bilden – erwägt (wenn Ihr könnt)! – Aber Ihr habt ihnen schon heimgeleuchtet. Einem einzigen Mann, der das Beten zu den Blutstropfen Christi gerügt hatte, hingt Ihr zweiundvierzig Anklagen an den Hals. Hunderte von hervorragenden Männern konnten sich nur retten, indem sie sich mit den schmutzigen Gräueln Eurer Gebärhaus-Religion befleckten und mit einem sauve qui peut! an die »Brüste Mariä« warfen. Es galt als ein »Kriminal-Verbrechen, von der damals im Gange befindlichen unmenschlichen französischen Revolution nur auf irgend eine Art günstig zu reden«. Und jeder neu eintretende Staatsdiener musste einen Revers unterschreiben, kein Kantianer zu sein und sich mit nichts geistig zu beschäftigen, was außerhalb des Gebäraktes der heiligen Jungfrau gelegen sei.

Und so habt Ihr es im großen Ganzen bis heute gehalten. Als in diesem Jahrhundert wieder einmal einer Eurer Könige ein bisschen »geisteskrank« werden musste, um Euch ein wenig auf die Geistesspur zu helfen, und Max II. eine deutsche Dichterschule gründete, – für Euch! – und norddeutsche Professoren berief – da Ihr keine Geschichtsschreiber produziertet! – und eine protestantische Prinzessin ehelichte, da war es bei Euch aus, das war für Euch zu viel. Offen bekanntet Ihr von der Kanzel herab, die Ehe mit einer Protestantin sei Konkubinat. Und der König, der solche Ehe eingehe, sei ein Ketzer. Ihr machtet damals ernstlich Miene, den bairischen Thron gegen die päpstliche Tiara auszuspielen. Leopold von Ranke scheute sich, in einer solchen Stadt eine Professur unter glänzenden Bedingungen und aus der Freundschafts-Hand Eures Königs anzunehmen. Er kannte den mariologischen Untergrund, auf dem Eure Stadt ruhte, die mephitischen, römischen Malaria-Dünste, die aus Euren Fundamenten aufstiegen, wogegen auch die beste Kanalisation nicht hilft, und das Grundwasser Eurer Seele, das aus der römischen Kloake gespeist wurde. Und als Sybel dann an Rankes Stelle annahm, warft Ihr ihn richtig hinaus, wie Ihr Schubart hinausgeworfen hattet, weil er »Geschichte in deutschem Geist gelehrt hatte«. Und als dann Max II. starb, hieß es allgemein, Ihr hättet ihn vergiftet.

Und als später wieder einer Eurer Könige »geisteskrank« werden musste, um Euch neuerdings auf die Gedankenspur zu helfen, und Ludwig II. seinen Richard Wagner berief, da ging aufs neue bei Euch die Hetze los. Wagner war nur Komponist, kein Historiker. Aber seine verminderten Septakkorde waren Euch viel zu sächsisch, sein Profil viel zu protestantisch, seine Stirn viel zu keck und frei, und seine lebhaften Gestikulationen erinnerten viel zu sehr an 1848. Und so warft Ihr ihn hinaus, wie Ihr den Schubart und den Sybel und den Ranke und den Aventin und die Argula von Grumbach und den Schelling und den Cornelius hinausgeworfen habt, und Max Joseph I. und Max II. und Kaulbach und Lutz und Döllinger und alle andern Protestanten-Freundlichen gerne hinausgeworfen hättet. Denn vor allem, was Geist hat, habt Ihr ein unüberwindliches Grauen.

»Aber inzwischen haben wir uns doch gebessert!?«
Inzwischen habt Ihr Euch doch gebessert? Das kann ich nicht gerade sagen. Ihr habt Euch ein bisschen gebessert, weil Ihr nicht anders konntet, weil Katholik zu sein eine Schande, ein Brandmal, eine

historische Monstruosität geworden war. Weil katholisch sein so viel hieß, wie dumm sein. Deswegen habt Ihr Euch ein bisschen gebessert. Das heißt: scheinbar! Ihr habt von Büchner und Voltaire gerade so viel gelesen, dass Ihr zu der Erkenntnis gekommen seid: direkt ausrotten, verbrennen oder in der Isar ersäufen kann man heute die Protestanten nicht mehr wie in den Jahren 1519–1521. Aber noch heute werft Ihr in direkter Umgebung Münchens wenigstens protestantische Leichen auf den Schindanger oder grabt sie wie in Tirol auf offenem Felde ein (Evang. Sonntagsblatt aus Baiern. 1895 No. 44). Noch heute verkündet Euer Erzbischof jedes Jahr von der Kanzel, die Ehen mit Protestanten seien noch immer, wie zur Zeit der Vermählung Max' II. mit der protestantischen Prinzessin Maria von Preußen, Konkubinate. Und solche Ehemänner und Ehefrauen würden weder in der Beichte absolviert, noch in der Sterbestunde getröstet. Noch heute lehren Eure Schulmänner in der Schule, Luther sei ein »Schuft«, seine Ehefrau Katharina von Bora eine »Hure« gewesen, und werden vor Gericht freigesprochen. Noch im Jahr 1854 begrüßet Ihr neben Köln – welche Schande! – das Dogma der unbefleckten Empfängnis Mariä mit offenkundigem Frohlocken, nanntet es eine Panacee gegen preußische Gedanken, nordische Kriegsführung und Kantsche Philosophie. Und noch heute ist der Schwur auf dieses Dogma, auf diesen sexuellen Konzeptions-Akt, die Bedingung für die Großmeisterschaft Eures höchsten Ordenskapitels, deren Inhaber der König sein muss – der Empfängnis-Akt der Maria sonach die Grundlage der bairischen Verfassung. – Und nur ein einziger Eurer Prinzen – einer muss immer »geisteskrank« sein – hat sich dieser wüsten Unterschrift geweigert.

Ihr Euch gebessert? O geht mir, Ihr Sensualisten, die Ihr immer in den Geburtsteilen Eurer Maria wühlt und stundenlang ein und dieselbe sexuelle Phrase litaneit, bis dem Zuhörer Übelkeit ankommt. Ihr süße Metzgersorte, die Ihr das Herz-Jesu-Fleisch und die Brüste Eurer unbefleckten Jungfrau mit derselben Eleganz der Kundschaft vorschneidet, wie Eure Fleischer die »Ripperln« und »Karbonadeln«. Durch Strafgesetz sind Unsittlichkeiten und Obszönitäten, auf Erregung der Geschlechtslust berechnete Worte und Vorträge, verboten. Aber Ihr holt es in Eurer Kirche nach, und mit Euren vor dem Strafrichter sicheren Litaneien stopft Ihr Euch durch stundenlange Übung mit geschlechtlichen Erregungen toll und voll. O geht mir, Ihr mit Eurer Haut-gout-Religion, Ihr rotes, unbeflecktes, himbeersaftiges

Geschlecht! Noch diesen Sommer grubt Ihr einen Haufen stinkiger Knochen aus – ich glaube, Modestus hießen sie – und stelltet sie unter Assistenz Eures Fürsten an einem andern Orte auf, damit sie dort Wunder thun sollten.

Und wie war es 1870? Ich will davon schweigen, dass Ihr damals, während Eure Söhne und Brüder mit den Waffen ins Feld hinauszogen, in Euren Landeskirchen für den Sieg der Franzosen betetet (siehe den Bericht des Dekanats Sulzbach an seine vorgesetzte Konsistorial-Behörde in München) – aber dann, als die Entscheidung auf der irdischen Wahlstatt gefallen, und einige Eurer besten Söhne sich anschickten, für Euch den Sieg auch auf der geistigen Wahlstatt zu erfechten, als der profunde, gelehrte Döllinger, der schneidige Professor Friedrich, der elegante Johannes Huber einen letzten Versuch machten, Euch von den Nesselhaken des römischen Stuhls loszulösen, Euch aus dem Schmutz der römischen Kloake herauszuziehen, habt Ihr da nicht wieder für den Sieg des Feindes gebetet und Roms Sache gegen Deutschland zu der Eurigen gemacht, diese Heroen, Döllinger und die andern, vor Eurer Nase beschimpfen und exkommunizieren lassen? Habt Ihr endlich nicht Eure Altkatholiken zu Boden geworfen und zu Religionsgenossen zweiter Klasse gemacht? So groß war auch wieder in diesem Fall Eure Furcht vor den Geistesmenschen!

Ihr beschwert Euch, dass Ihr »Vasallen« seid? – Mein Gott, »Vasallen«! – Vasallen des Königs von Preußen zu sein, das ist nicht das Schlimmste, was Euch passieren kann. Aber dass Ihr in geistiger Hinsicht der ganzen übrigen Welt Vasallen geworden seid, das dünkt mich doch das Bedenklichere in Eurer Lage. Meint Ihr nicht? Oder nennt mir einen Mann aus den letzten Jahrhunderten, der aus Eurer Mitte heraus, und ohne von Euch kujoniert und hinausgeworfen worden zu sein, das Gesetz seines Geistes der übrigen Welt imponiert hätte! Nur einen! – Aber keinen Bierbrauer.

Und so habt Ihr jede freie geistige Bewegung bei Euch erstickt. Kommt eine neue Literatur, eine Literatur, die, wie in jüngster Zeit, auf die feinsten Fühlfäden in der menschlichen Natur spekuliert, trampelt Ihr mit Euren derben, bairischen, eisenbeschlagenen Gebirgsschuhen auf ihr herum. Kommt ein neues Theater und bittet Euch um das feinste Lauschen Eurer Seele, reißt Ihr die Mäuler auf und speit Gift und Galle auf das, was, wie Ihr wohl wisst, hundertfach über Euch und Euren trübäugigen Katholizismus erhaben ist. Gerade jetzt ist es wieder ein junger schneidiger Held, ein Theaterdirektor, der es unternommen, Euch Geist zu reichen – was denn sonst? – und ein Protestant hat Euch ein wunderschönes Haus gebaut, um Euch die geistigen Früchte in goldener Schale zu bieten, und wieder erfasst Euch jenes furchtbare Grauen vor dem Geistigen, wie zur Zeit Luthers, der Illuminaten, Max' II. und Richard Wagners, und wieder erhebt Ihr Eure eisenbeschlagenen Stiefel und mit katholischer Wut tretet Ihr den jungen Mann zu Boden, belegt ihn mit Tiernamen und schickt Euch an, ihn hinauszuwerfen. Vor hundert Jahren nanntet Ihr Kant »Hund« – Eure Hunde »Kante« – heute nennen Eure Witzblätter und Staatsanwälte die »Modernen« »Schweine«. Ist das die Art, wie Ihr Euer Vasallentum dokumentiert, indem Ihr Eure geistigen Lehnherrn mit Tiernamen bezeichnet?

Merkt Ihr denn nicht, dass Ihr mit Eurem Katholizismus langsam, seit einem halben Jahrhundert sicher, von allem geistigen Einfluss, aller Politik, von aller Weltherrschaft ausgeschlossen seid, in die Klasse der romanischen Völker gerückt seid? Und ahnt Ihr nicht, dass es Euer spezifisch katholischer Geisteszustand ist, der das bewirkt hat? Eure Herz-Jesu-Anbetung, Euer Milch-Maria-Enthusiasmus, Eure Knochen-Fleisch-Milch-Haare- und Geburtsteile-Religion? Und doch habt Ihr noch nicht genug! Seid noch nicht satt! Immer mehr Knochen, immer mehr Messen, immer mehr Fegfeuer-Schrecken, immer mehr Jesuiten-Missionen und Redemptoristen-Niederlassungen. Haben denn diese Knochen Euch vor dem politischen Verderben gerettet? Haben sie nicht vielmehr Euch das Mark aus den Knochen geraubt? Und Euch und den Wienern, Euren Geistesverwandten, gelehrt, bei Königgrätz und Kissingen die Waffen wegzuwerfen?!

Und jetzt? Statt aus der Vergangenheit zu lernen, statt einzig den Weg zu kennen und frei zu machen, der Euch noch retten kann, und welches der Weg ist, den Gustav Adolf kam, statt Eure Thore weit und Eure Herzen offen für den protestantischen Geist zu halten, verbarrikadiert Ihr Euch hinter mittelalterlichen Gefühlen und versperrt Euch hinter altertümlichen Rathaustürmen. Kaum dass ein frischer, nordischer Gedanke, oder ein preußischer General über Eure Grenze kommt, schreit Ihr: Ach unsere Reservatrechte! Ach unsere Marienmilch! Ach unsere Briefmarken! Ach unser angestammtes Fürstenhaus! Unsere Herz-Jesu-Andachten! Unsere normalspurigen Eisenbahnen! Unsere Heiligen-Knochen! Unsere Windel-Verehrung! Unser

Alt-Ötting und Andex! Unser heiliger Vater in Rom! Unser unveräußerliches Recht auf geistige Versumpfung! – Wir wollen keine Preußen sein! Wir wollen Baiern sein! Bajuwaren! – Bajuwarii! – und schreit und lamentiert über Vasallentum.

Vasallen? – Vasallen des Königs von Preußen? – Ihr seid keine Vasallen des Königs von Preußen! Ihr seid Vasallen von Rom. Das ist Euer Vasallentum!

Damit wären wir in der Euch so lieben Stadt angelangt, in der Stadt, in der alle Konzile beginnen und schließen. Auch mein Konzil ist zu Ende. Überlegt Euch, was Ihr davon haltet. Vielleicht kommt einmal einer nach mir, der wiederum mit Euch Konzil abhält, aber weniger konziliant verfährt.

Adieu, meine lieben Münchner!

Asta Scheib: In den Gärten des Herzens

Lena wollte sich heute selber einen freien Vormittag schenken. Es war nicht mehr so kalt wie im Januar, die Straßen blieben frei vom Schnee, nur an den Rändern waren noch angeschmutzte Reste aufgehäuft. Dazu schien eine blasse Wintersonne, die alles, Häuser, Straßen und Bäume, in ein silbriges Licht zu tauchen schien. Lena hatte noch den Kaffeeduft in der Nase, sie fühlte sich satt, warm und fröhlich, und freute sich auf den arbeitsfreien Morgen. Am Nachmittag musste sie wieder zum Diktat, doch bis dahin waren noch fast sechs Stunden Zeit. Es war Lena, als habe sie in dieser Stadt noch nie sechs Stunden Zeit gehabt, die ihr allein gehörten. Sie wollte endlich einmal zu Hause sein, wo sie schon mehr als zwanzig Jahre lebte.

Sie ging zur Leopoldstraße, stieg in eine Droschke und fuhr zum Liebfrauendom, den sie noch nie von innen gesehen hatte, auch wenn sie es selber ungehörig fand. Die Münchner Kirchen waren für sie zunächst Heilig Geist und später St. Benno gewesen, wo sie mit Anton getraut worden war. Benno war der Stadtpatron Münchens, Lena liebte St. Benno wie alle Kirchen, und besonders den Dom zu Unserer Lieben Frau. Er war in München fast aus jeder Straße sichtbar, gaukelte einem in vielen Straßen und Plätzen der Stadt vor, dass er in wenigen Metern erreichbar sei.

Lena genoss es mit kindlicher Freude, durch die Stadt zu fahren, die Geschäfte, Restaurants und vornehme Privathäuser zu sehen, in denen sie früher Fleisch und Wurst abliefern musste, immer zu Fuß, den anfangs recht schweren Korb von einer Hand in die andere wechselnd, immer in Eile, immer mit noch mehr Botengängen betraut von der Mutter, die nicht sehen wollte, wie erschöpft Lena schon am Mittag war.

Sie bat den Kutscher, sie am Marienplatz aussteigen zu lassen, denn der lag so schön und sauber da im blassen Winterlicht, dass es Lena in der Droschke zu eng wurde.

Sie sprang hinaus auf das schimmernde Pflaster, sah das reich ausgestattete Rathaus dastehen wie einen Palast und dachte, dass da drinnen die Großkopferten von München saßen, die auch nicht schlechter residieren wollten als der Prinzregent. Zum ersten Mal sah sie bewusst den üppigen Figurenschmuck an der Fassade, und sofort fiel ihr ein, dass einmal im Wirtshaus der Eltern eine Zeitschrift liegen geblieben war, in der man das Münchner Rathaus sehen konnte, so überladen mit Figuren, dass sie schier keinen Platz hatten an dem Gemäuer, überall herunterfielen oder sich festklammerten. Halb München schaute dem Gewurl zu, selbst die Türme Unserer Lieben Frau lehnten sich über die Hausdächer und sahen mit großen Augen auf das Schauspiel. Neben dem Bild stand zu lesen: »Unter den gothischen Figuren des Rathausneubaus ist es soeben wegen Überfüllung zu einer Rauferei um den Platz gekommen. Vor Zuzug weiterer gothischer Figuren wird deshalb dringend gewarnt. Magistrat der kgl. Haupt- und Residenzstadt München.«

Die Zeichnung hatte ein gewisser Adolf Münzer gemacht, und Lena fand, dass er mit seiner Kritik nicht Recht hatte, so sehr ihr das Kunstwerk auch gefiel. Ihr schienen Figuren sinnvoll an einem Rathaus, wo über das Leben der Münchner gestritten und entschieden wurde, wo allerdings ein strenger Wachmann in langem Rock und Mütze Acht gab, dass keiner dieser Münchner eintrat, wenn er nicht ausdrücklich darum gebeten worden war. Ein vornehm gekleideter Herr im Gehrock und modischem Hut fragte Lena: »Sie, werte Tame, sagen Sie amol, wie haaßt tos Gebäud, tas vor uns liegt?« »Das ist das Rathaus«, teilte ihm Lena mit, und sie dachte bei sich, dass wieder mal ein Berliner Bayerisch reden wollte und pfeilgrad danebentraf.

Im Wirtshaus der Eltern gab es des Öfteren Zugereiste, deren größter Ehrgeiz es war, für Bayern gehalten zu werden. Die redeten ähnlich wie dieser Fremde und wunderten sich, wenn die bayerischen Gäste sie nicht verstanden. Besonders ein Stammgast, der Grundbesitzer Cramer, kleidete sich immer in reiche Miesbacher Tracht und seine Frau ebenfalls. Beide bemühten sich, bayerisch zu sprechen, doch sie waren Zugereiste, Preußen, und die einheimischen Gäste verstanden sie nicht. Oder wollten sie nicht verstehen.

Dadurch wurden sie aber nur angespornt, sie kannten keine Grenzen in ihrem Eifer, es den Bayern gleichzutun. Vor allem deshalb, weil ihnen der Hochstetter Girgl immer versicherte, dass man sie von keinem Bayern wegkennen würde, im Ausschauen nicht und nicht an der Sprache und überhaupt nicht. Und dann tranken die Cramers mit dem Girgl immer einige Glas Bier vor Freude.

Lena ließ das Leben auf dem Marienplatz zufrieden auf sich einwirken. Sie sah die Leute, die einzeln oder eingehakt über den Platz gingen. Es waren vor allem Frauen und Männer im Feiertagsgewand. Sie wollten sicher ins Café Rathaus oder in eines der umliegenden Geschäfte. Oder sie hatten genug Geld, sich mit einem der blitzenden Automobile chauffieren zu lassen. Lena atmete tief durch, sie dachte, dass hier auf diesem Platz mit den großzügigen Stadtpalästen, den kunstvoll verzierten Türmen und Zinnen die Großstadt sich anders zeigte als in den dunklen Gassen der Armen, in den Elendswohnungen, die sie auch kennengelernt hatte. Hier, am weitläufigen, besonnten Marienplatz spürte Lena, dass München eine große Stadt war mit kräftigem Pulsschlag. Dass sich vor allem hier im Rathaus alles entschied, was nicht irgendwo und irgendwie entschieden werden konnte, sondern nur hier, in München.

Nach einem Blick auf die Mariensäule und der stummen Bitte an die Gottesmutter, dass sie Lena helfen möge, ihre Kinder zu sich zu holen, lief Lena zur nahen Frauenkirche. Über den freien Platz pfiff ein kalter Wind. Lena zog ihren Hut noch tiefer über die Ohren und vergrub sich im großzügigen Kragen des Mantels von Lotte, in dem sie sich schon richtig daheim fühlte. Die Stiefel hielten die Füße immer noch warm, und so konnte Lena richtig entspannt und aufrecht durch die Straßen laufen.

Am vorderen Südportal mit dem wunderschönen Schnitzwerk drängten sich drei Kinder in einer Ecke aneinander. Sie sahen eigentlich gepflegt aus, allerdings fremdartig, mit sehr dunkler Haut, und über ihren einfachen Kleidern trugen sie lediglich Schürzen. Sie schienen zu frieren. In Lena erwachte sofort Sorge und Liebe, sie sah die erwartungsvoll geweiteten Augen der Kinder und fragte sie, ob ihnen kalt sei. Sie holte aus ihrem Beutel ein Markstück, der Junge, dessen Haar kurz geschoren war, riss ihr die Münze mit einem Freudenschrei aus der Hand, dann rannte er mit den beiden Mädchen davon, und Lena wusste, dass sie in der nächsten Zeit jeden Pfennig umdrehen musste.

Herbert Rosendorfer: Die deutsche Suite

Grantige Selbstzüchtigungen

München, die Stadt München, die »Minkene Stadt«, München, das geleuchtet hat, gibt es nicht mehr. Nicht der Krieg hat München zerstört, sondern der Wiederaufbau. In einem jüngst erschienenen Buch, das unter den Fortschrittlern, die ja immer noch in der Mehrzahl sind, einen Aufschrei der Empörung hervorgerufen hat, ist nachgewiesen, dass mehr historische Bausubstanz, also wertvolle Architektur, nach dem Krieg den Planungen der entmenschten Städtebauer zum Opfer gefallen ist, als während des Krieges den Bomben. Jaulend haben Ministerpräsident und Bürgermeister bestritten. Es hat nichts geholfen: die Feststellungen in dem Buch stimmen. München, schlicht gesagt, gibt es nicht mehr.

Natürlich hat man die Theatinerkirche nicht abgerissen, auch nicht das Hofbräuhaus, aber man hat einen überflüssigen und noch dazu halbherzigen »Altstadtring« gebaut, der eine der schönsten Straßen der Stadt, die Maximilianstraße, zerstörte; man hat das Roman-Mayr-Haus am Marienplatz durch ein künstlerisch völlig indiskutables Kaufhaus eines architektonischen Schreibtischtäters ersetzt und damit den Stadtkern entwertet. Man hat am Isarufer eine ganze Reihe feiner Gründerzeithäuser abgerissen, um mit dem »Europäischen Patentamt« ein Zeugnis bereits überholter Modernität zu errichten. Die bauen, stellt man erstaunt fest, immer noch allen Ernstes in Glas und Beton, als gäbe es übermorgen noch etwas zu heizen. Aber das ist eine andere Frage. Man hat die Theatinerkirche nicht abgerissen. Man hat die Juwelen belassen, aber man hat sie ihrer Fassung beraubt. Ein urbanes Bauwerk ohne die architektonischen Bezüge – die oft nur zufällig entstanden, aber eben gewachsen sind – ist isoliert, nur noch ein Museumsgegenstand, »geht nicht mehr« wie eine kaputte Uhr. Das Ensemble als schutzwürdiges Objekt wurde erst in den letzten Jahren entdeckt – zu spät. Zu spät zum Beispiel für das »Rochusbergerl« hinterm Maximiliansplatz, wo das Erzbischöfliche Ordinariat eine Art Westwall hinbaut. Genauso schlimm aber sind die Baumeister-Untaten, die man nicht mehr wahrnimmt, weil sie schon länger stehen, die öden Betongeschwüre aus den fünfziger Jahren, wo man noch dem Aberglauben der Funktionalität nachjagte: die trostlose Maxburg, der Kaufhof, der Hauptbahnhof mit seiner lächerlich asymmetrischen Kunstgewerbefassade. Das Ensemble als schutzwürdiges Objekt wurde zu spät entdeckt, wird erst heute diskutiert – nicht geschützt. Wenn es auf Spitz und Knopf kommt, hat noch immer der Beton gesiegt. Erst voriges Jahr, beim »Zacherlgarten« am Sendlinger-Tor-Platz war es so. So sind die feinen, unwägbaren Fäden, die das Bild Münchens zusammengehalten haben, der Münchner Stadt, die einmal geleuchtet hat, zerschnitten. Die urbanen Zusammenhänge sind zerfallen. Es gibt noch einzelne museale Bauwerke, die einmal in München gestanden haben. Sie sind umgeben von Allerweltsarchitektur. München gibt es nicht mehr. [...]

Dass sich München vor einigen Jahren die schmückende Bezeichnung »Weltstadt mit Herz« beigelegt hat, kann außer Betracht bleiben, da es sich um eine sinnleere, alberne Formel handelt, die einer auch nur annäherungsweisen Nachprüfung nicht standhält und außerdem nur dann herangezogen wird, wenn die Dackelbesitzer wieder einmal dagegen protestieren, dass sie den Dreck ihrer Tiere selber beseitigen sollen. Zu denken geben muss dagegen aber das Gerücht von München als der »heimlichen Hauptstadt« der Bundesrepublik. Nicht, dass das Gerücht stimmte, nur: wie kam es dazu, und warum hält es sich so hartnäckig? Wahrscheinlich ist das Gerücht – wenn der Slogan »heimliche Hauptstadt« nicht ursprünglich ironisch gemeint war – eine Ausgeburt des Neides. Nicht die, natürlich, haben das Gerücht aufgebracht, die gern in München wohnen würden, sondern diejenigen, die solche Leute ärgern wollen. Eine Hauptstadt ist München nicht – ja, schon: die Hauptstadt eines Bundeslandes, aber das ist Hannover auch, sogar Saarbrücken. Eine Hauptstadt, eine Metropole, eine Weltstadt ist München nicht, war es nie. Dazu ist fast alles, was es hier gibt, eine Spur zu provinziell, mit Ausnahme vielleicht der – spärlichen – Zeugnisse aus der kurfürstlichen Zeit, der eigentlichen, einzigen großen Zeit Münchens, der Zeit, in der München, wenn auch nur drei Jahre lang, Kaiserstadt war. [...] Die Bezeichnung »Millionendorf« für die Stadt ist zutreffender als das Gerücht von der heimlichen Hauptstadt.

Selbstzüchtigung, gegen sich selbst gerichtete Seelenstacheln, Grant. Nicht der aufbauende Friedensfürst Ferdinand Maria lebt im Andenken des Volkes fort, sondern sein abenteuernder, verschwenderischer, ja gewissenloser Sohn Max Emanuel; nicht der noble und gebildete König Ludwig I. ist der bayrische Märchenkönig, sondern sein Enkel Ludwig II., der nicht nur vom Feind Bismarck Geld genommen, der sogar Pläne gemacht hat, sein Königreich gegen ein Fürstentum in Indien zu vertauschen, weil er die Gesichter seiner Untertanen nicht mehr vertragen hat. Kasteiung durch Erinnerungen. So wird auch Hans Jochen Vogel als Märchenbürgermeister in das Gedächtnis des Volkes eingehen. Bei seinem Amtsantritt 1960 hat er – man glaubt heute gar nicht mehr, dass ein auch nur leise vernunftbegabtes Wesen Derartiges ernsthaft zu äußern gewagt hat – verkündet, dass das Ziel der Stadtplanung die autogerechte Stadt sein müsse. Die Pläne waren dementsprechend. Sie waren umwälzend, vor allem erdumwälzend. Manche Erdhaufen stehen heute noch. Das ist aber auch wieder ein anderes Kapitel. Worauf ich hier hinauswill, ist ein Plan, der damals – wenn auch spaßhaft – vorgeschlagen wurde: nicht in der Stadt eine U- und S-Bahn und einen Altstadt-und einen Mittleren und Äußeren Ring und eine Isartangente und das alles zu bauen, sondern weit draußen im Dachauer Moos, da wäre es viel billiger, und dann die Stadt dorthin zu verlegen.

Es gibt Winkel in München, die so aussehen, als wäre alles Autogerechte tatsächlich hinaus ins Dachauer Moos verlegt worden. Es gibt noch solche Winkel. Der Freitagnachmittag, dieser kleine Herbst der Woche, ist am besten geeignet, solche Winkel zu entdecken: der alte Botanische Garten, wenn dort im Café der müde Kellner die Stühle schon auf den Tisch gestellt hat und nur ein einziger Gast unter den leuchtenden Kastanien vor seinem Bier sitzt; der Innenhof des palastähnlichen Hauses an der Ecke Brienner Straße/Odeonsplatz, wenn es so leise geworden ist, dass man den Brunnen hört, und die goldgelbe Theatinerkirche überragt; das Idyll fast wie in einer römischen Vedute; der Brunnenhof der Residenz, wenn nicht gerade der »Feinkostkäfer« mit Lastwagen das Buffet für einen Staatsempfang anfährt; ein paar enge Gassen in Obergiesing, wo noch eine Gastwirtschaft ihren Vorgarten mit leeren Bierfässern gegen die Fahrbahn abgrenzt; die Mondstraße, wo noch der Auer Mühlbach fließt, sofern nicht gerade ein Fernsehteam hier einen Film über das alte München dreht. An manchen Tagen, oft nur für einige Augenblicke, fällt hier die Zeit von den Fassaden, tritt die Unruhe zurück von den Plätzen und Bäumen, öffnet sich eine gewisse Lautlosigkeit, die für einen Moment über der Straße schwebt wie der lichte Föhnhimmel. Die Momente werden zusehends seltener, aber noch gibt es sie. Sie lohnen es einem, dass man in München lebt. Manchmal sind sie so herzergreifend, dass man meint: trotz allem kann man nur hier leben.

KAPITEL 5

Schwabinger Gefühl

FRANK WEDEKIND: Die Schutzimpfung

Wenn ich euch, ihr lieben Freunde, diese Geschichte erzähle, so tue ich es keinesfalls, um euch ein neues Beispiel von der Durchtriebenheit des Weibes oder von der Dummheit der Männer zu geben; ich erzähle sie euch vielmehr, weil sie gewisse psychologische Kuriositäten enthält, die euch und jedermann interessieren werden und aus denen der Mensch, wenn er sich ihrer bewusst ist, großen Vorteil im Leben zu ziehen vermag. Vor allem aber möchte ich von vornherein den Vorwurf zurückweisen, als wollte ich mich meiner Übeltaten aus vergangenen Zeiten rühmen, jenes Leichtsinnes, den ich heute aus tiefster Seele bereue und zu dessen Betätigung mir jetzt, da meine Haare grau und meine Knie schlottrig geworden, weder Lust noch Fähigkeit mehr geblieben sind.

»Du hast nichts zu befürchten, mein lieber, süßer Junge«, sagte Fanny eines schönen Abends zu mir, als ihr Mann eben nach Hause gekommen war, »denn die Ehemänner sind im großen Ganzen nur so lange eifersüchtig, als sie keinen Grund dazu haben. Von dem Augenblicke an, wo ihnen wirklich Grund zur Eifersucht gegeben ist, sind sie wie mit unheilbarer Blindheit geschlagen.«

»Ich traue dem Ausdruck seines Gesichtes nicht«, entgegnete ich kleinlaut. »Mir scheint, er muss schon etwas gemerkt haben.« »Diesen Ausdruck missverstehst du, mein lieber Junge«, sagte sie. »Sein Gesichtsausdruck ist nur das Ergebnis jenes von mir erfundenen Mittels, das ich bei ihm anwandte, um ihn ein für allemal gegen jede Eifersucht zu feien und ihn für immer davor zu bewahren, dass er je von einem ihn beunruhigenden Verdacht gegen dich befallen wird.«

»Welcher Art ist dieses Mittel?« – fragte ich erstaunt.

»Es ist eine Art von Schutzimpfung. – An demselben Tage, als ich mich entschloß, dich zu meinem Geliebten zu nehmen, sagte ich ihm auch schon ganz offen ins Gesicht, daß ich dich liebe. Seitdem wiederhole ich es ihm täglich beim Aufstehen und beim Schlafengehen. Du hast allen Grund, sage ich, eifersüchtig auf den lieben Jungen zu sein; ich habe ihn wirklich von Herzen gern, und weder dein noch mein Verdienst ist es, wenn ich mich nicht gegen meine Pflichten versündige, sondern es liegt nur an ihm selber, dass ich dir so unerschütterlich treu bleibe.«

In diesem Augenblick wurde mir klar, warum mich ihr Mann bei all seiner Liebenswürdigkeit manchmal, wenn er sich von mir nicht beobachtet glaubte, mit einem so eigentümlich mitleidig verächtlichen Lächeln ansah.

»Und glaubst du wirklich, dass dieses Mittel seine Wirksamkeit auf die Dauer behält?«, fragte ich befangen.

»Es ist unfehlbar«, entgegnete sie mit der Zuversichtlichkeit eines Astronomen.

Trotzdem setzte ich noch großen Zweifel in die Unverbrüchlichkeit ihrer psychologischen Berechnungen, bis mich eines Tages folgendes Ereignis in staunenerregender Weise eines Besseren belehrte.

Ich bewohnte damals inmitten der Stadt in einer engen Gasse ein kleines möbliertes Zimmer im vierten Stock eines hohen Miethauses und hatte die Gewohnheit, bis in den hellen Tag hinein zu schlafen. – An einem sonnigen Morgen um neun Uhr etwa geht die Türe auf, und sie tritt ein. Was nun folgt, würde ich niemals erzählen, böte es nicht den Beweis für eine der überraschendsten und trotzdem begreiflichsten Verblendungen, die im Geistesleben des Menschen möglich sind. – Sie entledigt sich auch der letzten Hülle und gesellt sich zu mir. Weiter habt ihr lieben Freunde nichts Verfängliches, Anzügliches von meiner Erzählung zu gewärtigen. Ich muss immer wieder betonen, dass es mir nicht darum zu tun ist, euch mit Unschicklichkeiten zu unterhalten. – Kaum hat die Decke die Reize ihres Körpers verhüllt, als Schritte vor der Türe laut werden; es klopft und ich habe eben noch Zeit, durch rasches Emporziehen der Decke ihren Kopf zu verbergen, als ihr Mann eintritt, schweißtriefend und pustend infolge der Anstrengung, mit der er die hundertundzwanzig Stufen zu mir heraufgestiegen war, aber mit glückstrahlendem, freudig erregtem Gesicht.

»Ich wollte dich fragen, ob du mit Röbel, Schletter und mir einen Ausflug machst. Wir fahren per Bahn nach Ebenhausen und von dort mit dem Rad nach Ammerland. Eigentlich wollte ich heute zu Hause arbeiten; nun ist meine Frau aber schon früh zu Brüchmanns gegangen, um zu sehen, was deren Jüngstes macht, und da fand ich bei dem herrlichen Wetter keine rechte Sammlung mehr zu Hause. Im Café Luitpold traf ich Röbel und Schletter, und da haben wir die Partie verabredet. Um zehn Uhr siebenundfünfzig fährt unser Zug.«

Derweil hatte ich etwas Zeit gehabt, mich zu sammeln. »Du siehst«, sagte ich lächelnd, »dass ich nicht allein bin.«

»Ja, das merke ich«, entgegnete er mit dem nämlichen verständnisinnigen Lächeln. Dabei begannen seine Augen zu funkeln, und die Kinnlade wackelte auf und ab. Zögernd tat er einen Schritt vorwärts und stand nun dicht vor dem Stuhl, auf den ich meine Kleider zu legen pflegte. Zuoberst auf diesem Sessel lag ein feines batistenes Spitzenhemd ohne Ärmel mit rotgesticktem Namenszug und darüber zwei lange schwarzseidene, durchbrochene Strümpfe mit goldgelben Zwickeln. Da nichts anderes von einem weiblichen Wesen sichtbar war, hefteten sich seine Blicke mit unverkennbarer Lüsternheit auf diese Garderobestücke.

Dieser Augenblick war entscheidend. Nur ein Moment noch und er musste sich erinnern, diese Kleidungsstücke irgendwo in diesem Leben schon einmal gesehen zu haben. Kostete, was es kosten wollte, ich musste seine Aufmerksamkeit von dem verhängnisvollen Anblick ablenken und derart bannen, daß sie mir nicht mehr entglitt. Das war aber nur durch etwas Nochniedagewesenes zu erreichen. Dieser Gedankengang, der sich blitzartig in meinem Hirne vollzog, veranlasste mich dazu, eine Roheit von solcher Ungeheuerlichkeit zu begehen, dass ich sie mir heute nach zwanzig Jahren, wiewohl sie damals die Situation rettete, noch nicht verziehen habe.

»Ich bin nicht allein«, sagte ich. »Wenn du aber eine Ahnung von der Herrlichkeit dieses Geschöpfes hättest, würdest du mich beneiden.« Dabei presste sich mein Arm, der die Decke über ihren Kopf gelegt hatte, krampfhaft auf jene Stelle, wo ich den Mund vermutete, um auf die Gefahr hin, ihr den Atem zu nehmen, jede Lebensäußerung ihrerseits zu verhindern.

Gierig glitten seine Blicke an den von der Decke gebildeten Wellenlinien auf und nieder.

Und nun kommt das Ungeheuerliche, das Nochniedagewesene. Ich ergriff die Decke an ihrem untersten Ende und schlug sie bis an den Hals empor, sodass nur ihr Kopf noch verhüllt war. – »Hast du je in deinem Leben eine solche Pracht gesehen?«, fragte ich ihn. Seine Augen standen weit aufgerissen, aber er geriet in sichtliche Verlegenheit.

»Ja, ja – das muß man sagen – du hast einen guten Geschmack – nun, ich – werde jetzt gehen – verzeih mir bitte, dass – dass ich dich gestört habe.« – Dabei zog er sich zur Türe zurück, und ich ließ den Schleier, ohne mich zu beeilen, wieder sinken. Darauf sprang ich rasch auf die Füße und stellte mich neben der Türe so vor ihn hin, dass er die Strümpfe, die auf dem Sessel lagen, unmöglich mehr sehen konnte.

»Ich komme jedenfalls mit dem Mittagszug nach Ebenhausen«, sagte ich, während er die Klinke schon in der Hand hielt. »Vielleicht erwartet ihr mich dort im Gasthof zur Post. Dann fahren wir zusammen nach Ammerland. Das wird eine prächtige Tour. Ich danke dir bestens für deine Einladung.«

Er machte noch einige wohlgemeinte, jovial-scherzhafte Bemerkungen und verließ darauf das Zimmer. Ich blieb wie angewurzelt stehen, bis ich seine Schritte unten im Hausgang verhallen hörte.

Ich will es mir ersparen, den entsetzlichen Zustand von Wut und Verzweiflung zu schildern, in dem sich die bedauernswürdige Frau nach dieser Szene befand. Sie war seelisch wie aus den Fugen gegangen und gab mir Beweise von Hass und Verachtung, wie ich sie nie in meinem Leben empfangen habe. Während sie sich hastig ankleidete, bedrohte sie mich damit, mir ins Gesicht zu spucken. Ich verzichtete natürlich auf jeden Versuch, mich zu verteidigen.

»Wohin denkst du denn jetzt zu gehen?«

»Ich weiß nicht – – ins Wasser – – nach Hause – – oder auch zu Brüchmanns – um zu sehen, wie es deren Jüngsten geht. – Ich weiß es nicht.«

– – Am Mittag gegen zwei Uhr saßen wir zusammen unter den schattigen Kastanienbäumen neben dem Gasthof zur Post in Ebenhausen, Röbel, Schletter, mein Freund und ich, und erlabten uns an gebratenen Hühnern und hellschimmerndem saftigen Kopfsalat. Mein Freund, dessen Seelenzustand ich argwöhnisch beobachtete, beruhigte mich durch die ganz außergewöhnlich fröhliche Laune, in der er sich befand. Er warf mir scherzhaft treffende Blicke zu und rieb sich siegreich schmunzelnd die Hände, ohne indessen zu verraten, was sein Inneres so froh bewegte. Die Tour verlief ohne weitere Störung, und gegen zehn Uhr abends waren wir wieder in der Stadt. Am Bahnhof angekommen, verabredeten wir uns in ein Bierlokal.

»Erlaubt mir nur«, sagte mein Freund, »dass ich eben nach Hause gehe und meine Frau hole. Sie hat den ganzen schönen Tag bei dem kranken Kind gesessen und würde es uns übelnehmen, wenn wir sie nun den Abend zu Hause allein verbringen lassen.«

Bald darauf kam er mit ihr in den verabredeten Garten. Das Gespräch drehte sich natürlich um die überstandene Tour, deren Ereignislosigkeit von allen Teilnehmern nach Kräften zu erzählungswürdigen Abenteuern aufgebauscht wurde. Die junge Frau war etwas wortkarg, etwas betreten und würdigte mich keines Blickes. Er hingegen trug noch mehr als während des Nachmittags in seinem jovialen Gesicht jenes für mich so rätselhafte Siegesbewusstsein zur Schau. Seine überlegenen, triumphierenden Blicke galten jetzt aber mehr seiner versonnen dasitzenden Gattin als mir. Es war nicht anders, als hätte er irgend eine innere, ihn tief beseligende Genugtuung erfahren.

Erst einen Monat später, als ich mit der jungen Frau zum ersten Mal wieder allein war, klärte sich mir dieses Rätsel auf. Nachdem ich noch einmal die heftigsten Vorwürfe über mich hatte ergehen lassen müssen, war eine oberflächliche Versöhnung erfolgt, nach deren mühevollem Zustandekommen sie mir anvertraute, wie ihr Mann, als sie am Abend jenes Tages zu Hause mit ihm allein war, ihr mit verschränkten Armen folgenden Vortrag gehalten hatte:

»Deinen lieben, süßen Jungen, mein Kind, den habe ich jetzt aber gründlich kennengelernt. Jeden Tag gestehst du mir, dass du ihn liebst, und ahnst dabei gar nicht, wie der sich über dich lustig macht. Heute morgen traf ich ihn in seiner Wohnung an; natürlich war er nicht allein. Freilich ist mir jetzt auch völlig klar geworden, warum er sich nichts aus dir macht und deine Empfindungen verächtlich zurückweist. Denn seine Geliebte ist ein Weib von so berückender, so überwältigender Körperschönheit, dass du mit deinen wenigen verblühten Reizen allerdings nicht mit ihr wetteifern kannst.«

Das, meine lieben Freunde, war die Wirkung der Schutzimpfung. Ich habe sie euch nur geschildert, damit ihr euch vor diesem Zaubermittel bewahren könnt.

LEONHARD FRANK: Als Kunststudent in München

Das Boheme-Café Stefanie bestand aus einem Nebenraum, an dessen Fenstertischen Münchener Berühmtheiten jeden Nachmittag Schach spielten vor zuschauenden Straßenpassanten, und dem größeren Hauptraum mit einem glühenden Kohlenofen, versessenen, stark nach Moder riechenden Polsterbänken, roter Plüsch, und dem Kellner Arthur, der in ein zerschlissenes Büchlein, notdürftig zusammengehalten von einem Gummiband, die Pfennigsummen notierte, die seine Gäste ihm schuldig blieben. Der überfüllte Hauptraum hatte seinen eigenen warmen Geruch, eine spezielle Mischung aus Kaffee- und dumpfem Moderduft und dickstem Zigarettenrauch. Wer hier eintrat, war daheim.

Irgendwo im Haus oder im Himmel musste ein Elektrizitätswerk sein. Die Gäste, angeschlossen an den Starkstrom, zuckten unter elektrischen Schlägen gestikulierend nach links und nach rechts und vor und von den Polsterbänken hoch, fielen ermattet zurück und schnellten mitten im Satz wieder hoch, die Augen aufgerissen im Kampf der Meinungen über Kunst. Hier und dort saß ein Jüngling, reglos grübelnd über das täglich wiederkehrende Problem, wie er Arthur diesmal überzeugen solle, dass er seine Zeche morgen ganz bestimmt bezahlen werde.

Im Café Stefanie gab es Kreise. Der Magnet eines Kreises war Johannes Wohl, ein innerlich wohlig ausgeglichener Oscar Wilde mit blauen Plüschaugen, der immer einen Strichjungen und einen Band Stefan George bei sich hatte und um seiner kantenlos warmen Liebenswürdigkeit und weichen Schönheit willen von wohlhabenden älteren Damen verehrt und hin und wieder auch gepflegt wurde, wenn er es sich gönnte, ein wenig krank zu sein und schön im Bett zu sitzen. Er war eine pfenniglose Lilie auf dem Felde, die nicht säte und dennoch erntete und gerne gut aß.

Hugo Lück, der hoch über dem Menschengewürm durchs Café zu seinem Tische schritt, den Kopf im Nacken, duldete nur differenzierte Anhänger, die wussten, dass ihre Bibel, »Die Blumen des Bösen« von Baudelaire, nur von den Gedichten übertroffen werden würde, die Hugo Lück demnächst schreiben werde. Er setzte mit seiner Geliebten pornografische Zeichnungen Beardsleys in die Praxis um und blickte mit einem imaginären Fernglas aus grauer Einsamkeit hinab auf die Zeitgenossen des zwanzigsten Jahrhunderts. Kürzlich hatte er eine Ausnahme gemacht und einen kerngesunden jungen Maler in seinen Kreis aufgenommen, Carlo Holzer, der soeben im Begriffe war, das Lungenflugzeug zu erfinden. Der Apparat brauche natürlich keinen Motor, er sei ganz einfach, er habe Atmungsklappen, nichts als Atmungsklappen, nämlich Lungen, und werde deshalb das Luftmeer beherrschen und darin leben, so selbstverständlich wie ein Vogel. Den Vogelrumpf und die mächtigen schwungvoll ausgreifenden Flügel hatte Carlo schon gezeichnet. Die paar technischen Kleinigkeiten für die stählerne Lungenmaschinerie mussten noch erfunden werden, unter der Oberaufsicht Hugo Lücks, der gesagt hatte: »Ich bin entschlossen, unser Lungenflugzeug, das den Atlantischen Ozean zu einer Regenpfütze reduzieren wird, ans Kriegsministerium zu verkaufen.«

Auch Doktor Otto Kreuz hatte einen Kreis von Anhängern. An seinem Tische saßen ein knochenmagerer, zwei Meter langer Russe mit einem winzigen Knabenköpfchen, Fritz, ein verbummelter Student aus Karlsruhe, der einen missglückten Selbstmordversuch hinter sich hatte und seitdem fröhlich trank, ein junger Schweizer Anarchist, hager, mit Schweizer Gebirgsnase, der zwei Jahre im Gefängnis gewesen war, wegen eines Raubüberfalles, begangen im Dienste der anarchistischen Weltanschauung, und die Malerin Sophie Benz, eine zwanzigjährige primitive Madonna aus dem dreizehnten Jahrhundert, mit Stupsnase und einfach geschnittenen Augen im milden Jungfraugesicht.

Doktor Kreuz, dreißig Jahre und verheiratet, hatte an der Grazer Universität Psychiatrie studiert. Die Oberpartie seines Gesichtes – blaue, kindlich unschuldig blickende Augen, Hakennase und volle Lippen, die immer ein wenig offen standen, als trüge er, lautlos keuchend, alles Leid der Welt – stimmte nicht überein mit der schwächlichen Unterpartie, dem Kinn, das nur angedeutet war und sich nach hinten ganz verlor. *Wer* das fanatische Vogelgesicht, das aus leicht getöntem Porzellan zu sein schien, einmal gesehen hatte, vergaß es nie. Doktor Kreuz kannte die Philosophie Nietzsches mit dem Herzen und war einer der frühesten Anhänger Freuds.

Diesen Abend saß auch Michael am Tisch. Er hatte Sophie in der Malschule kennengelernt und sie ins Café begleitet, in dem er vorher nie gewesen war.

Im überfüllten Hauptraum wurde es plötzlich still, als schwebte ein Gespenst durch. Arthur, der Napoleon seines Reiches, betrachtete, das Kinn hochgereckt, mit einem Rundblick seine verstorbenen Gäste. Ein bleicher Mann sagte, während er am Tisch vorüberschlich, zu Doktor Kreuz: »Freud – alles Unsinn! Glatter Unsinn!«

Der Gesprächssturm setzte ebenso plötzlich wieder ein. Doktor Kreuz sagte, während er eine Zigarette drehte, halb Tabak, halb Tee, lächelnd zu seinen Anhängern: »Den meisten erscheinen die Erkenntnisse Freuds heute noch als Unsinn; ich denke, die Ergänzung Nietzsches durch Freud könnte der große Glückszufall des zwanzigsten Jahrhunderts sein.«

Der lange Russe sagte entschlossen: »Kein Zweifel, Nietzsche und Freud ermöglichen es uns, den Weg zu bereiten für den komplexfreien hemmungslosen Übermenschen. Das ist das brennende Problem der Epoche. Wenn wir es gelöst haben, werden wir in dünner Luft gefährlich leben.« Er stützte die Stirn in die Hand. »Da ist nur ein Hindernis, allerdings ein sehr ernstes, äußerst ernstes – das Christentum.«

Der Anarchist, seiner Sache sicher, entgegnete ruhig: »Das Christentum ist durch Nietzsche ins Schwanken geraten. Nietzsche hat den Unterbau des Christentums gelockert.«

»Ah, ja, das hatte ich vergessen«, sagte der Russe erleichtert. Doktor Kreuz schien eine bissige Bemerkung zu unterdrücken, er verzog stirnrunzelnd das Gesicht, als schmerzte ihn der Kopf von dem Gerede seiner allzu gelehrigen Schüler.

Michael, der die Namen Nietzsche und Freud noch nie gehört hatte, verstand nicht das geringste. Um seine Unwissenheit vor Sophie und ihren Freunden zu verbergen, presste er, als sei er vom Gespräch abgelenkt durch einen Schmerz, sein rechtes Handgelenk, in dem er immer noch das Anstreichen des Lattenzaunes spürte.

Henry Ring, ein junger Franzose, mit dem zusammen Michael in einem Atelier wohnte, trat ein und setzte sich rittlings auf den Stuhl, die verschränkten Arme auf der Lehne, das Kinn auf den Armen. Doktor Kreuz fragte ihn höflich, warum er München Paris vorziehe. Henry, in dessen knospenhaft festem Gesicht alles viereckig war, auch der Mund, sagte vergnügt lächelnd, das viereckige Kinn noch auf den Armen: »Meine Mutter ist fünfundvierzig und sieht aus wie fünfundzwanzig. Zu verstehen, dass sie keinen erwachsenen Sohn im

Haus haben will. Es würde ihr Geschäft ruinieren – meine Mutter ist eine Hur.« Er war sechzehn.

Der Russe blickte den Anarchisten an, bedeutungsvoll, als sei da ja schon ein junges hemmungsloses Übermenschlein im Kommen.

Arthur hielt Henry schweigend den Schuldenzettel hin und sagte, nachdem Henry nur die Augen verdreht hatte: »Ich brauche mein Geld, das ist doch logisch. Ich bin verheiratet und habe vier Kinder, das ist doch logisch.«

Als Henry grinsend sagte: »Da hätten Sie eben nicht heiraten sollen, das ist doch logisch«, hieb Arthur die Serviette unter den Arm und eilte zur Tür, da soeben neue Gäste eintraten, bürgerlich solide Leute, die offensichtlich ihren Kaffee bezahlen konnten.

Doktor Kreuz schnellte hoch, als wäre dicht neben ihm soeben ein Blitz herabgezuckt. Alle standen auf. Arthur eilte herbei und verbeugte sich ruckartig, als Doktor Kreuz sagte: »Schreiben Sie nur alles auf meine Rechnung.« Er war ein sicherer Gast. Frau Doktor Kreuz erschien von Zeit zu Zeit im »Stefanie« und in den benachbarten Tabakläden und bezahlte die Schulden ihres Mannes.

Sie gingen langsam in der Richtung zu Doktor Kreuz' Wohnung, im Gespräch über Nietzsche und Freud, ein Grüppchen, isoliert vom Alltagsleben der Straße. Michael, von Sophie freundlich aufgefordert, ging auf dünnstem Eise mit. Seit er in München war, hatte er im Kopf die Empfindung, in einem Kreisel zu stecken, der mit ihm herumwirbelte, so verwirrend schnell vorbei an neuen und immer anderen neuen Lebensbildern, dass er nicht dazu kam, eines festzuhalten und darüber nachzudenken.

Doktor Kreuz sank beim Gehen tief in die Knie und schnellte mit jedem Schritt federnd hoch auf die Zehenspitzen in Kraft verschwendendem Auf und Ab.

Seine Frau, maisblond wie er, mit schweren Beinen und etwas zu starker Nase – in linealgerader Linie mit der Stirn –, eine üppige Nofretete, die schön aussah, so oft beim Lächeln die großen, ebenmäßigen Zahnbögen sichtbar wurden, machte belegte Brote zurecht, einen Berg – in den langen Russen ging viel hinein.

Doktor Kreuz, der die Frauen verehrte, das Prinzip des Weiblichen, wie er sich auszudrücken pflegte, und der Ansicht war, dass ihre Sexualkomplexe nicht nur analysiert, sondern auch tapfer im Bett abreagiert werden müssten, forderte seine Anhänger durch Blicke auf,

Sophie und Michael im kleinen Zimmer allein zu lassen. Dass Sophie, die er besonders schätzte, noch unberührt war, erschien ihm gefährlich komplexhaft und ihrer nicht würdig. Alle verließen das Zimmer, Hals über Kopf, als hätten sie soeben entdeckt, dass Sophie die Cholera habe.

»Hoffentlich wird er Sophie deflorieren, damit auch sie das brennende Problem der Epoche mit den Augen der Mitte sieht«, sagte der Russe und schob mit seinen langen, delikat gespreizten Fingern einen riesigen Streifen Brot mit Schinken in den Mund, ohne anzustoßen.

Sophies Gesicht war bis zum Haaransatz glühroter geworden. Michael, der die Blicke des Doktors ebenfalls bemerkt hatte und dunkel ahnte, dass sie auch ihn angingen, studierte interessiert das Tapetenmuster. Plötzlich streckte Sophie das Kinn hoch, resolut, als hätte sie sich durch eine innere Anstrengung befreit von ihrer Verlegenheit, und während sie fragte, ob er mit zu ihr kommen wolle, in ihr Atelier, erschien wieder das anmutige warme Lächeln, mit dem sie ihn bei der ersten Begegnung in der Malschule, ohne es zu wissen, zum Gefangenen gemacht hatte.

Sie verließen die Wohnung ungesehen durch die Hintertür und gingen schweigend die Straße hinunter. Obwohl Michael froh war, mit Sophie wieder allein zu sein, hatte er das Empfinden, barfüßig durch Brennesseln zu waten, weil er auch jetzt nicht auszusprechen wagte, was er ihr seit Tagen hatte sagen wollen – wie sehr er wünschte, dass sie seine Freundin würde.

Die Einrichtung ihres Ateliers bestand aus einer Ottomane, einer Kiste mit Spirituskocher, dem zwei Meter langen Zeichentisch, einer runden Sitzbadewanne aus Holz und einem dreiteiligen verstellbaren mannshohen Spiegel, den sie für fünf Mark bei einem Trödler gekauft hatte. An den Wänden hingen, mit Reißnägeln angeheftet, Dutzende Aktstudien, in Tusche, Bleistift, Sepia, Rötel, einige stellenweise leicht aquarelliert, und alle nach demselben schönen Mädchenkörper. Sophie hatte vor dem verstellbaren Spiegel immer wieder das Modell gezeichnet, das nichts kostete – ihren Akt, in allen Größen, mehrmals lebensgroß, in allen erdenklichen Stellungen, kniend, stehend, liegend, und von allen Seiten: eine primitive Madonna mit hochangesetzten kleinen Brüsten und schmalem Becken, das dennoch den weiblichen Schwung hatte und Platz für das Kind.

Sie stellte den Teekessel auf den Spirituskocher. Michael, umgeben von fünfzig nackten Sophies, senkte den Kopf und machte sich Vorwürfe, wie ekelhaft gemein er sei, weil er, dem die Kunst doch über alles gehen müsse, Sophies Akte nicht als Maler angesehen habe.

Ihm gegenüber hingen in der Mitte der Wand zwei größere Sophie-Akte dicht nebeneinander, Rückansicht und Vorderansicht, beide stehend, und darunter ein mit Rötel gezeichneter lebensgroßer liegender Akt, in allen Einzelheiten mit Schatten und Kreide-Glanzlichtern plastisch ausgearbeitet. Sophie lag auf dem Rücken, Kopf schulterwärts geneigt, Augen geschlossen und die entspannte Hand am Leib, wie die Venus von Giorgione. Obwohl Michael sich jetzt energisch befahl, diese lebensgroße liegende nackte Sophie ausschließlich als Kunstwerk zu betrachten, hatte er sich nach Sekunden aufs Neue den Pelz verbrannt.

Sie stellten die Kiste vor die Ottomane. Sophie goss Tee ein. Sie trug ein eng anliegendes hautfarbenes Strickkleid, das erst unterhalb des knapp umspannten Beckens glockenförmig weit wurde für den Schritt und oben klar zeigte, dass ihr Körper als Modell gedient hatte für die sanften Rundungen und fließenden Linien der Aktstudien an der Wand.

Sophie hatte einen kleinen Kopf, so rund wie ein Mädchenkopf sein kann. Das Gesicht – einfach gezeichnete Lippen, etwas zu starke Backenknochen und runde Stirn – war beständig von innen her belebt.

Sie erhob sich. »Nehmen Sie Zitrone oder Milch zum Tee?« Auch in dieser Sekunde, da sie auf Antwort wartete, hatte ihr Gesicht und selbst der Körper – gereckt stehend, schon ein wenig schief, auf dem Sprung, zu holen, was er wünschte – den Ausdruck lebensmutiger Bereitschaft, die der Grundzug ihres Wesens war.

Sie brachte die Milch und setzte sich wieder neben Michael auf die Ottomane. Er brachte kein Wort hervor. Es wurde eine lange Pause. Schließlich fragte Sophie, in aller Unschuld nichts als die Kunststudentin, wie ihm die Aktstudien gefielen.

»Gut! Sehr gut!« Es war ihm nicht wohl dabei. Er blickte zu Boden.

»Es ist noch nichts, ich weiß. Ich sollte noch viel, viel mehr Akte zeichnen, jahrelang, bevor ich einen Pinsel anrühre.« Sophie, die Tochter eines Gymnasialprofessors, war aus Ellwangen und sprach stark den schwäbischen Dialekt. »Michelangelo hat sicher hunderttausend Akte gezeichnet, bevor er seinen David modellierte und die Sixtinische Kapelle ausmalte. Glauben Sie nicht?«

Darüber kann er jetzt nicht sprechen. Und was ist denn das – die Sixtinische Kapelle? Jetzt ist er mit ihr allein im Atelier, wenn er es jetzt nicht sagt, kommt vielleicht nie wieder so eine Gelegenheit. Jetzt muss es heraus. Jetzt gleich! Er sagte: »Was die Sixtinische Kapelle anlangt, haben Sie sicher recht.«

Sophie hob zufällig den Kopf, ihr Blick traf auf seinen Blick, der alles sagte. Sie senkte errötend die Lider und klammerte sich an die Teetasse. Michael bemerkte, dass ihre Hand zitterte. Er wusste nicht, warum er sich plötzlich sicherer fühlte. Er sah ihre Hände an, während sie Tee nachgoss, und sagte, nach einem Blick auf den lebensgroßen liegenden Akt: »Und auch wunderbar schöne Hände haben Sie.« Und dann ging es wie von selbst. »Ich möchte Sie etwas fragen– ich meine, ob Sie meine Freundin werden wollen.«

Selbst ihre Ohren erröteten, als sie ihm das glührote Gesicht zudrehte. Da legte sein Arm sich selbsttätig um sie, und die Lippen küssten. Es war ein Kinderkuss. Michael war noch so unerfahren wie Sophie.

Als sei sie es ihrer Ehre schuldig, jetzt tapfer zu sein, sah sie ihn tapfer lächelnd an und ließ sich noch einmal küssen. Es war, als äßen zwei Kinder zusammen einen Apfel. Wie es jetzt weitergehen sollte, wussten beide nicht. Da waren noch Berge und Gletscher dazwischen. Ihm wurde der Kopf heiß. Er sagte, aus Angst vor dem nächsten Schritt, den er nicht wusste, jetzt müsse er heim.

Michael, dunkelblond und gewachsen wie ein Leichtathlet, breitschultrig und beckenschmal, hatte ein längliches, zu mageres Gesicht, glatt wie Säuglingshaut, sehr dünne Lippen und über den Riesenaugen gewölbte Energiehöcker. »Die reine Denkerstirn«, hatte seine Mutter lächelnd gesagt und mit der Fingerspitze darüber gestrichen. (Sie und auch der Vater stammten von unterfränkischen Bauern ab.)

Auf der Straße lag Neuschnee. Michael wurde vom Glück dahingeweht. Die langsam herunterschwebenden großen Flocken sagten lautlos ja zu seinem Glück, und die eingeschneiten Bäume, glitzernd im Lichte der Bogenlampen, waren Frühlingsbäume, die in blendendweißer Blüte standen.

Henry war stehend über den Zeichentisch gebeugt, als Michael heimkam. Er hatte diesen Nachmittag seine erste Zeichnung – krumme, nächtliche Gasse in der Münchener Altstadt und ein Mädchen für Geld, wartend unter der Laterne – an den »Simplizissimus« verkauft und war, voller Begeisterung über seinen Erfolg, schon dabei, eine neue zu zeichnen.

Auf die Frage, wo er gewesen sei, antwortete Michael leichthin wie ein routinierter Frauenjäger: »Ach, nur bei meiner Freundin im Atelier … Und du? Was hast du gemacht?«

Henry arbeitete weiter, während er sagte: »Ich war bei einer Hur. Zwei Mark fünfzig! Aber sie macht alles.« Er trat fortwährend von einem Fuß auf den anderen und presste zwischendurch die Schenkel zusammen, halb in die Knie sinkend.

Michael sagte: »Also jetzt geh doch schon endlich hinaus.«

»Ich kann dir ihre Adresse geben. Eine dicke Pauke!« Er machte noch einen Strich, warf einen letzten Blick auf die Zeichnung, schleuderte den Bleistift hin und stürzte hinaus.

Was meint er damit – sie macht alles? Er hätte gerne gewusst, was man alles machen könne. Aber Henry zu fragen und damit seine Unwissenheit zuzugeben, ließ sein Mannesstolz nicht zu. In der Nacht träumte er von Sophie, von dem lebensgroßen liegenden Akt, der sich bewegte und von der Wand herunterstieg. Auch die zwei Mark fünfzig kamen dazwischen. Er hatte sie in der Hand. Es war ein wirrer Traum, aus dem er gerädert erwachte.

Sophie war noch nicht da, als er gegen neun Uhr früh in die Malschule kam. Er stellte seine Staffelei neben ihre und begann das Aktmodell zu zeichnen, das reglos auf dem Podium stand – ein muskelbepackter junger Bursche mit verwüstetem Gesicht und wulstigen Lippen.

Die Malschule war in der Georgenstraße, in einem Holzhäuschen, das im Garten stand. Unten war das Atelier, aus dem eine steile hühnerleiterartige Treppe emporführte zu einer Holzgalerie, dem Zugang zu der winzigen Kammer, die der Inhaber der Schule bewohnte, Herr Ažbe. Er lag angekleidet im Bett, in tiefem Alkoholschlaf. Die Kognakflasche stand neben ihm.

Seine Schule war berühmt, er galt als ein genialer Lehrer. Die begabteren jungen Leute verließen die Akademie der Künste, um unter seiner Leitung zu studieren. Aus allen Ländern Europas kamen Kunstjünger zu ihm. Er fragte nicht, ob ein Schüler bezahlen konnte, und wusste auch nie, wer Schulgeld bezahlt hatte und wer nicht. Solange Geld für die Modelle und für Kognak in seiner Nachttischlade lag, war die Buchführung in Ordnung. Viele warteten auf einen frei werdenden Quadratmeter, seine Malschule war überfüllt. »Wer zuerst kommt, malt zuerst«, war sein stehender Scherz, den er und die Schüler, die nicht bezahlen konnten, ganz ausgezeichnet fanden.

Sophie ging auf den Zehenspitzen um den glühenden Kohlenofen herum zu ihrer Staffelei. Es war warm und still. Alle arbeiteten. Die unbestreitbare Tatsache, dass er gleichberechtigt zu diesen Künstlern gehörte und jetzt auch noch heimlich einen Blick wechseln konnte mit Sophie, die zurücklächelte, schwellte Michaels Brust. Das Leben war dick wie ein bekränzter Preisochse.

In die Arbeitsstille tönte ein Knarren – Ažbe stand oben auf der Holzgalerie, in seinem pelzgefütterten schwarzen Mantel mit Pelzkragen, die schwarze viertelmeterhohe Pelzmütze tief in der Stirn. Er hielt den Mantel, der bis zu den Knöcheln reichte, vorne hoch, stieg Stufe für Stufe herunter, sehr langsam, die Hand am Holzgeländer, und ging langsam auf einen Schüler zu, x-beinig und schleifend wie ein Kind, das Rollschuh laufen lernt.

Die Korrigierstunde, deretwegen er und seine Schüler berühmt waren, begann damit, dass er den Schlitten der Staffelei vierzig Zentimeter herunterließ zu seiner Blickhöhe – er war so klein wie ein zehnjähriger Knabe. Die Schüler standen um ihn herum und sahen aufmerksam zu, wie der Akt, der in der Luft gehangen hatte, durch ein paar Striche auf die Füße zu stehen kam, in der richtigen Gewichtsverteilung des Körpers. »So, nämlich«, sagte er und trat langsam vor die Staffelei nebenan.

Dieser Schüler hatte an seiner nur handhohen Aktstudie eine ganze Woche herumgefummelt, Ažbe strich sie mit der Zeichenkohle durch, langsam, von der linken Schulter quer herunter zum rechten Fuß, und sagte: »Keine Knochen, keine Muskeln, keine Anatomie, nämlich.« Während er eine dicke Kontur um die sorgfältig retuschierte Fotografie herumzog, erschien unter den Blicken seiner Zuschauer der Akt des Modells, das auf dem Podium stand.

Ažbe war ein Chirurg, er operierte seine Schüler, indem er ihre Arbeiten operierte. Mancher starb unter seinem Messer und verließ die Schule; die Begabten lernten, was von einem Lehrer gelernt werden kann.

Der nächste, ein schwarzhaariger Junge mit dicker Nase und eingefallenem, quittengelbem Gesicht, war so vertieft in seine Arbeit, dass er erst aufblickte, als Ažbe ihn auf die Schulter tippte. Er hatte nicht den Männerakt gezeichnet, sondern einen weiblichen Unterleib, nur den Teil zwischen Nabel und Schenkeln, in dreifacher Lebensgröße. Ažbe, der durch den dicken Pelzmantel fast so breit war wie hoch und trotz der hohen Pelzmütze den Schülern nur bis zur Brust reichte, lachte ein paar dunkle Alkoholtöne und sagte anerkennend: »Gut, nämlich. Aber gehen Sie nicht zum Irrenarzt, sondern zu einem Mädchen, nämlich.«

Ažbe wurde in München nur »Professor Nämlich« genannt. Aus seiner Schule waren anerkannte Maler hervorgegangen. Von ihm selbst hatte niemand ein Bild gesehen. Niemand wusste, ob er je ein Bild gemalt hatte. Niemand wusste etwas aus seinem früheren Leben. Jahre später, in einer kalten Dezembernacht, fiel er auf dem Heimweg in den Schnee, im Kognakrausch, und schlief ein. Er wurde erst am Morgen aufgefunden, erfroren. Seine Herkunft blieb unbekannt. Die Münchener Künstler folgten dem Sarg.

Michael versagte sich das Mittagessen, da das Kapital, mit dem er sein ganzes Studium hatte bestreiten wollen, in den drei Wochen schon bis auf ein paar Mark zusammengeschmolzen war. Er aß um sechs Uhr in einem vegetarischen Restaurant für fünfzehn Pfennige sein Lieblingsgericht, Backreis mit Aprikosenkompott, und erfuhr, als er heimkam, dass er sein Diner mit der Nachspeise begonnen hatte. Henry hielt triumphierend zwei Zwanzigmarkscheine hoch, das Honorar für seine Zeichnung. Zehn Minuten später saß er mit Michael in der Odeonbar, dem besten und teuersten Restaurant von München.

Sie begannen mit Austern und aßen sich über Schildkrötensuppe und Forellen blau langsam empor zu Hasenrücken mit Preiselbeeren und über Omelette soufflé, Käse und Obst allmählich herunter zu schwarzem Kaffee, Hennessy und importierten Havannas. Sie hatten eine Flasche edlen Frankenweines getrunken, Escherndorfer Lump, Jahrgang 1893, dessen Qualität in der ersten Hälfte des zwanzigsten Jahrhunderts nur von den Jahrgängen 1911, 1917 und 1921 wieder erreicht wurde. »Ein Wein zum Hinknien«, hatte Michael nach dem ersten Schluck gesagt.

In beträchtlich gehobener Stimmung gingen sie heim ins Café Stefanie. Michael sagte: »Es gibt Höhepunkte im Leben, findest du nicht?«

Henry entschloss sich, mit den neunzig Pfennigen, die von den vierzig Mark übriggeblieben waren, die Hälfte seiner Schulden zu bezahlen. Arthur, der manchmal eine halbe Stunde verstreichen ließ, bevor er einem säumigen Schuldner schließlich doch wieder einen Kaffee hinstellte, ließ das Tablett diesmal sofort auf die Marmorplatte gleiten, schwungvoll und eine Sekunde in der Verbeugung verharrend, mit einem innigen Blick der Bereitwilligkeit. Er war ein unfehlbarer Psycholog. Schon an der Art, wie ein Schuldner die Tür öffnete und Kaffee bestellte, roch er, dass Bargeld in der Tasche war.

Hugo Lück trat ein wie ein Ereignis, gefolgt von seiner Freundin Lotte und von Spela Albrecht mit ihrem neuen Mann, die diesen Morgen geheiratet und dem Standesbeamten vorher erklärt hatten, sie heirateten nur aus Witz.

Lotte war ein schön gewachsenes Mädchen mit knabenhaft schmalem Becken, seidigem braunem Haar, kurz geschnitten, und wachsbleicher Haut. Während sie durchs Café ging, ließ sie durch Haltung und Gesichtsausdruck – vornüberhängend, linke Schulter hochgezogen bis zum Ohr und das Kinn zur Schulter gestreckt – keinen Zweifel aufkommen darüber, dass sie Hugos Sklavin war. Spela war dicklich und sehr klein. Die Frisur ihres rostroten Haares hatte die Form eines riesigen Turbans, zweimal so hoch und breit wie das winzige schneeweiß gepuderte Spitzmausgesichtchen, das wissend lächelte, beständig, als trüge sie eine wissend lächelnde Maske.

Die vier setzten sich in die Fensterecke. Hugo Lück lehnte den Hinterkopf an die Wand, Kinn hochgestreckt, und sagte scharf: »Die Tragödie des modernen Menschen ist das möblierte Zimmer.« Sein aschgraues Gesicht bestätigte es.

Michael blickte aufmerksam horchend hinüber, als Albrecht, der eine verkrustete Bisswunde am Mund hatte, ein neues Gedicht von sich rezitierte. Es handelte von düstersüß duftenden Tuberosen, die in Spelas weißen Händchen zu Peitschen wurden. Henry sagte ruhig: »Scheiße«. Lotte schob den Ärmel bis zur Achsel hoch und zeigte Spela die runden rot entzündeten Flecken, die der Geliebte mit der Zigarettenglut in ihre Haut gebrannt hatte. Michael verstand nichts.

Der bleiche Mann, ein schon halb verhungerter Komponist, der zu Doktor Kreuz gesagt hatte: »Freud – alles Unsinn, glatter Unsinn«, trat an den Tisch und fragte, gespenstisch lächelnd, ob die Herren Goethe und Schiller Herrn Beethoven einen Kaffee bezahlen könnten. Lück, der seinen Hunger erfolgreich totgeraucht hatte, zählte sein Vermögen auf den Tisch, fünfundvierzig Pfennige, und schob Herrn Beethoven wortlos zwanzig davon hin.

Rauchwölkchen unzähliger Zigaretten schwebten empor zu der dicken Rauchwolke über den Gästen, deren stürmische Kampfgespräche zusammenklangen, monoton rauschend wie ein Wasserfall. Van Gogh vor allen anderen hatte zu Beginn des zwanzigsten Jahrhunderts im Café Stefanie ein Erdbeben verursacht, und in einigen Köpfen wetterleuchtete schon die Revolution der abstrakten Malerei, die ein paar Jahre später mit den ersten Versuchen durchzubrechen begann.

Als Henry sagte, er werde nur die Hälfte seiner Schulden bezahlen, fragte Arthur, wo denn dann die vierzig Mark vom »Simplizissimus« seien. Das Ereignis hatte sich im Café Stefanie und in ganz Schwabing herumgesprochen und war Arthur vor einer Minute zu Ohren gekommen. Während sie sich nach längerem Hin und Her einigten, neben dem Büfett, kam Johannes Wohl, nach dem er seinem Strichjungen väterlich den Haarschopf geglättet hatte, herüber zu Michael, den Band George wie ein Gebetbuch in der Hand. Er hatte ein kleines Doppelkinnchen unter dem ebenmäßigen weichen Oval. Sein Mund wäre selbst für die schönste Frau eine Zierde gewesen. Er blickte Michael tief in die Augen und sagte: » Sie sind schön geworden.«

Michael wusste noch nichts von Homosexualität. Aber als Wohl ihm den Arm zärtlich um die Schultern legte, schnellte er in instinktivem Abscheu seitwärts und starrte ihn an, fassungslos vor Entsetzen und Zorn.

Professor Nämlich blieb stehen, einen Schritt entfernt, und ließ sich von Arthur ein Wasserglas mit Kognak füllen. Michael grüßte verstört und flüchtete in die Toilette. Er kämmte zehn Minuten sein Haar, das schon die Künstlerlänge hatte, und machte sich dann auf den Weg zu Sophie, mit der er verabredet war.

Er kam zu früh. Als er an die Ateliertür klopfte, stand Sophie noch in der hölzernen Sitzbadewanne, von oben bis unten eingeseift. Sie bedeckte sich unwillkürlich mit den Händen, als stünde Michael schon vor ihr, und rief, er müsse ein bißchen warten.

Er setzte sich auf die Treppenstufe. Plötzlich spürte er wieder Wohls Arm. Sein Rückgrat wurde eisig kalt. Einen Lattenzaun zu streichen war einfacher, als im Café Stefanie zu sitzen und zu begreifen, was da alles vorging. Nietzsche. Freud. Er muss lesen, alles lesen.

Johannes Wohl wird er die Faust ins Gesicht knallen. Und was soll er jetzt zu Sophie sagen? Das Beste wäre, auf und davon zu gehen. Aber mit ihr ist es ja ganz anders. Und er hat sie ja schon zweimal geküsst. Er wird sie einfach wieder küssen.

Sie öffnete die Tür und streckte den Kopf heraus. Da war wieder das anmutige Lächeln, diesmal mehr verlegen als etwas anderes. Sie hatte absatzlose Filzschuhe an und nur einen dünnen Morgenrock, knapp in die Taille geschnitten. Am liebsten hätte er sie sofort umarmt und geschehen lassen, was der Schöpfer aller Dinge wollte.

Eine Sekunde glaubte er, in ein anderes Atelier geraten zu sein –Sophie hatte ihre fünfzig Akte entfernt. Kein einziger Akt von ihr hing an der Wand. Nur den in Natur hatte sie nicht entfernen können, er war unter dem schmiegsam herabfließenden Morgenrock in seiner ganzen Schönheit da.

In der Ecke war ein Mäuerchen aus Holzscheiten. Das Feuer im Ofen knisterte und krachte. Das Atelier war durchwärmt. Der warme Harzgeruch der brennenden Scheite war hier und dort durchzogen von dem kühlen pfefferigen Duft der weißen Nelken auf dem Zeichentisch, ein dicker Strauß.

Sophie stand vor ihm, im Blick die Frage an das Unbekannte. Die Natur, die erfolgreichste Kupplerin, legte Michaels Arme um Sophie. Helfen konnte Sophie ihm nicht, ihr Körper zitterte. Michael und Sophie mussten die Liebe erst lernen. Er blieb die Nacht bei ihr. Die Ottomane war schmal.

MARIETTA DI MONACO: Kathi Kobus vom Simplicissimus

Kathi Kobus! – Der Name flattert wie eine Fahne und taucht immer wieder auf wie eine Leuchtkugel – wie ein Signal! – Warum? – Weil die Begeisterung, der Enthusiasmus eines ganzen Münchner Künstlervolkes von drei Generationen und allem Zubehör, Mäzenatentum und Kameradschaft im Jubel und Freudentaumel mit der Kathi oder mit dem Simplicissimus verschwistert und verwachsen waren – und weil keiner glauben will, dass die Unbekümmertheit und Sorglosigkeit dieser Jahre vorüber und verraucht sind.

Kathi Kobus, geboren am 10. Oktober 1854 in Aschau, war eine Zeiterscheinung, die als Kind schon alles Lebhafte liebte und bei Raufereien im elterlichen Bierlokal bereits eine begeisterte Zuschauerin abgab. Ob sie schön war? – Das konnte man im roten Dämmerlicht des Simplicissimus nicht so genau sagen. Aber ein markantes Gesicht hatte sie und eine Perücke, die ihr beim Bieranzapfen einmal herunterflog, um einen gedrehten dünnen Knoten roter Haare sehen zu lassen. Sie sprach nicht viel. Sie wusste wohl, dass sie kein großes Licht an Redegewandtheit war und dass gerade ihre Einfältigkeit die Anhänger im Banne hielt. Sie liebte die Geselligkeit und ließ sich bewundern. Charme hatte sie, viel Wärme im Tonfall ihrer Stimme – weibliche Reife verband sie mit kindlicher Naivität – und dazu sprach sie den bayerischen Dialekt, der bei allen Gebildeten und besonders bei denen nördlich der Donau so ausnehmend gefällt. Ihr Umgang mit den Gästen und die Art ihrer Begrüßung waren einmalig. Man fühlte sich wohl in ihrer Nähe. Noch vor der Jahrhundertwende begann die Kathi ihre Karriere im »Deutschen Haus« am Lenbachplatz; dann kam sie in die »Dichtelei« in der Türkenstraße, wo Papa Geisler mit der Zeit und ihren zunehmenden Gästen der Kathi zu hohe Pachtgelder abverlangte. Aber die Kathi sprach mit ihren Gästen wie mit Brüdern. Künstler lieben das, denn sie sind alle eines einzigen Vaters und desselben Geistes Kinder. Sie wussten das Vertrauen der Kathi zu schätzen und machten ein neues Lokal ausfindig. Es war dies eine Kegelbahn mit zwei durch sie verbundenen viereckigen Räumen, großartig geeignet zu einem Vortrags- und einem Wirtschaftsraum. Es wurde vorbereitet.

Am 1. Mai 1903 fand ein feierlicher Umzug statt. Der Maler Hayduck schritt voran, bunte Bänder flatterten im mitternächtlichen Frühlingswind von seiner Laute. Er war Kathis erster Vortragskünstler, sang aber ganz unverbindlich zwischen den Reihen der Gäste, sodass die Wirkung eine improvisatorische war. Diese zwanglose Art behielt er auch im Simplicissimus bei. Aber noch sind wir beim Umzug: Die Kathi kam – stolz und prächtig im Oberlandlerkostüm. Ihre Stammgäste folgten mit brennenden Kerzen. Die Blütenstraße musste überquert werden, und blütenprächtig war der Einzug in Kathis neuem Reich, in welchem sie 25 Jahre herrschte und residierte und den roten Mops mit der grünen Sektflasche im Schilde führte:

Kathi Kobus
la Simplicita der Simplicissima
vom Simplicissimus

Unter großem Jubel, mit Champagner- und Sektbegeisterung brachte
ein Maler das frei nach Th. Th. Heine imitierte Plakat mit dem roten Mops, und der Verleger Albert Langen überließ ihr nach einigem
Dafür und Dawider den Namen Simplicissimus mit dem Plagiat des
Plakates. Die Kathi wurde eine Königin in ihrem Reich. Sie war
die gefeiertste Frau Münchens. Sie wurde Stadtgespräch. Namhafte
Künstler überließen ihr Bilder und Zeichnungen gegen Zechschul-
den. Aktualitäten der Sänger-, Schauspieler- und Artistenwelt fanden
sich bei ihr ein. Es kamen die Hoflieferanten, die besten Namen der
Münchner Kaufmannschaft und die Sektfürsten vom Rhein. Ringel-
natz dichtete, und der Hauskomponist Hugo Koppel intonierte in
Variationen am Harmonium:

»Hast du einmal viel Leid und Kreuz,
Dann trinke Geldermann und Deutz,
Und ist dir wieder besser dann,
Dann trinke Deutz und Geldermann.«

Es kam der Adel, der bayrische Kronprinz und der Prinz of Wales.
Champagner floss aus vollen Gläsern in die Eiskühler, wenn die
Vortragenden genötigt wurden, weiter zu trinken und nichts mehr
durch die Kehlen rinnen wollte. Hier sind viele zeitgenössische
Berühmtheiten aufgetaucht: die Saharet, Eleonora Duse, La belle
Otero, Yvette Guilbert und Isadora Duncan, die weltberühmte, die
in griechischer Tunika auf einem runden Marmortischchen tanzte.
Dem aktuellen Dichter Frank Wedekind wurde ein Ehrenwinkel
eingeräumt, und als er einmal sein in Wien verbotenes Lied vor-
trug:
»Ich war ein Kind von fünfzehn Jahren …«, ging die Kathi auf ihn
zu und sagte: »Geh, sag lieber siebzehne!«
Königliche Hoheiten, Finanzgrößen, Graf Zeppelin, Dichter,
Denker, Maler und ihre Matschackerl, Philosophen, Malweiber und
schöne Frauen, alles kam zur Kathi:

»Ist auch vollbesetzt das Zimmer,
Fremdling, stoß dich nicht daran,
Kathi Kobus findet immer
Plätze noch für zwanzig Mann.«

Es verging der Kathi und des Simplicissimus große und größte Zeit vom Jahre 1903 bis 1913. Dann fühlte sich Kathi zu wohl oder zu angestrengt in ihrer Höhle. Sie verkaufte den Simplicissimus mit seinen bildgeschmückten Wänden, wurde das Opfer eines Häusermaklers und erstand auf diese Weise »Kathis Ruh«, eine große Villa in Wolfratshausen auf einem Hügel, wo nächtlicherweile noch manche Autos anhielten; man feierte weiter, bis der Krieg dem Treiben ein Ende machte und »Kathis Ruh« als Verwundetenheim dastand.

»Ja mei«, sagte die Kathi zu Marietta, die 1917 aus der Schweiz wiederkam, »der Gilardone hat ein Verwundetenheim draus g'macht; aber woaßt, Marietta, ois, wos recht is – mei'n Zaun hat er ma'hundsveigerlblau ogstricha!«

Kathi war noch während des Krieges 14/18 von ihrer Weinhandlung, die inzwischen den Simplicissimus erstanden hatte, zurückzitiert worden und ließ sich später zu ihrem 70. Geburtstag in der Wohnung über dem Simplicissimus ein Bad einrichten.

Am Festabend saßen wir in einem kleinen Bekanntenkreis nach der Sperrstunde am langen Tisch in der Ecke bei der roten Laterne, als vorne am Eingang geklopft wurde. Die Kathi drehte noch ein paar Lichter aus, sodass wir im matten Dämmerlicht saßen. »Seid's stad«, sagte sie, »und lasst's mi füri!« Kein Ton kam aus unseren Kehlen. Wir saßen wie versteinert. Den Gang hervor kamen zwei Schutzleute in Pelerinen, die sie behutsam öffneten und jeweils ein Veilchensträßchen hervorholten mit den Worten: »Fräulein Kobus, wir wollten Ihnen bloß zum 70. Geburtstag gratulieren.«

Kathi war keine Alkoholikerin, aber sie trank alles in sich hinein, das Leben und seine Freuden, alle freundlichen und fröhlichen Gesichter, alle Verehrung und alle bewundernden Worte bis zur Unersättlichkeit. Das Alleinsein mied sie wie einen Feind. Kathi hatte Budenangst und bummelte mit ihren Freunden und Gästen bis zum Morgen, Mittag oder Nachmittag des folgenden Tages durch. Über ihr Liebesleben wußte man wenig. Ringelnatz hat ihr sieben Freier angedichtet. Man wusste vom Maler Asbé, dass er sein ganzes Geld im Simplicissimus verzecht hatte, dass er manchmal auf der hintersten Polsterbank übernachtete. Man weiß, dass Kathi Kobus ihn nach seinem Tode beerdigen ließ und dass die Pflege des Grabes als Klausel in den Simplicissimus-Vertrag eingesetzt war. Woran sie eigentlich am Ende ihrer Tage erkrankte, wusste man nicht. Sie sei zuerst auf der Treppe gefallen. Mit einem geschwollenen Knie hätte es angefangen. Dann kam eine Fischvergiftung dazu; wahrscheinlich war die Hummermayonnaise nicht mehr frisch, die sie zuletzt gegessen hatte. Ihre letzten Tage verbrachte sie im Schwabinger Krankenhaus. Kathi wurde blind und versuchte es zu verheimlichen. Gespenstisch geschminkt, mit schlecht sitzender Perücke erwartete sie ihre Besucher, die sie erst erkannte, nachdem sie mit ihnen gesprochen hatte, und manchmal kam auch dann noch eine Verwechslung vor. Kathi Kobus ist 75 Jahre alt geworden. Sie starb am 7. August 1929. Wie sie ihre letzten Tage und Nächte im einsamen Krankenzimmer verbrachte und woran sie in ihrer Blindheit dachte, das war ihr Geheimnis, und sie nahm es mit ins Grab. In welchen Bereichen sie sich im Jenseits aufhält, würde ihr einstiger Stammgast Schrenk-Notzing sicher durch eines seiner Medien auszukundschaften versucht haben; wenn er sie überlebt hätte. Möglicherweise aber gibt es über alle Modeschnörkel der Zeit hinweg noch einige fromme Herzen, die für Kathis Seele beten. Mary Irber tut es bestimmt. Emmy Hennings tat es auch. Auch glaube ich es von Annie Trautner und von mir. – »Oder schämst du dich vielleicht etwa?«, würde Ringelnatz fragen. Vielleicht greift Kiaulehn meine letzten Worte auf und nimmt sie mit ins Schmunzelkolleg, wo in den Weihnachtstagen Münchner Kinder mit goldenen Herzen sitzen, und erzählt ihnen etwas vom Reiche der Harmonie. Wenn dann unsere Gebete angekommen sind in der Sphäre guter Gedanken, tragen sie Engel empor in einer klingenden Schale.

ERICH MÜHSAM: Tagebücher 1910–1924

München, Sonntag, d. 7. Mai 1911

Der elende Tripper! Ununterbrochen macht er sich bemerkbar, stört mich in meinen Absichten, lähmt meine Aktionen, vergiftet meine Laune. Nun laboriere ich seit drei Wochen daran, und noch merke ich fast gar keine Besserung. Morgen will ich noch einmal zu Hauschild. Ich muss der Schweinerei endlich energisch zu Leibe gehen. – Gestern abend war es wieder gräßlich. Emmy war im Café – ich hatte vorher im Luitpold Eduard Joel und Frau getroffen –; sie war sichtlich geil auf mich und bat mich, ich möchte sie, ehe ich in die Torggelstube gehe, heimbegleiten. Ich tat das, ging mit hinauf zu ihr ins Atelier und regte mich an ihren Küssen furchtbar auf. Dann zog sie sich um, und ich sah sie nackt, was mich so toll machte, dass ich vor Schmerz und Wollust hätte schreien mögen. Das enge Suspensorium wäre unter dem Druck des mächtig gestrafften Gliedes beinahe gerissen. Wir waren beide sehr betrübt, dass wir nicht tun konnten, worauf wir beide brannten. – Genau dieselbe Geschichte wie vor fünf Jahren in Wien, wo ich nackt neben der ebenfalls geschlechtskranken Irma Karczewska lag. Wir küssten uns wie wahnsinnig und mühten uns, wenigstens mit Mund und Fingern einander Genüge zu tun, aber schließlich war der Widerstand des Schmerzes doch immer noch größer als der Antrieb der Lust. Das war damals die Tragik: das wir uns erst kennengelernt hatten und dann bald auseinandergingen, sodass wir nie dazu kamen, einen richtigen Koitus miteinander zu vollziehen.

Schon nachmittags war ich bei Emmy gewesen. Morax und Frl. Vital waren da, und ich zeichnete einen Bilderbogen zu der Schauerballade, die Emmy und Morax zusammen bei Kathi vortragen wollen. Es sind sehr lustige Bilder geworden, die Emmy sehr primitiv und dadurch um so wirksamer antuschte. – Eduard Joël ist ein netter Kerl. Aber unsere Interessen gehen doch allmählich weit auseinander, und ich kann nicht leugnen, dass ich seine Gesellschaft um so mehr schätze, je deutlicher mir die Möglichkeit scheint, von ihm Geld für den »Kain« herauszuschinden. Angebohrt habe ich schon. Heute Nachmittag werde ich wieder mit dem Ehepaar beisammen sein. Ob etwas herausschauen wird?

Nach dem Intermezzo in Emmys Atelier begleitete ich sie bis vor den Simpl. Das süße Ding trug auf dem ganzen Wege Leuchter und

Kerzen in der Hand, damit sie auf dem Heimweg die Treppen hinauffinde, zumal sie die Nacht Engert versprochen hatte. Sie erzählte mir das ganz arglos und mit vielem Bedauern darüber, dass ich nicht imstande bin, meine Pflicht zu tun. Sie könne unmöglich so lange allein schlafen. Dass es gerade Engert sein sollte, war mir sehr fatal. Aber wer will den Weibern ihren Geschmack vorschreiben?

Dann also Torggelstube: Im Residenztheater war die Premiere der »Ratten« von Hauptmann gewesen, dazu Sonnabend, wo die Halbe-Gesellschaft erschien. So saß also eine lange Tafelrunde versammelt: Halbe und Frau, Waldau, Mi von Hagen, Steinrück, Dr. Mannheimer, das Mockerl, Lina Woiwode, Basil, Dr. Kutscher, Rößler usw., wozu dann noch Wedekind und schließlich Feuchtwanger und Dr. Uhde-Basmeir kamen. Es wurde reichlich Bowle getrunken. Ich hatte das Zusehen und musste allerlei schlechte Witze deswegen ertragen. – Wir schrieben eine Glückwunschkarte zu dem Erfolg der »Ratten« an Gerhart Hauptmann. Die Terwin war wieder sehr lieb. Der Rest der Gesellschaft blieb bis nach halb vier Uhr nachts. Dann trennten wir uns. Gustl Waldau und besonders Steinrück waren stockbesoffen. [...]

Von Papa kam eine Ansichtskarte mit dem Holstentor drauf, in der er mir für die Gratulation zu seinem Examenstag und für die Zusendung der »Drucksache« dankt und über seinen (recht günstigen) Gesundheitszustand berichtet. Meine Andeutungen, daß ich zur Fortführung des »Kain« Geld brauche, hat er nicht verstanden. Außer anderen Briefen einer von einem anonymen »Freund«, der die erste Nummer »passabel« fand, über die zweite schimpft und mich warnt, das Publikum zu ignorieren. Ob der Mann recht hat? Lion Feuchtwanger erklärte mir gestern genau das Gegenteil: Die zweite Nummer habe ihm in jeder Hinsicht besser gefallen als die erste. Er lehnte das Programmgedicht »Kain« entschieden ab.

München, Montag, d. 8. Mai 1911
Nach dem Theater Simplicissimus. Emmy hat ein Verhältnis mit dem kleinen Keller angefangen. Ich Esel habe die tolerantesten Prinzipien, dazu noch einen Tripper und war doch eifersüchtig. Natürlich ließ ich mir nicht das Mindeste merken. Aber es ist doch eigentümlich, wie lieb ich das kleine Hurenweib habe. Sie trug mit Morax zusammen die schöne Ballade vom Räuber vor, der seinen Bruder abmurksen will und an seiner »blassen Brust« das Bild der Mutter findet. Der

große Bilderbogen, den ich dazu gezeichnet habe, wirkte sehr lustig zu dem Leierkastenlied. Eine peinliche Überraschung wurde uns dadurch zuteil, daß die Ichenhaeuser plötzlich mit Else Lasker-Schüler das Lokal betrat. Die eifersüchtige Megäre, die komplett wahnsinnig ist, hat Emmy in Berlin mit Schimpfreden und Drohungen nachgestellt. Nun war das arme Kind ganz verängstigt. Ich hoffe, sie fährt bald wieder ab. Es wäre recht widerwärtig, wenn Emmy wieder keine Ruhe vor ihr hätte. Ich bin aber entschlossen, trotz aller Freundlichkeiten der törichten Frau gegen mich und trotz meiner Verehrung für manche ihrer Gedichte, Emmy sehr energisch gegen sie zu verteidigen. – Heut Nachmittag war Emmy bei mir. Sie erzählte, daß Keller bei ihr geschlafen habe. Wir gingen in den Englischen Garten, wo wir uns viel küssten, dann aß sie bei mir Mittag. – Danach ging ich zu Hausschild, der sich meinen armen Schwanz besah. Er verulkte mich, dass ich in meinen Jahren noch solche »Kinderkrankheiten« bekäme. Aber er fand, dass sich der Zustand wesentlich gebessert habe, empfahl mir, die bisherige Behandlung energisch fortzusetzen und riet wieder sehr von Spritzen ab. Er stellte mir in Aussicht, dass ich in vierzehn Tagen gesund sein könne. Noch vierzehn Tage! Aber wenn nur dann die Geschichte vorüber ist!

München, Dienstag, d. 9. Mai 1911

Pfemfert schickt mir die beiden letzten Nummern der »Aktion«, in denen die Enquete über Kerr fortgesetzt wird. Dehmel schreibt ganz dumm, Else Lasker-Schüler macht mindere Knittelverse, Kurtz spreizt sich, und die übrigen sind ziemlich belanglos. Ob Kerr viel Nutzen von der Umfrage haben wird? – Erfreulich war mir, dass das Blatt unaufgefordert eine ganz gut redigierte und ziemlich auffällige Annonce des »Kain« bringt. Wüsste ich nur erst, wie Nr. 3 bezahlt werden soll! [...]

Nach dem Abendbrot traf ich im Bauer Emmy mit Morax und Ida, Keller und Engert. Emmy war sehr aufgeregt, da gleichzeitig mit der Ichenhaeuser die Else Lasker-Schüler in einer Ecke des Lokals saß. Das verängstigte Kind fürchtete Revolver und Vitriol. Mir fiel mal wieder die angenehme Aufgabe zu, zu parlamentieren. So setzte ich mich zu der Lasker und kam auf Umwegen zu dem Thema Emmy. Ich erreichte das Versprechen, sie werde während der Zeit ihres Münchner Aufenthalts nicht mehr den Simpl betreten noch Emmy im

mindesten nahetreten. Als ich zu Emmys Tisch zurückkam, war sie gerade dabei, einen Zustand zu kriegen. Ich begleitete sie mit Keller zusammen nach Hause, und sie stieß schreckliche Drohungen gegen Elschen aus. Auch noch solche Geschichten!
Abends Torggelstube. [...]

München, Mittwoch, d. 10. Mai 1911

Die Angelegenheit Else Lasker-Schüler – Emmy spitzt sich dramatisch zu. Ich erhielt einen langen Brief von Elschen, in dem sie Emmy als »geiles kleines Nähmädchen« beschimpft, in deren Mund ihr »erlauchter« Name (an einer anderen Stelle »die Majestät meines Namens« – immer dick unterstrichen) nichts zu tun habe, und worin sie schließlich erklärt, sie lasse sich das Betreten öffentlicher Lokale nicht verbieten. Ich hielt es für ratsam, diplomatisch zu sein und schrieb einen langen vorsichtigen Antwortbrief, von dem ich auch noch eine Abschrift nahm, sodass mir wieder die Zeit, wo ich hätte arbeiten mögen, zum Teufel ging. Ich bat die Lasker, mir persönlich den Gefallen zu tun, den Simpl zu meiden. Abends im Café kriegte ich dann einen weiteren albernen Brief, in dem unter anderem stand, sie (Tino von Bagdad) habe in Berlin nur Emmy aus dem Café entfernt wissen wollen, um den einzigen Ort, wo man sich aufhalten könne, nicht verflachen und verhuren zu lassen. Im übrigen: »Bei Philippi sehen wir uns wieder.« – Ich ging also mit in den Simpl, um bei eventuellem Krach Emmys Partei nehmen zu können. Aber Elschen kam nicht. Jedenfalls vermute ich, dass ihre Hysterie sie nicht ruhen lassen wird, bis nicht der Krach da war. Und wenn sie ihn nicht provoziert – Emmy ist auch nicht die Zahmste.

Nachmittags kam Rößler ins Café und dann zu mir zum Abendbrot. Auch Emmy erschien. Die beiden geilten sich aneinander auf, und nach dem Essen legte sich Rößler auf den Diwan und es begann ein Piacere, zu dem ich sittsam das Gaslicht ausdrehte. Da ich merkte, dass Emmy sich ganz auszog, und so schon wie auf Kohlen stand, da die Gruppe Tat auf mich wartete, ließ ich die beiden bald allein. – Es ist seltsam, dass ich auf den alten Rößler nicht eine Spur eifersüchtig bin. Die ganze Geschichte gestern machte mir einen diebischen Spaß. Ich musste über Emmys unbefangene Selbstverständlichkeit sehr lachen. Sie ist schon ein erotisches Genie. Sie will immer und jeden Mann, und jede Situation ist ihr recht. [...]

München, Donnerstag, d. 11. Mai 1911

Gestern Abend, als ich mit Halbe und Genossen von der Kegelbahn aus zu Kathi Kobus kam, saß Elschen Lasker mit der Ichenhaeuser richtig im Lokal. Emmy hatte sie vorher nicht bemerkt, bekam jetzt aber, als sie die Frau sah, wieder richtige Zustände der Todesangst, sodass wir schleunigst aufbrachen und in ziemlich großer Gesellschaft ins Stefanie gingen. Ich schrieb der Lasker von dort aus einen Brief, in dem ich ihr erklärte, ich sehe in ihrem Verhalten einen Akt der Geringschätzigkeit gegen mich und betrachte daher unsere freundschaftliche Beziehung als erledigt. [...]

München, Sonntag, d. 14. Mai 1911

Die Lasker-Geschichte nimmt allmählich die Formen einer komischen Groteske an. Meinen Brief, in dem ich ihr die Freundschaft kündigte, schickte sie mir zerrissen zurück, mit der Aufschrift, sie verbitte sich strengstens (dick unterstrichen) jede weitere Belästigung. Morax übergab mir die Fetzen und bestellte mir zugleich die spätere Mitteilung der Dame an mich, sie habe es nicht so gemeint. Und nun beteiligt sich auch die Ichenhaeuser – Emmy nennt sie unhöflich Frl. Siechenhäuser – an der Korrespondenz. Gestern bekam ich einen total versiegenten Brief von ihr. Wenn ihr Diener Jehovah ermittle, dass ich ein Hurenvieh sei, so müsse ich Millionen Meilen weit von ihrem Lande fortgehen. Scheißtrommel! – Inzwischen hat Emmy selbständig Schritte unternommen, um die Dichterin Tino loszuwerden. Sie hat veranlasst, dass ihr von Berlin aus ein Telegramm ins Café Bauer geschickt wurde, wonach sie sofort nach Hause zurückkommen möge. Natürlich ist sie darauf nicht reingefallen und hat angeblich das ganze Material der Polizei übergeben. Wenn das wahr ist, wäre sie als Käsehändlerin entlarvt. Die Zeit ihres Münchner Aufenthalts kann immerhin noch recht unterhaltende Intermezzi bringen.

München, Mittwoch, d. 17. Mai 1911

Vor genau einem Monat kam die Gonorrhöe zum Ausbruch. Heute kann ich sagen, dass es etwas besser geht. Aber noch ist Ausfluss da, und der kleinste alkoholische oder sexuelle Exzess kann mich wieder ganz herunterbringen. Dabei sehne ich mich maßlos nach Umarmungen. Es ist so viel Kraft aufgespeichert, dabei das ganze Interesse so auf den Genuss konzentriert, dass ich mich mitunter vor Geilheit kaum zu lassen weiß. Gestern Nachmittag kam ich zu Emmy. Sie stand splitternackt in ihrem Atelier und wusch sich. Trotz meines Zustands küsste ich sie wie ein Rasender. Das gute Kind freut sich auch auf die erste Nacht, wo es wieder gehen wird. [...]

Der Maler Oppenheimer ist wieder in München. Er stellt bei Tannhauser aus. Der Kerl hat eine unverschämte Schnauze. Das Urbild eines Prager Judenbengels. Aber sachverständige Leute erklären ihn für sehr talentiert, und Heinrich Mann ist anscheinend immer noch mit ihm befreundet. Kokoschka behauptet allerdings, als ich ihn hier zuletzt sprach, Oppenheimer plagiiere ihn. – Er kam abends ins Café Bauer. Wir gingen dann in die Torggelstube, wo die Herren Rößler, Strauß, Meßthaler und noch einer, dessen Name mir nicht einfällt, pokerten. Ich kibitzte bei Rößler, der mir aus jedem größeren Pott, den er zog, eine Mark abgab. Ich kam um sechs Mark bereichert heim. Rößler wohnt jetzt hier in der Pension. Heute Früh hatte ich schon seinen Besuch.

München, Mittwoch, d. 7. Juni 1911

Gestern traf ich im Hofgarten Heinrich Mann mit Herzog und Oppenheimer. Ich ging mit ihnen noch einmal in die Ausstellung der Oppenheimerschen Gemälde bei Tannhauser. Er hat ein neues Porträt von H. Mann fertiggestellt, das in vielem besser ist als das erste, doch aber auch stark karikaturistisch wirkt. Im Ganzen hatte ich von der Ausstellung einen noch stärkeren Eindruck als beim ersten Besuch. In den oberen Räumen sind Kollektivausstellungen von Hodler und Uhde. Zu Uhde habe ich wenig Beziehung. Hodler ist für mein Gefühl der tiefste aller lebenden Maler. Er ist der Einzige, der Ekstasen gestalten kann.

Im Stefanie sitzt jetzt täglich ein wunderschönes Mädchen, in das ich mich beim ersten Sehen verliebt habe. Ich habe mich erkundigt: Es ist eine Fräulein von Bach, eine Schülerin von Weisgerber. Emmy erzählte mir neulich, dass mich einige Damen der Weisgerber-Schule gern malen möchten. Wenn ich diese prachtvolle Blondine dadurch kennenlernen könnte, täte ich's. Nur muss ich erst gesund sein, ehe ich mich wieder auf irgendwelche erotischen Ausflüge begebe. [...]

RÉNÉ PRÉVOT: Wie ein Weltenbummler Schwabinger wurde

»Heute ist Sommerfest in der Pension Fürmann!«, kam eines Tages ein Anruf von Freund Maisel. »Du musst mitkommen!« Der alte Kommerzienrat Braun von den Fliegenden Blättern soll das Telefon abgeschafft haben, so erzählte man sich damals in München, weil es aus dem Hörer zog. … Bei jenem Anruf aber kam mir geradezu ein Mistral aus dem Hörer entgegengeblasen. Ich flog und sprang im Zimmer herum, suchte nach Sachen, die überall greifbar herumstanden oder lagen, ich war in heller Aufregung. Ohne eigentlich Genaueres von Fürmann und seiner legendenumwobenen Park-Pension zu wissen, war ich doch durch den bloßen Gedanken an diesen Abend wie elektrisiert. Es gibt solche Vorgefühle. Und dieses sollte nicht trügen.

»Die Pension« – das war Schwabings Hochburg, und ihr Majordomus war alles andere als ein zugänglicher Herr. Er hielt sich »die Leute« vom Leibe und ließ die Zugbrücke, sozusagen, nur herunter für – Menschen.

»Sag mal, stimmt das, dass seinerzeit, als die Oberholzers aus der Schweiz kamen und das Grundstück neben der Pension kauften, Fürmann einen festgeschlossenen Lattenzaun zwischen sich und ihnen errichtete?« »Stimmt schon.« »Aber es waren doch schließlich Künstler, – also Anverwandte?« »Macht nichts. Sie können ja, Herr Oberholzer, wenn es irgendwas gibt, auf dem Umweg um den Garten herum zu uns kommen«, das war Fürmanns äußerste Konzession. Er war der Ansicht, dass man an niemand vorsichtiger heranwachsen soll als an Nachbarn. Allerdings hat es eines Tages ein großes Gelächter gegeben. Da überraschte Oberholzer seinen »Buffalo Bill«, dabei, wie er eigenhändig in den Lattenzaun eine Bresche schlug, – auf dass der Direktverkehr aufgenommen werden könne.«

Der Name Buffalo Bill reizte meine Neugier. Während wir zum äußersten Ende der Belgradstraße hinausschritten, die ehedem »Am alten Türkengraben« geheißen hatte, ein Name, der an die Zeiten des bayrischen Barocks erinnerte und irgendwie zum genius loci der Pension gehörte, berichtete mir Maisel einiges über die sagenumwobene Figur von Henry-Heinrich Fürmann. »Buffalo Bill« stimmt natürlich nicht. Eigentlich müsste man ihn »Sindbad den Seefahrer« nennen oder »Tramper den Weltenbummler«. Du kannst den Globus nirgends antippen, wo er nicht mal gewesen ist, es sei denn an den beiden Polen. Er hat Kap Horn umsegelt, Shanghai unsicher gemacht, in Kalifornien eine originalechte Wildwestfarm gehabt und wäre wahrscheinlich noch heute drüben, wenn nicht – aber ich muss die Geschichte doch von vorn erzählen.

Sie beginnt wie die mancher berühmter Leute in einer Apotheke. Er entfloh als Lehrling seinen Pillen, um Seemann zu werden. Er traf in Hamburg just zur Cholerazeit ein, wo er Kindersärge tragen musste, und fuhr dann nach seinem Traumland Indien, wo er schnurstracks in eine Pestepidemie geriet. Mit den Hafenkulis in Arbeitskonkurrenz zu treten, schien unserem künftigen Schwabinger nicht eben ratsam, und so finden wir ihn bald danach auf den üblichen Pfaden der amerikanischen »Tramps« oder als blinden Passagier auf dem Dach eines Pazific-Expresswagens – ein echter Landstraßenbruder Jack Londons.

Endlich bot ihm eine Farm im Goldenen Westen Ruhe, Arbeit und Herdfeuer. Und hier ereilte ihn eines schönen Tages das Testament seines verstorbenen Onkels, der – auch ein Sonderling! – den verschollen geglaubten Neffen zum Erben eines stattlichen Grundstückes in Schwabing eingesetzt hatte. Fürmann ergriff die willkommene Gelegenheit zu neuer Luftveränderung, verwandelte sich aus dem kalifornischen Mister Henry in einen Schwabinger Heinrich und sah sich am Schauplatz seiner Schicksalsbestimmung um. Betrachtete vor allem mit wildwestlichem Kennerblick den ererbten Pferdestall mit anschließendem Garten, schnupperte mit feiner Nase die Luft Schwabings und muss sie erträglich gefunden haben. Denn er setzte sich hin, schnallte den Tomahawk ab und stopfte sich gleich eine Friedenspfeife. ... Ja, so ist es zur Pension Fürmann gekommen. ...«

Wir waren unterdessen angelangt und traten in den Garten ein. Ich erblickte zu meiner Überraschung ein nur ebenerdiges Haus mit niedrigem Obergeschoss. Maisel zog an der Kuhglocke, deren baritonales Geläut mir später noch so oft ins Ohr klingen sollte, und mit ausgebreiteten Armen trat Fürmann aus der Tür. Ein sonnengebräuntes, großausgebautes Seemannsgesicht mit kräftiger Kinnlade. Ein verlässlicher Händedruck. Ein paar freundliche Worte – und ich wusste: Meine Aufnahmeprüfung war bestanden.

Bald ging ich mit diesem oder jenem Festgast im Haus und im Garten umher und ließ mir erzählen, wie dies Wunderwerk geworden war. Es war damals noch das goldene Zeitalter, wo man im paradiesischen München so gut wie umsonst lebte und in den Trödlerbuden der Auer

Dult für einige bare Mark fürstliche Ausstattungen erstehen konnte. Die Bekanntschaft mit einem geistverwandten Kunstmaler hatte den unternehmenden Universalerben des Schwabinger Pferdestalls auf den genialen Einfall gebracht, eine Unterkunftsstätte für Kunstjünger beiderlei Geschlechts zu eröffnen. Er entdeckte seine Begabung als Innenarchitekt, gestaltete das ganze Haus von oben bis unten eigenhändig um, tapezierte alle Räume selber und stattete sie mit echten Biedermeiermöbeln aus. Diese reizvollen dünnwändigen Zimmerchen von Streichholzschachtelgröße, diesen Speise- und Tanzsaal mit der dämmerigen Kerzenbeleuchtung an der niedrigen Decke, all das hatte Fürmann mit der improvisierenden Findigkeit des echten Wildwestfarmers selbst gebaut. Auch den herrlichen Fliederpark hatte er umgestaltet und die kleinen kühlen Rasenplätze mit Statuen geschmückt. Daneben aber hatte er auch einen geräumigen Gemüsegarten angelegt, wo neben allen Früchten der Jahreszeiten auch der üppige Rhabarber wuchs, das Hauptingredienz der berühmten, nach Geheimrezepten gebrauten Fürmann-Bowle. Dazu kam ein Ziegenstall, eine Gänsezucht und ein Hühnerhof. ... Das war die wohlgegründete Erdenbasis für die Wirtschaftspolitik Vater Fürmanns. Viele hochschießende Genieträume wären ohne sie jämmerlich zugrunde gegangen.

»Aber wenn ich mir das überlege, müssen doch manchmal auch recht unbequeme Kunden unter den Gästen sein?«, fragte ich einen Mentor, der sich ziemlich auskannte. Als witziger Mann lächelte er nur, nahm mich beim Arm und führte mich in den Speisesaal zurück, wo in der Ecke ein Klavier stand. »Bitte, da steht die Lösung aller Probleme!« Ich sah in der Ecke neben dem Klavier einen handfesten Ochsenziemer stehen, oberbayrisch Ochsenfiesel genannt. »Damit trifft Papa Fürmann seine Auslese, das heißt, er trifft diejenigen, die nicht zu der Auslese gehören sollen. Höchst einfach, nicht wahr? Aber die Gerechtigkeit gebietet hinzuzufügen, dass der Ochsenfiesel nur die ultima ratio unseres Hausvaters ist. Henry-Heinrich dürfte wohl der Einzige in der Welt sein, dem regelrechte Schlawiner folgsam aus der Hand fressen. Er ist so was wie der Pestalozzi Schwabings – ein hintergründiger Erzieher. Ich habe die unheilbarsten Gemütsanarchisten unter Tränen und Besserungsversprechungen um die Wiederaufnahme in die Fürmann-Familie wimmern und betteln sehen. Und ich war dabei, wie ein richtiger Balkandichter nach mehrjähriger Verschollenheit, von Heimweh und Dankbarkeit getrieben, plötzlich

wieder die Kuhglocke am Brettertürchen zog, um eine zurückgelas-
sene Schuld zu begleichen.«

Ich musste lachen und setzte mich auf den Klavierschemel, um
meine Stimmung mit ein paar Akkorden zu unterstreichen. »Ein
bisschen verstimmt!«, meinte ich. »Wie? Verstimmt? Nun ja, stehen
Sie erst mal als empfindsames Klavier einen Winter lang in Regen
und Sturm, Eis und Schnee, dann werden Sie auch verstimmt sein.«
Und nun hörte ich meine erste Pensions-Anekdote. In einer flieder-
duftenden Mainacht hatten die Festgenossen den alten Klimperkas-
ten in den Park hinausgeschoben, damit ein italienischer Virtuose
draußen bei dem Faunsbrunnen die Nymphentänze einiger Duncan-
Schülerinnen begleite. Das war sehr schön gewesen, so schön, dass
hernach niemand daran dachte, das Klavier wieder in seine Ecke zu-
rückzuschaffen. Als mit dem Herbst die Serie der Sommerfeste zu
Ende ging, waren unsere Schwabinger für diese Schwerarbeit zu faul.
So wurde das Klavier nur mit einer alten Sackleinwand notdürftig
zugedeckt und blieb den ganzen Winter über draußen stehen. Bis der
Fasching kam mit seinen neuen Dauerfesten. Da musste es wohl den
Standort wechseln. Die Tanzwütigsten nahmen ihre Kräfte zusammen und holten den alten Kasten feierlich zurück auf seinen Ehren-
platz in der »Balkan-Ecke«. Ein kleiner Maler, Bukowina genannt,
war der Erste, der den Mut fand, den Deckel aufzuklappen und ein
paar Akkorde anzuschlagen. Aber siehe da: Winterstürme wichen
dem Wonnemond! – der Klavier-Kadaver erwachte und klang! Es
wurde ihm warm im altgewohnten Tanzgewurl. In ganz Schwabing
sprach sich das Wunder herum. Die Piano-Firma erfuhr davon und
wollte das einmalige Paradestück für eine Großpropaganda einholen.
Aber Fürmann gab den treuen Kameraden nicht für teures Geld her,
und so stand er als vielbewunderter Anekdotenheld noch immer in
der »Balkan-Ecke«. Hier hatte die Tischgemeinschaft der Balkanesen
ihren Platz, und da stand auch der Ochsenfiesel.

Was hätte mir besser angestanden, als bei Vater Fürmann Pensionsgast zu werden? Man kann sich heute keinen Begriff mehr von dem
Zauber des Milieus machen. Das moderne Boardings-Haus ist eine Art
Pension mit Isolierplatten; man meint, nur so ließe sich der Individua-
lismus im Zusammenwohnen retten. Bei Fürmann gab es nur Individu-
alisten – aber ohne Isolierplatten. Freilich durfte man kein Eigenbrödler
sein, man musste die Neigung in sich haben, Mitmensch zu sein.

Die zwei Paradezimmer, die ich bezog, hatte vor mir keine Geringere als Ricarda Huch innegehabt. Als »Pensionsprotz Nummer I« blickte ich durch fünf Fenster nach drei Himmelsrichtungen. Diese Aussicht plus Fliederduft berauschender Mainächte, plus dreimaliger Tagesmahlzeit, plus unzähliger Tanzfeste einschließlich Bowle, plus Samstagnachmittag-Tanzcafe mit Kuchen, zu dem man auch noch Bekannte einladen durfte, kostete … nun, was kostete dies Fürmann-Glück? Neunzig Mark im Monat. Man konnte es noch billiger haben, allerdings dann etwas beschränkter. Der baumlange Karikaturist Engert, der die winzige sogenannte Asbestbude bewohnte, in der er bestenfalls in der Diagonale ausgestreckt liegen konnte, zahlte nur fünfundfünfzig Mark, alles inbegriffen. Ja, der gute Fürmann hatte in seinem Dorado das ewig schwärende Finanzproblem gelöst, das heute noch die Welt beunruhigt. Man hatte oft den Eindruck, als sei der Pensionsbetrieb überhaupt nicht auf der verflixten europäischen Geldwirtschaft aufgebaut. Die Farmerlehrjahre kamen Fürmann in vielem zustatten: Handwerker brauchte er nicht, und wenn er einen wollte, requirierte er sich einen geeigneten Pensionsgast. In dieser Beziehung befehligte er uns mit der Selbstverständlichkeit eines Stammeshäuptlings. So sah man mich eines Tages als Dachdecker am First des Hauses sitzen. »Ja, was machst du denn da oben?«, rief ein Abgesandter meiner Familie herauf, der mich besuchen wollte. »Hast du die Schriftstellerei an den Nagel gehängt? Dachdecken bringt wohl mehr ein?«

RÉNÉ PRÉVOT: Kathi Kobus und der »Simpl«

Die Elf Scharfrichter hatten ihre Stammkneipe nicht im »Goldenen Hirschen« selber, sondern unweit davon. Auch nah dem Siegestor. Da dort außer den Scharfrichtern noch andere »scharfe Poeten« verkehrten, hieß sie mit Recht die »Dichtelei«. Konnte ich einen größeren Wunsch haben, als dort eingeführt zu werden? Bald fand ich Freunde, die mich mitnahmen. Auf diese Weise wurde ich Augenzeuge und Mitakteur des größten Schwabylonischen Ereignisses.

So darf man es wohl nennen. Denn es gab Zeiten, wo man in ganz Europa und bis New York oder Sidney wusste, was der »Simplicissimus« der Kathi Kobus war. Und wie weltverloren und winzig fing das doch an!

Jenes kleine Beisel, in dem ich mich mit Georg Jacob Wolf, dem nachmaligen Meister in allen Monacensibus, und mit Willi Geiger, der damals Stucks Schüler war, traf – auch Alfred Kubin, der Leise und Geheimnisvolle, kam manchmal zu uns – war unterteilt in mehrere Provinzen, alias Stammtische. Wir waren die Jüngeren und Jüngsten dort, der Nachwuchs, die kleinsten Spargelköpfe Schwabings. Und doch genossen auch wir das Vertrauen der jovialen Wirtin.

Diese, ein resches, resolutes Weib von stattlichem Wuchs, war mit dem Hausherrn und Vermieter der »Dichtelei«-Räume nicht recht zufrieden. Jeder von uns wusste, dass sie heimlich drauf und dran war, auszubrechen. Jedes dritte Wort, wenn sie einen von uns allein am Tische hatte, war: »Woaßt, wann i erseht mei Eigenes hab.« ... (Sie pflegte ihre Gäste zu duzen; die sie nicht duzte, taten fehl daran, sich als wirkliche Gäste zu betrachten.) Ob wir ihr treu bleiben würden? Ob wir mit ihr geschlossen aus der alten in die »Neue Dichtelei« übersiedeln würden? Das war ihre beständige brennende Sorge. Wir versprachen es ihr mehr oder minder feierlich und machten ihr Mut zu der »Secession«. Vielleicht würde es aber nie dazu gekommen sein, wenn nicht Frank Wedekind auf den kühnen Einfall eines jähen Handstreichs gekommen wäre: An einem Tag X würde man geschlossen das Lokal wechseln. Ganz in der Nähe hatte unsere Hebe nämlich eine geeignete Lokalität gefunden und für den künftigen Zweck notdürftig herrichten lassen.

Die Wirtin war also Kathi Kobus. Und der Tag X war der Mai 1903. Wir alle waren vollzählig versammelt. Galt es doch, in einem grotesken Umzug ohnegleichen, ohne Möbelwagen, alles, was die »Dichtelei« enthielt – außer Wänden und Mauern – in das neue Lokal hinüberzuschaffen. Mit brennenden Kerzen setzte sich der Zug in Bewegung, Wedekind mit der Gitarre voran, hinterdrein marschierten wir anderen mit Tischen und Stühlen, Theke und Weinregalen, Eisschrank und Vorräten. ... Mit einem ausgiebigen Fest wurden die Kathi und ihre »Neue Dichtelei« gefeiert, wenngleich das dreiteilige Lokal mit dem langen, schmalen Darm, der den vorderen und den rückwärtigen Raum miteinander verband, uns alles andere denn als »geeignete Lokalität« erschien. Schon in dieser Nacht griff der künftige Geist des Ortes präludierend in die Saiten: Der eine oder

der andere von uns sprang auf das rasch gefügte Bretterpodium, man sprach Verse aus dem Stegreif, tanzte oder sang, und polternd und rumpelnd ächzten die Bretter Antwort. ... Das Kabarett der Kathi Kobus war gegründet.

Aber kaum waren die Einweihungsklänge verweht, da kam schon der Kater in Gestalt der Gewerbepolizei. Der ehemalige Hausherr verbot seiner Ausreißerin Kathi auf Grund der §§§ soundso, Absatz soundso, den Gebrauch seines teuren Namens »Dichtelei«. Die Kathi zog ihr dickbesticktes Chiemgauer Sonntagsgewand an, steckte eine Rose, nicht ohne Dornen, ins Mieder und ging zum Rechtsanwalt. Aber der riet entschieden ab. Die Sache begann, brenzlig zu werden.

Da kam eines Abends wieder einmal Albert Langen zur Kathi. Er hatte als Verleger der satirischen Wochenschrift »Simplicissimus« dort eine ganze Reihe von Mitarbeitern als Stammgäste sitzen. Das erste, womit die Kathi ihm in den Ohren lag, war natürlich die »scheußliche G'schicht.«

Dann beichtete sie: Gestern sei Rudolf Wilke ihr Gast gewesen, und dem habe sie auch schon ihre Not geklagt wegen des neuen Namens, den sie für ihr Lokal brauche. Und weil sie so in Stimmung waren, hätten sie den »Simplicissimus« und seinen Verleger hochleben lassen, und dabei sei der geniale Rudolf auf den glänzenden Einfall gekommen, dass die Kathi ihr Lokal auch »Simplicissimus« taufen könnte, was ja für die neue Zeitschrift keine schlechte Reklame wäre. Und so habe sie dem Wilke seinen genialen Einfall »abgekauft« und möchte ihn heute mit dem ganzen Redaktionsstab begießen. Albert Langen wurde zunächst weiß vor Wut – aber seine Mitarbeiter, von denen mehrere an dem Handel beteiligt waren, halfen bei der gelinden Erpressung mit, und um Mitternacht hatte die Kathi ihren »Simplicissimus« in der Tasche, und dazu noch Th. Th. Heines rote »Simpl«-Dogge, die dann, in Pappmache plastisch nachgebildet, auch das Wahrzeichen von Kathis Lokal wurde. Nur bekam der bissige Köter statt der zerrissenen Kette eine Sektflasche zwischen die Zähne.

Obwohl wir unser Wort wahrmachten und der Kathi treuer blieben als manch einer ihrer »Verlobten«, so war der »Simpl«, wie wir bald abkürzten, jahrelang alles andere als ein volles Festlokal. Vergebens streute die Sektflasche der Bulldogge ihren prickelnd-anregenden Appell in den Raum. Wir Stammgäste rund um die Prominenten herum: junge Maler, Grafiker, Schauspieler, Redakteure, Schriftsteller,

Studenten, begnügten uns mit Kathis Bier und Wein, und dies auch nur, so gut und so lang es unsere Kasse vertrug. Sehr häufig half Kathi nach, indem sie Bilder in Pfand nahm. Die Pfänder wurden natürlich selten oder niemals eingelöst; aber dafür wurde Kathi eine namhafte Sammlerin moderner Kunst. Spielte sie dann einmal auf die Einlösung an, bekam sie bis zum Erbrechen die Antwort zu hören: »Aber Kathi, Geld bringt im Jahr nur vier Prozent, der Wert meines Originals steigt pro Monat um zehn!«

Was nicht immer gelogen war. Sie hatte da echte Bilder von Kaulbach, Uhde, Weisgerber, Stuck, Th. Th. Heine, Reznicek und Gulbransson und wer weiß was sonst noch hängen, alles kunterbunt durcheinander. Auch einen Segantini meine ich gesehen zu haben. Manches Monatsende, wenn einer völlig auf dem Trockenen saß, hat die Kathi mit ihrer sagenhaften Wasserknödlsuppe flüssig gemacht, sodass man noch den rettenden Ersten erreichte.

Dafür war die Stimmung prächtig. So viele Talente saßen auf einem Haufen beisammen. Bald hub am Tisch ein Liedl an, bald sprang einer mit einem Satz aufs Podium und jonglierte ein Dutzend Verse in die rauchblaue Luft. Die Kathi hätte nicht die Kathi sein müssen, wenn sie hierin nicht ihre Chance gewittert hätte. Sie brachte in den Unsinn Methode, indem sie den ganzen Strom über das Podium lenkte. Das machte sie, indem sie entweder pro Gedicht oder Chanson einen Kalbsnierenbraten auswarf oder gar, in besonders harten Fällen, auch in die Geldtasche griff. Sie ging dabei äußerst geschäftlich vor. Ich will den Witz nicht unterschreiben, dass das Stück Niere im Braten um so kleiner war, je weniger Verse ein Chanson hatte – aber sie kalkulierte Küche und Dichtkunst genau gegeneinander aus.

An Musikern war kein Mangel. Allerdings hat sich nie eine Kapelle gebildet; das war wohl auch nicht nötig. An sanften Abenden spielte in einer Ecke, unweit der Bank, auf der das »trunkene Genie« Ašbe zu übernachten pflegte – er hatte sich als einziger dieses Recht »ersoffen« – der Maler Sepp Futterer herzergreifend Mundharmonika, oder Agoston wiegte schaukelnd sein geliebtes Bandoneon im Schoß. Über diese Dilettanten erhob sich weit der feurige Dunajec, der Meister aus der Puszta (von dem man allerdings munkelte, er sei in seiner Heimat Schulmeister gewesen). Er pflegte bescheiden von sich zu sagen: »Ick sein Paganini von zwanzickste Jahrhundert!«

Wenn Genie »Meisterschaft« in der Beschränkung ist, so war Dunajec bestimmt eins: Sein Genie beschränkte sich auf die damals so beliebte »Serenade« von Toselli – und auf virtuos angebrachte Handküsse bei den Damen. Diese Schmachtmelodie passte zum pikanten Anekdotengerank um ihren Schöpfer, mit dem die Kronprinzessin von Sachsen durchgebrannt war. Ebenso zum Modebestand der Zeit gehörten der »Kleine Kohn«, »Puppchen, du bist mein Augenstern« oder das Lied von Robinson dem Luftfahrer: »Robinson, Robinson / Fuhr in einem Luftballon/Mit der Jungfer Lilofee / In die Höh', in die Höh'! / Als man wieder runter kam, / War sie eine Jungmadam.« Dunajecs Laufbahn stieg hoch auf: Er errang die Braut – zwar nicht die Kathi selber, aber ihre Oberkellnerin. Alle jedoch stellt Klieber in den Schatten, »der Herr Kapellmeister«. Von ihm wurde behauptet, dass seine heimliche Liebe der Chemie galt – die offenkundige galt dem Alkohol – und wenn er sein Klavierspiel mit orgelhaftem Gesumm und Gebrumm untermalte, konnte man zweifeln, ob er sich nicht in einem brodelnden Laboratorium fühlte und seine Musik nach chemischen Formeln mischte.

Aufgerissen wurde aber das Musik- und Tabakgewölk, wenn der scharfe Strahl eines frechen oder gar gefährlichen Chansons dazwischenfuhr! Man wusste ja von empfindlichen Freiheitsstrafen, die der Staatsanwalt über den einen oder anderen verhängt hatte; Wedekind hatte wochenlang auf der Festung Königstein und manch anderer in Stadelheim »gesessen«. Der Gedanke, dass jeden Augenblick ein »Kriminaler« unter uns aufstehen konnte, hatte einen prickelnden Reiz.

Ich selber hörte am liebsten den unvergesslichen Albert Weisgerber (der mit Franz Marc und anderen eine neue Ära der Malerei einleitete und gleich ihm im Ersten Weltkrieg fiel), wenn er seine Klampfen zupfte und das Bayernlied von König Ludwig anhub:

»Doktor Gudden und der Bismarck,
Den wo man auch den großen Kanzler nennt,
Die haben ihn in 'n See neig'schmissen,
Indem sie ihn von hinten angerennt!
Großer Kanzler, deine Schande,
Die bringet dir gewiss kein Ehrenreis.
Du stundst ihm nicht im offnen Kampfe,
Der Rippenstoß von hinten das beweist!«

Nach diesem bajuwarischen Trutzlied, das laut bejubelt wurde, erhob sich dann wohl mit einem gut einstudierten Ruck, durch den er ein wenig eitel auf sein Holzbein anspielte, Ludwig Scharf und schmetterte seinen Proleten-Song in die Runde:

»Ich bin ein Prolet, vom Menschengetier
Bin ich bei der untersten Klasse.
Ich bin ein Prolet, was kann ich dafür,
Dass ich keine Zier eurer Gasse! ...«

Das klang in seiner tagtäglichen Wiederholung wohl etwas gemacht, aber für die neuen Gäste doch immer eindrucksvoll. Der blassen ungarischen Gräfin, welche die hohe Gemahlin des »Proleten« war, schien dabei jedesmal eine Gänsehaut überzulaufen. Auch Kathi Kobus war von dem schwarzstruppigen Kerl entzückt, es hieß, dass er von all ihren Stars das größte Honorar, zwölf Mark pro Abend, erhielt.

Zwischendurch sprang ich wohl selbst aufs Podium und gab meine »Herrenlose Ballade« zum Besten:

»Bin von denen, die nicht wollen,
Für die der Lehrer Ruten hält,
Von denen, die der Ordnung grollen,
Für die ein Staatsanwalt bestellt ...«

Das ging dann zwar aus pariserischer Ironie mit einem Stilbruch, den jeder bessere Oberlehrer rot angestrichen hätte, in ein aufrührerisches Herwegh-Pathos über:

»Pflanzt auf!« Und durch die Reihen geht
Ein Blitz von kaltem Stahl,
Und auf den Bajonetten steht
Der letzte Sonnenstrahl.
Aufflackert wild der Freiheitstraum.
Volk bricht aus seiner Nacht,
Und von der Barrikade Saum
Die erste Salve kracht!«

Aber das war in jener glücklichen Zeit so böse nicht gemeint. Hinwiederum erinnere ich mich, dass der einzige wahre Revolutionär unter uns, Erich Mühsam, eine der zartesten lyrischen Arabesken vorbrachte, das Kurzgedicht vom Jüngling am Siegestor:

»Ein Jüngling steht am Siegestor,
Der an ein Weib sein Herz verlor.
In Händen einen Blumenstrauß
Schaut er nach der Geliebten aus.
Das ist zwar nichts Besunderes,
Ich aber, ich bewundere es!«

So kamen in diesem Kreis Unzählige zu Wort, die aus den verschiedensten Richtungen der Windrose hier zusammenkamen und nach allen Richtungen wieder auseinandergingen. Da hörte man Georg Queri und Jossip Kosor, da sah man Hans Brandenburg und Detlev von Liliencron. Dieser prägte sich mir durch eine unvergessliche Szene ein. Eines abends, er hatte gerade erzählt, wie er einem Verleger ein Honorar mühevoll erpresst hatte, erblickte er an einem entfernten Tisch eine junge Dame, die sein ganzes Inneres aufzuwühlen schien. Als die Blumenfrau kam, kaufte er, seinem unbändigen Naturell treu wie immer, mit dem Gelde den ganzen Blumenkorb leer, wundervolle Nelken, ging zu der Unbekannten und legte ihr mit einer herrlichen Kavaliersgeste das Bukett zu Füßen.

Die Kathi sah solche Ausgaben nicht gern; sie hätte lieber gesehen, wenn sie durch ihre Kasse gelaufen wären. Denn tatsächlich erlebte der »Simpl« in diesen ersten Jahren mehr intellektuelle als finanzielle Entladungen. Es ging »pfundig« zu, aber im Geiste der sorglosen Verse von Otto Julius Bierbaum:

Winken auch nur billige Pullen,
Butter-, Wurst- und Käsestullen,
Und das Tischtuch ist ein Hemd,
Setzt euch, Brüder, zecht und schlemmt!

Das war ungefähr die Stimmung, – bis auf das Hemd. Das wäre der Kathi zu teuer gewesen. Wenn man sie auf den Geschäftsgang anredete, sagte sie: »Vui Gschroa um an Dreeck!«

PETER PAUL ALTHAUS: Kleine Ansprache

Trinkt euren Wein in Ruhe aus,
denn erst in zwölf- bis fünfzehntausend Jahren –
trinkt euren Wein in Ruhe aus,
wird – wie von Astronauten wir erfahren –

trinkt euren Wein in Ruhe aus,
wird ehestens die zweite Sintflut nahn;
trinkt euren Wein in Ruhe aus,
noch zieht der Mond am Himmel seine Bahn.

Trinkt euren Wein in Ruhe aus,
und lebt so weiter, dick, dumm und gefräßig;
trinkt euren Wein in Ruhe aus,
ihr seid dem lieben Gott zu mittelmäßig!

Früher war's das Künstlerviertel,
Schwabing – Schwabylon.
Heut markieren Viertelkünstler
Schwabing – Babylon.

KAPITEL 6
Menschen und Mächte

LUDWIG THOMA: Eröffnungshymne

Was ist schwärzer als die Kohle?
Als die Tinte? Als der Ruß?
Schwärzer noch als Rab' und Dohle
Und des Negers Vorderfuß?
Sag mir doch, wer dieses kennt!
– Bayerns neues Parlament.

Und wo sind die dicksten Köpfe?
Dicke Köpfe gibt es viel,
Denken wir nur an Geschöpfe
Wie Rhinozeross' im Nil.
Dick're hat – o Sakrament!
– Bayerns neues Parlament.

Wer ist frömmer als die Taube?
Als die milchgefüllte Kuh?
Als der Kapuzinerglaube
Und das fromme Lamm dazu?
Frömmer ist das Regiment
In dem neuen Parlament.

Und was ist das Allerdümmste?
Schon noch dümmer als wie dumm?
Sagt mir gleich das Allerschlimmste,
Aber ratet nicht herum!
Sag' mir endlich, wer es kennt!
Himmelherrgottsakrament!!

BERTOLT BRECHT: Augsburger Kriegsbrief

27. September 1914

Unter dem Donnern der Kanonen, unter Kämpfen und Sorgen geht der Sommer zu Ende. Kaum bemerken wir, dass die Tage kürzer und kühler werden, dass es in der Natur um uns stiller und stiller wird. Wir gehen in Sinnen verloren durch diese Zeit. Unsere Augen sind vorwärts, in die Ferne gerichtet. Der Sinn für Umgebung schwächt sich ab. Was kümmert es uns, dass sich die Natur noch einmal schmückt, noch einmal aufleuchtet in ihrer ganzen Pracht ...

Die Tage sind schön und sonnig. Es ist, als ob die goldene Sonne, die nun auch schon ein bisschen schwächer wird, noch einmal all ihre Zärtlichkeit beweisen wollte, wenn sie durch die Wipfel der Kastanienbäume schimmert, goldgelbe Flecken auf braune Blätter malt.

Eine wehe Müdigkeit, eine milde Schwermut in der Natur kündigt an, dass das große Sterben der Natur anhebt. Noch leuchtet die Sonne Tag für Tag über der herbstlichen Landschaft. Aber die großen Stürme nahen heran, nahen – fast scheint es so – von der müden Natur erwartet.

Und als ich neulich ein wenig versonnen am Friedhof draußen in der Haunstetterstraße vorbeiging, da glaubte ich zu sehen, dass heuer die Natur noch schöner, noch festlicher geschmückt sei als in anderen Jahren.

Und ich dachte, dass ein großes, schweres Totenfest gefeiert werden würde, wenn die großen Stürme Allerseelen einläuten.

Ein sonniger Herbsttag ...

Durch die Straßen der Stadt, hinaus auf die Felder, nach Wallfahrtsorten zieht eine Prozession. Es ist ein langer, langer Zug, es sind Hunderte von Menschen.

Auf den weiten Landstraßen, den Alleen, ziehen sie dahin, Männer und Weiber und Kinder. Ihre roten Purpurfahnen leuchten zwischen dem braunen Laub der Bäume, die den Weg säumen.

Ihr Weg führt zwischen braunen Äckern und gelblich-grünen Wiesen hin. Endlos bewegt sich der Zug über die Felder.

Ein Priester im weißen Chorrock schreitet ihnen voran. Es ist ein alter Mann mit schönem, ruhigem Greisengesicht. Seine dunklen Augen wandern über die Felder in stummem Gebet.

Unter den Wallfahrern sind viele vergrämte Gesichter, denen die

Not der Zeit Runen ins Gesicht schnitt. Eine ärmlich gekleidete Frau führt zwei Kinder an den Händen. Die schauen ernst und bewusst darein. Wenn die Mutter auf sie niederschaut, kommt ein seltsam weher, scheuer Ausdruck in ihr blasses Gesicht. Und dann ist es jedesmal, als bewegten sich die Lippen in hastigerem Gebet …

Ganz allein schreitet ein kleines Mädchen mit im Zug. Sauber und nett gekleidet, nicht über sieben, acht Jahre alt, geht es mit zierlichen Schritten, das liebe Köpfchen gesenkt. Manchmal sieht das Kind zur Seite, über die Äcker hin. In den dunklen Augen, in der strammen Haltung ist viel Selbstbewusstsein und ein wenig unbewusste allerliebste Koketterie. Es ist, als wüsste das eifrig betende Kind, welch ein reizendes Bild es biete in seinem roten Röckchen und seiner tapferen Andacht.

Nicht weit davon geht ein alter Mann mit. Er geht mit schweren, müden Schritten. Sein Gesicht ist ernst und still. Es ist etwas Erschütterndes, Ernstes in dem Blick, mit dem er hinaus in die Natur sieht. Vielleicht betet er für einen Buben, den er draußen im Feld hat, der vielleicht zur selben Stunde schon, im selben Sonnenschein mit zerrissener Brust in einem Acker liegt …

Weit, hinten, ein wenig abseits, auf dem Fußweg geht eine besser gekleidete Frau mit einem Gebetbuch in der Hand. Ihre Lippen sind fest geschlossen. Es ist, als schäme sie sich, den Bittgang mitzumachen. Scheu suchen die Augen den Weg entlang. Was wohl sie heraustreibt, zu ihrem Gott treibt … ob das nicht der Krieg ist?

Es sind viele vergrämte Gesichter darunter. Langsam und feierlich zieht die Prozession dahin durch die herbstlichen Felder.

Die roten Fahnen leuchten in der Sonne, und der leise Wind schüttelt welke Blätter über betend gebeugte Häupter.

Die Kunde von der Tat des U 9 wirkt wunderbar befreiend.

Vor jedem fünften Haus sammeln sich die Leute vor einem Telegramm.

»Sakra, sakra, dös haut«, grinst ein Arbeiter, »drei auf oamal. Wenn dia so weitermachn, no is net g'feit. Gschiecht scheint's do was, wenn wir a nix her'n! Sakra, sakra, drei auf oamal!« Damit drängt er sich fort.

»Ma sollt net glei a so unz'friedn sei, wann ma a bar Schtundn nix hert …«, sagte ein anderer. – »So isch grad mit der Feldposcht. Do jammerns aa d' Leut, wenn amol net alles glei klappt.«

Ja, die Feldpost! Was muss die sich alles für Beleidigungen gefallen lassen am Stammtisch.

»O mei, do bisch reiglegt, wannst an d' Feldposcht glaubscht!« – Zeahn Täg z' spat und dann an die falsch' Adress ...«– »Kimmt do a Paketl, des wo i mein Aloisl geschickt han, z'rick mit der Bemörkung: Adressat unbekannt. Kreizteifi, san mir verschrockn. Und zwoa Stundn drauf kimmt a schon a Briaf vom Aloisl, dass a xund isch, do feit sie nix.« – »Und wanns nur wenigstens die Sachn, dias z'ruckschickn und die wo kaput san durch die Schererei, an die anderen verteilen täten, wanns den Adressat nit findn ...«

Das sind so die Aussprüche, die sich ganz »kommod« anhören, aber unsere Bayern sind keine Freunde der Sentimentalität. Im Innern sieht die Sache schon ernster aus.

Wenn so eine Bemerkung »Adressat unbekannt« ins Haus kommt, ist das kein Vergnügen. Da gibt es sorgenvolle Gesichter. Da fallen bittere Worte. Wenn auch die Feldpost unschuldig ist, was man sicher glauben kann, für die Daheimgebliebenen ist es »halt schwer, halt so kreizschwer ...«

Die daheim wollen Kunde, immer neue, fröhliche Kunde.

Dann glätten sich wieder die Stirnfalten, leuchten die Augen, wie diese Woche bei dem Bericht von der Heldentat des U 9.

Berthold Eugen

LION FEUCHTWANGER: Cajetan Lechners rauester Tag

Der Altmöbelhändler Cajetan Lechner saß im Kapuzinerbräu, als dort die Revolution ausbrach. Hörte mit an den historischen Schuss, die Rede Kutzners, schaute mit eigenen Augen, wie der Führer und der Staatskommissar Hand in Hand auf dem Podium standen. Das Herz ging ihm auf. Schon sah er wieder das Schrankerl in deutschem, in seinem Besitz, träumte schon das gelbe Haus befreit von seinem fremdrassigen Räuber. Gewaltig in das blaugewürfelte Taschentuch schneuzte er, mächtig aus dem kropfigen Hals schrie er Heil. Viele Krüge Bieres leerte er. Nur eines wurmte ihn in dieser historischen Nacht: dass er seinen Fotografenapparat nicht mit hatte, dass er nicht für die Nachwelt in einem künstlerischen Bild hatte festhalten können den grauen Tonkrug, aus dem der Führer sich stärkte nach der Verkündigung der nationalen Einheit, oder die beiden Hände, des Kutzner und des Flaucher, wie sie vereint lagen im Treuschwur.

Die Nacht rückte vor. Von außen immerzu der Trommelwirbel anziehender Truppen. Ordonnanzen und Kellnerinnen mit Ordern und Bier. Allmählich wurde der Alte müde. Aber er ging nicht nach Haus, er schlief, zusammen mit vielen andern, im großen Saal des Kapuzinerbräus, der als Heerlager hergerichtet war.

Nicht aber schliefen die Führer. Sie wachten, sie regierten. Im ersten Stock hatte Kutzner sein Oberkommando aufgeschlagen. Alles war gut abgelaufen, es war auch ohne den Klenk gegangen, er hatte die Miesmacher strahlend widerlegt. Er arbeitete, erließ Aufrufe, verkündete das Standrecht, die Einsetzung eines nationalen Staatstribunals.

In der Stadt unterdes feierten die *Wahrhaft Deutschen* ihren leichten Sieg. Verwüsteten das Gebäude der verhassten Linkszeitung, plünderten es aus, zerschlugen die Maschinen, die Setzkästen, schmissen johlend die Büsten der Sozialistenführer zum Fenster hinaus. Verhafteten an Hand einer schwarzen Liste Parteifeinde aller Art, Abgeordnete und Stadträte der Linken, Juden in gehobener Stellung. Schleppten die Gefangenen herum, unterhielten sie durch langsame, umständliche Erwägungen, wo und wie man sie am besten erledige, ob durch Hängen an diesen Baum oder an jenen Laternenpfahl, ob durch Erschießen an dieser Mauer oder an jenem Sandhaufen. Besonders Missliebige wurden gröblich misshandelt, bespuckt, ihrer Kleidung beraubt. Man hielt Kriegsrat über sie, führte sie mit vorgehaltenen Maschinenpistolen in ein Gehölz, eröffnete ihnen, jetzt sei es soweit.

Kutzner und Vesemann, im provisorischen Oberkommando, erließen noch immer Aufrufe. Die Nacht rückte vor, gewisse Nachrichten aus den Kasernen, die längst da sein mussten, wollten nicht eintreffen. Man telefonierte nach Flaucher, nach dem Landeskommandanten, schickte Kuriere, ersuchte, forderte, befahl. Die Herren blieben verschwunden. Ein Gerücht kam auf von einem Rundtelegramm Flauchers, er lehne den Putsch ab, erkläre die mit Waffengewalt erpresste

Stellungnahme für ungültig. Andere Meldungen kamen, die Reichswehr stehe hinter Flaucher, auswärtige Polizei, auswärtiges Militär sei im Anmarsch. Kutzner wollte die Gerüchte nicht wahrhaben, erklärte hochfahrend, er sei bereit, zu kämpfen und zu sterben. Allein das war eine Geste. Seine innere Freude entwich wie Luft aus einem angestochenen Reifen. Die alte Lähmung war wieder da, die peinliche Erinnerung an das Abendessen in der Rumfordstraße, an das Geflenn und Geschrei seiner Mutter.

Im Hauptsaal der Möbelhändler Cajetan Lechner schlief nicht gut. Der Raum war voll Rauch, roch nach Menschen und Bier. Der Morgen kam herauf, die alten Knochen taten weh. Aber dann kriegte er Kaffee und ein Gewehr. Seine Zuversicht hob sich, sein Humor war wieder da. Es wurde acht Uhr, zehn Uhr, man wartete, es gab Bier und Weißwürste. Endlich hieß es, jetzt sei es soweit. Auf geht's. Antreten zu einem Demonstrationszug, Richtung Zentrum, Marienplatz.

Der Gauleiter Erich Bornhaak hatte den Demonstrationszug vorgeschlagen. Es war Blödsinn, hier untätig herumzuhocken, sich auf die Eroberung des Kapuzinerbräus zu beschränken, sich von Flaucher den Weg vorschreiben zu lassen. Ob der nun umgefallen war oder nicht, ob die Möglichkeit bestand, ihn, war er umgefallen, zu einem zweiten Umfall zu bewegen, das war piepe. Begeisterung war in der Stadt, ein großer Teil der Reichswehr stand zu ihnen, auch gegen die Vorgesetzten. Ein Demonstrationszug, selbst gegen Flaucher, wird bald erweisen, woran man ist.

Es war ein ansehnlicher Zug, bestehend freilich zumeist aus sehr jungen Leuten. Kutzner und Vesemann schritten voran, beide in Zivil, flankiert von Soldaten mit aufgepflanztem Seitengewehr. Man marschierte in Zwölferreihen. Cajetan Lechner war in der vierzehnten Reihe. Er nahm sich wunderlich aus mit seinem weißlichen Schnauzbart, dem mächtigen Kropf, den angegrauten Koteletten unter diesen strammen jungen Leuten: aber er stellte seinen Mann. Man hatte Kaffee im Leib, auch Bier und Würste, man marschierte, an der Spitze Vesemann und der Führer, und indem man marschierte, siegte man. Heute eroberte man München, morgen Bayern, in einer Woche das Reich, in einem Monat die Welt. Am Straßenrand standen Leute, winkten, schrien Heil. Eine erkannte Cajetan Lechner ganz genau, das war die Hofrätin Beradt, die Alte aus dem Prozess Krüger. Sie

146

verteilte Astern und Zigarren, und bei ihr ging es ganz wild auf mit Heil und Hurra.

An der Ludwigsbrücke stand Polizei. Es waren schäbige zwölf Mann. Auf den Pfiff eines Offiziers warfen sich die ersten zwei Reihen der *Wahrhaft Deutschen* auf die Polizisten, spuckten sie an, entwaffneten sie, überwältigten sie, führten sie ab. Der alte Lechner schaute angeregt; so also war das, wenn man siegte. Geschwellt marschierte er weiter, der innern Stadt zu. Zweibrückenstraße, Theatinerstraße, Marienplatz. An den Mauern die Anschläge der neuen nationalen Regierung sind heruntergerissen. Neben ihren Resten kleben andere Plakate, Proklamationen Flauchers: in seiner Hand ruhe die gesamte vollziehende Macht des bayrischen Staates; wer sich Kutzner und Vesemann anschließe, werde als Hochverräter behandelt. Herunter mit den Sauplakaten. Wahrscheinlich ist es nur ein jüdischer Dreh. Weiter. Perusastraße, zur Residenz, zur Feldherrnhalle.

Was? In der Residenz liegt Landespolizei? Will absperren? Das wäre ja noch schöner. Die kämen uns recht, die Bazi, die elendigen. Man staut sich, schreit, fuchtelt. Der Altmöbelhändler Lechner kann nicht recht erkennen, was eigentlich los ist. Soviel sieht er: um die Feldherrnhalle herum kommt Reichswehr. Gehört sie zu uns oder zu den andern?

Ein Knattern. Die schießen ja. Wer schießt? Einige fallen um. Jesus Maria und Josef, hat es die gerissen? Einer, wie er umfällt, drückt den Bauch hoch wie bei einer gymnastischen Übung. Auch die andern, denen offenbar nichts geschehen ist, schmeißen sich hin. Er selber, der alte Lechner, schmeißt sich hin, einfach in den Dreck, trotzdem er seinen schönen Rock anhat.

Ein Fuchs, auf der Flucht, in höchster, Todesgefahr, das hat man mehrmals beobachtet, beißt unterwegs schnell noch eine Gans tot und schleppt sie mit. Der alte Lechner, wie er in der Residenzstraße an der Feldherrnhalle im Dreck liegt und mit nie erlebter Anspannung alle seine Gedanken darauf richtet, aus der Gefahr herauszukommen, ringsum äugend, was geschieht und wie sich die andern anstellen, findet Zeit, einige allgemeine und einige besondere Beobachtungen zu machen. So ist das also, mein Lieber, mit Krieg und Schlacht und Vorstürmen, mit Vaterland und Revolution. Verflucht ungemütlich, Herr Nachbar. Eine Sauerei, Herr Nachbar. Er sieht das graue Auto des Führers, wie es umdreht, wie es mit Vollgas, rücksichtslos, durch die dichten Menschen davonfährt. Wie gern säße er darin. Es kommen noch ein paar Schüsse. Er sieht, vom Boden aus schräg hinauf lusend, wie die Kugeln an der Mauer zerspritzen. Schad, dass er seinen Apparat nicht dabei hat. Einige richten sich hoch, laufen fort, geduckt. Trampeln über ihn weg. Herrschaftseiten, das war sein Arm. Schießen die weiter, die Saubazi? Eine Mauer her. An der Mauer zerspritzen die Kugeln. Er möchte hinter so eine gute, steinerne Mauer, durch die die Kugeln nicht durchkönnen. Jetzt ist schon wieder einer auf seinem Rücken. Hundskrüppel, saugrober. Das ist doch keine Art nicht. Eine Kugel kommt geflogen, gilt sie mir oder gilt sie dir? Gescherter Rammel. Er schnauft, es wird ihm weh und weich am ganzen Leib.

Er will da fort. Er wird jetzt einfach fortlaufen. Es scheint stiller, es hat ganz kurz gedauert. Rings um ihn die meisten stehen auf, äugend, laufen, verdrücken sich. Es ist schon ganz leer um ihn. Der Boden ist bedeckt mit Waffen. Herrgottsakra, hier treten sie ihn noch zu Tod. Er richtet sich hoch, auch er. Schon schiebt es ihn mit, reißt es ihn mit in eine Seitenstraße.

Hier, Gott sei Dank, ist es still, hier fliegt nichts herein, hier ist es gut. Jetzt merkt er erst, wie schwach er ist, weich und weh und überall wie aus Watte.

Die Schießerei hatte keine zwei Minuten gedauert. Vor den ersten Kugeln der Reichswehr war der ganze Zug zerstoben. Nicht allen aber war das gut hinausgegangen wie dem Cajetan Lechner, nicht alle waren zerstoben; viele Verwundete lagen, achtzehn Tote auf dem Odeonsplatz.

Unter ihnen zum Beispiel der Gymnasiallehrer Feichtinger. Er hatte mitgeholfen, den Mann Krüger zu verurteilen. Dann hatte er zwei blaue Hefte benötigt, war, um sie zu kaufen, erst am Isartorplatz umgestiegen statt am Stachus, war bestraft worden, hatte sich erbittert dem Kutzner angeschlossen. Nun lag er vor der Feldherrnhalle. Er war sein Leben lang stolz darauf gewesen, dass ihm die Brillengläser nie zerbrochen waren. Sie waren auch jetzt unversehrt; aber der Gymnasiallehrer Feichtinger war tot.

Einer der Führer auch lag unter den Erschossenen. Der Windige hatte mehr Kugeln pfeifen gehört als die meisten im Zug; sie machten ihn nicht nervös, er wusste, wie man sich am besten davor schützt. Drei Jahre lang war er an Punkten der Erde gewesen, wo es Kugeln gab wie Regentropfen; jetzt, hier, auf dem gemächlichen Odeonsplatz, hatte es ihn ereilt. Da lag er, zu Füßen der fragwürdigen Feldherren, blutlos die eben noch sehr roten Lippen, keine Augenweide mehr.

Der Altmöbelhändler Cajetan Lechner stand in seiner Seitenstraße. Er zitterte, er war sakrisch erschöpft: aber er lebte. Vor ihm, neben ihm drückten Menschen in ihn hinein, pressten. Er stand gepresst an eine mächtige Haustür, eine breitflügelige. Da wird nichts zu machen sein, die ist bestimmt abgesperrt. Trotzdem, mühselig, griff er nach der Klinke, suchte, drückte gegen die Klinke. Siehe, ein Teil der Tür öffnete sich. Er war in einem weiten, hellen Hausgang. Gleich wieder schloss er die Tür, mechanisch. Es war besser, wenn da nicht zu viele mit hereinschwappten.

Es war eine gute Tür, die wohl keine Kugel durchließ. Wenn nur nicht das Gewehr so merkwürdig an ihm herumbaumelte. Er möchte das Gewehr los sein, ums Leben gern. Dann wäre er die ganze Sache los und hätte mit den Kugeln nichts zu schaffen. Er tappte die niedrigen Steinstufen hinauf, zum ersten Stock. Dort war ein Schild: Dr. Heinrich Baum, Dr. Siegfried Ginsburger, Rechtsanwälte. Er läutete. Er hoffte nicht, dass man öffnen werde. Aber schau an, die Tür klinkte auf. Ein Fräulein fragte ihn, was er suche. Er antwortete mechanisch, er wolle zum Herrn Rechtsanwalt. Man ließ ihn ein. Ein jüngerer, hagerer Mensch mit nicht unguten, bebrillten Augen fragte ihn, was er wünsche. Cajetan Lechner sagte: »Ja mein, ja mein.« Er nahm das baumelnde Gewehr von der Schulter, lehnte es an ein Aktengestell. Es wollte nicht stehen. Er hielt es auf der einen Seite, auf der andern, behutsam; er dachte, wenn es falle und scheppere, dann sei es ganz aus. Schließlich, leise, sehr vorsichtig, legte er es quer über den Schreibtisch. Dann sagte er: »Herr Doktor, ich hätte eine Bitte. Dürfte ich austreten?« Der Anwalt zeigte ihm selber den Weg.

Cajetan Lechner, die Tür hinter sich verriegelnd, atmete auf. Das war ein hartes Rennen gewesen, aber er hatte es gemacht, und jetzt war er in Sicherheit. Er hockte da, atmete. Dann, ruhiger geworden, säuberte er sich umständlich. Das war eine schwere Arbeit, und sie gelang nicht restlos; denn er hatte sich übel bekleckert.

Er blieb lange in der guten Sicherheit hinter der versperrten Tür. Umständlich, mit noch zitternden Gliedern, zog er sich wieder an. Dann nahm er die Binde mit dem indischen Fruchtbarkeitsemblem vom Ärmel, warf sie in die Schüssel, zog die Spülvorrichtung. Die

Binde wollte nicht hinunter. Er nahm eine Art Besen und stopfte sie vollends hinein. Dann, befriedigt, setzte er sich noch eine Minute. Endlich, leise aufseufzend, verließ er den Raum.

Er wollte sich drücken; aber das Schreibfräulein führte ihn von Neuem zu dem Anwalt. »Was wünschen Sie?«, fragte freundlich der bebrillte Herr. »Eigentlich nichts weiter«, sagte Cajetan Lechner. »Nichts für ungut, Herr Doktor«, sagte er zutunlich. »Was bin ich schuldig?« »Nichts«, sagte der Anwalt. »Nur: was soll ich mit dem Gewehr?«, fragte er. Cajetan Lechner zuckte die Schultern. »Wollen Sie es nicht mitnehmen?«, fragte der Anwalt. »Nein, nein«, sagte mit entsetzter Abwehr Cajetan Lechner.

Der Anwalt trat ans Fenster. Von der Straße kam nur noch wenig Lärm. Cajetan Lechner hockte da, schweigend. Es war ein großer, kahler Raum; doch er gefiel ihm besser als irgend ein andrer Raum, den er kannte, und er wollte möglichst lange bleiben. »Jetzt, scheint es, schießen sie nicht mehr«, sagte am Fenster der Anwalt und wandte sich langsam um. Der alte Lechner stand schwerfällig auf. »Also dann geh ich halt«, sagte er. »Dann sage ich halt: Vergelt's Gott.« Er schob sich hinaus. Vor der Tür stand er lange und schaute das weiße Schild an mit den schwarzen Buchstaben: Dr. Heinrich Baum, Dr. Siegfried Ginsberger. Das sind Juden, stellte er fest.

Auf der Straße war es unfreundlich, kalt. Dem Cajetan Lechner war noch immer, als baumle ihm das verflixte Gewehr um die Schulter. Er fühlte sich schwach in den Gliedern, hatte Hunger, das Bedürfnis, sich richtig zu waschen. Aber er hatte eine große Scheu davor, nach Hause zu gehen an den Unteranger. Auch in kein Restaurant traute er sich; ihm war, jeder müsste ihm ansehen, wie übel er sich bekleckert hatte. Er strich durch die Straßen, erschöpft. Gelangte schließlich in die Isarauen. Ging immer weiter. Harlaching, die Menterschwaige. Schlank und hoch, spannte sich die Großhesseloher Brücke. Er setzte sich auf eine Bank, schaute auf den Fluss, der graugrün und unabänderlich vorüberrollte. Er hatte ernstlich gehofft, durch den Kutzner das gelbe Haus zu kriegen und vielleicht auch wieder das Schrankerl. Jetzt hatte sich der Kutzner als ein Narr und ein Schisser erwiesen und er selber auch nicht als bayrischer Löwe, und er war keineswegs hochgekommen, sondern auf diese Bank. Die Großhesseloher Brücke zog ihn an. Sie war sehr hoch, ein beliebtes Ziel aller Selbstmörder, von ihr sprang sich's tief und sicher. Von ihr waren zahllose Dienstmädchen aus ihrem Liebeskummer, zahlreiche verelendete Dreiquartelprivatiers aus ihrem Hunger und Gewurstel für immer herausgesprungen. Wenn es Sommer wäre, dachte der Cajetan Lechner, dann könnte man schön kommod ins Wasser gehen: so muss man springen. Denn plötzlich war er fest entschlossen, seinem versauten Leben ein Ende zu machen. Gestern, wird es in der Zeitung heißen, sprang der geachtete Altmöbelhändler Cajetan Lechner von der Großhesseloher Brücke in die Isar. Die Schande trieb ihn in den Tod.

Müd und steif schleppte er sich auf die Brücke. Kinder spielten dort, Lausbuben, so zwölf- oder vierzehnjährige, sie spielten Kutzner und Flaucher. Der alte Cajetan Lechner schwang sich mit krachenden Knochen auf das Brückengeländer. Es war kalt. Ein heftiger Husten überkam ihn, er zog sein blaugewürfeltes Taschentuch, schneuzte sich. Die Buben waren aufmerksam geworden. »Da kommt her«, schrie einer, »da springt einer ab, das wird fein.« Sie sammelten sich um den alten Lechner, erwartungsvoll, ihn durch wohlwollende Zurufe anfeuernd.

Cajetan Lechner hockte auf dem Brückengeländer, die Knaben störten ihn. Wenn die so damisch herstierten, da konnte eines nicht auf einen vernünftigen, weihevollen letzten Gedanken kommen. »Fahrt ab, Saububen, dreckige«, sagte er. Aber die dachten gar nicht daran. Sie debattierten, wie hoch die Brücke sei, und ob einer da schon durch den Luftdruck getötet werde oder erst unten zerschmettere. Sie hatten ähnliches im Film gesehen, sie waren sachverständig und sehr gespannt auf die Wirklichkeit.

Der alte Lechner hockte auf seinem Geländer. Es war verflucht kalt, die Füße waren ihm ganz steif, da kriegte man ja das Reißen. Eigentlich war ihm die Stimmung vergangen. Doch er genierte sich vor den Buben, so unverrichteter Dinge wieder herunterzusteigen. Sie hatten ganz recht, er war ein Unwürdiger, es gehörte sich, dass er da hinuntersprang. Er suchte sich anzufeuern, sich seinen ganzen Jammer vorstellend. Die Buben schimpften, dass er sie so lange warten ließ. Aber der Appetit war ihm ebenso rasch vergangen, wie er ihm angeflogen war. Da half kein Anfeuern mehr; wenn eines nicht in Stimmung ist, dann kann man nicht verlangen, dass man da hinunterspringt. Grimmig aus seinen wasserblauen Augen schaute er auf die Knaben, stieg umständlich herunter vom Geländer, schimpfte: »Rotzbuben, dreckige, gescherte Lackel, Saubagage, damische«, trollte sich. »Schisser, Hundskrüppel, elendiger«, derbleckten ihn die Buben zurück.

Er schleppte sich wieder zur Bank, todmüde, als müsste er jeden Knochen einzeln vor sich hertragen. Hinter ihm klang es noch immer: alter Saubartel, Hundskrüppel, dappiger, Lahmarsch, trauriger. Er möchte gerne länger ausruhen, trotz der Hundsbuben. Allein wenn er auf der Bank sitzenbleibt, dann erkältet er sich auf den Tod.

Er ging zurück zur Stadt. Jetzt waren überall die Plakate Kutzners abgerissen, nur mehr die Plakate der Regierung klebten. Er stellte sich vor solch einen Anschlag, las, ohne zu begreifen. »Der Schuft von einem Flaucher, der Verräter, der Hundling«, schimpften die Leute. »Ja, ja«, sagte Cajetan Lechner. Wenn einer ihn anschaute, glaubte er, er schaue schief, rieche ihm seine Schande an.

Schließlich, getrieben von Schwäche, traute er sich doch in eine Wirtschaft. Er aß eine Leberknödelsuppe. Erst aß er mechanisch, gierig, aber dann schmeckte es ihm, und er bestellte eine saure Lunge, und hernach bestellte er einen Kalbsbraten. Dazu trank er ein Bier, und noch eins, und dann trank er Kaffee. Er saß lange in der rauchigen Wirtschaft, es war warm, er dunstete aus. Das war ein böser Tag gewesen. Das Schrankerl hin, das gelbe Haus hin, die Ehre hin. Unwürdig war er, so benahm man sich nicht als Hausbesitzer und Vizepräsident der Grüabigen.

Aber es war doch gut, hier zu hocken. Wie die Kugeln an der Mauer zerspritzten, das war scheußlich gewesen. Jetzt hatte er einen Kalbsbraten und eine saure Lunge im Magen, und sein Gewehr war er auch los und die Armbinde, und jetzt geht er ins Volksbad und badet.

Er zahlte und gab ein reichliches Trinkgeld. In der Trambahn, auf der Fahrt zum Volksbad, schauten sie ihn schon wieder so an. Dann lag er in der Wanne. Er blickte träumerisch auf die Inschrift, dass man nach fünfundvierzig Minuten die Badezelle wieder verlassen haben müsse, und dass der Friseur im Hause sich auch für Fußpflege empfehle. Schade, dass man nur so kurz in der Wanne bleiben durfte. Der Lechner hatte das Gefühl, als spüle er mit jeder Minute mehr von dieser damischen Revolution und von seinem unwürdigen Revolutionsadam fort. Aber er musste bald heraus aus der blassblauen Wärme und wieder in seine beschmutzten Kleider.

Seufzend fuhr er nach Hause. Wenn man die Kinder brauchte, dann waren sie nicht da: heute, wo er die Wohnung leer hoffte, da hockte natürlich die Anni und wartete auf ihn. Sie hatte eine Mordsangst ausgestanden. Es hatte so viele Tote und Verwundete gesetzt, sie wusste, er war dabei gewesen, und er war die ganze Nacht und den ganzen Tag nicht nach Hause gekommen.

Er hatte für ihre Fragerei ein nichtssagendes, mürrisches Gebrabbel. Verlangte ins Bett; er fürchtete das Reißen oder wenigstens einen starken Schnupfen, sie solle ihm einen Fliedertee machen. Hastig, während sie ihm den Tee bereitete, zog er sich aus, suchte die Wäsche vor ihr zu verstecken. Sie brachte ihm eine Wärmflasche und das heiße Getränk. Er schwitzte, brummte, fühlte sich wohl. Aber ganz ausschwitzen konnte er seine Unwürdigkeit und Schande nicht. Soll ihn der Hautseneder frotzeln: er hat keine Lust mehr, Hausbesitzer zu sein. Nie mehr wird er vergessen, wie es ihm weich und weh um den Leib war. Er wird sich nicht mehr einmischen in die Händel der Großkopfigen. Ein solcher wie er muss froh sein, wenn sie ihm sein Bier, seine saure Lunge und seine Ruh lassen. Er wird sich überwinden und wird ohne ein Wort zuschauen, wie in Zukunft bei den Grüabigen ein anderer den Vize macht.

Oskar Maria Graf: Die Episode von Troglberg

Im letzten Viertel des Februar anno 1933 ging es in Troglberg merkwürdig zu. Die Ortschaft ist die umfänglichste in dieser reichen Getreidegegend und zugleich Pfarr- und Gemeindesitz. Rundherum in dem hügelarmen Flachland verschlafen größere und kleinere Nachbardörfer und etliche Einödhöfe die Zeit. Außer wohlbestellten Handwerksleuten und Krämern bildet dort auch heute noch der Bauer das Hauptelement. Er hat den Ersten und den Zweiten Weltkrieg ohne erheblichen Schaden überlebt, und die politischen Ereignisse und Veränderungen, die inzwischen eingetreten sind, haben ihm eigentlich mehr Vorteile als Nachteile gebracht. Jedesmal, wenn der Wert des Geldes hinschwand, war für ihn eine »reiche Zeit«. Das, was er besaß, litt nicht darunter, im Gegenteil! Und das, was er aus den Äckern, den Wäldern und aus dem Stall herausholte, stieg und stieg im Preise. Es stieg so sehr, dass er sich für das gesunkene Papiergeld, das ihm in einer nie geahnten Fülle durch den Verkauf seiner Produkte zufloss, mit

Leichtigkeit moderne Mähmaschinen, Heurechen, Traktoren, Elektroanlagen und alle sonstigen Gerätschaften kaufen konnte.

Veränderungen – das weiß man – mag der Bauer nicht. Er hängt ohne Bigotterie an seinem gewohnten Glauben, ohne ihn besonders ernst zu nehmen. Die Politik hat ihn noch nie interessiert und gegen alles Amtsmäßige – vom einfachen Landgendarmen über das Finanzamt bis hinauf zur jeweiligen Regierung – hegt er seit jeher ein unausrottbares Misstrauen. Jeder Verordnung, jedem Gesetz gegenüber steht er in Abwehr, denn – sagt er sich – alles ist Schwindel, und man muss nur so gescheit sein, all diesen Widerwärtigkeiten auf die schlaueste Weise auszuweichen. Nach Troglberg drang aber im Jahre 1933 dennoch die Politik. Seit dem 30. Januar war Hitler Reichskanzler und hatte Wahlen ausgeschrieben. Aus München kamen Redner der verschiedenen Parteien, und beim »Postbräu« fanden laute Versammlungen statt. Einmal schrie so ein Referent: »Hitler, das ist der Ruin unseres Bayernlandes und unseres Bauernstandes!« Ein anderes Mal wieder kamen uniformierte Nationalsozialisten auf einem Lastkraftwagen dahergefahren, warfen massenhaft Flugzettel ab und nahmen stramme Aufstellung vor dem Rednerpult.

»Hitler, Bauern, Adolf Hitler ist die einzige Rettung für Euch! Nur er ist imstande, das Bauernelend zu beheben und wieder Ordnung zu schaffen!«, predigte so ein Uniformierter vom Podium des Postbräusaales herunter und wetterte in saftigen Ausdrücken gegen das jetzige »System«, gegen die Juden, gegen den Reichskanzler Brüning und gegen die künstlich niedergehaltenen Preise für landwirtschaftliche Produkte. Da hörten die Bauern gern hin, aber – mein Gott – reden lässt sich leicht. Immer war es doch so gewesen bei solchen Wahlen: Jeder versprach das Blaue vom Himmel herunter, heute galt der und morgen jener als »einziger Retter« und zum Schluss blieb alsdann doch wieder alles beim Alten.

Zudem war es damals mitten in der Fastnachtszeit. Wenn der Mensch sich das ganze Jahr plagt und schindet, will er auch einmal lustig sein. Grad da kamen diese wichtigtuerischen politischen Spektakelmacher in einem fort daher. Das war den Bauern zuwider. Der Veteranen- und Kriegervereinsball verlief gut, aber bei dem vom Gesangverein machten sich etliche Nationalsozialisten aus dem Bezirksort Antelsberg dadurch unbeliebt, dass sie uneingeladen daherkamen und alsdann, weil man sie – um keine Missstimmung aufkommen zu lassen – einfach als »Masch-

kerer« ansah, rüpelhaft wurden. Nur der Besonnenheit des Postbräu-
wirtes Schmaus gelang es, vermittelnd einzugreifen, sonst wäre eine
wüste Rauferei herausgekommen. Seither aber waren die Bauern ver-
schnupft. In jenem letzten Februar-Viertel also hockten sie wie alljährlich beim »Postbräu« zusammen und berieten den traditionellen Fast-
nachtszug, und weil jeder etwas gegen das zuwider Umsichgreifen der
Politik hatte, darum war man schnell einig und kam auf lustige Ideen.

»Passt's auf«, verkündete der Bürgermeister Wenwieser, »diesmal
muaß unser Zug ganz wos Extrigs werdn.« Acht Tage darauf sollte sich von Eglberg über Windegg, von da aus nach Lattlfing über
die hügelig gelegenen Einödhöfe von Schmerhof nach Troglberg der
Maskenzug der Bauern bewegen. In Troglberg selber war ein großer
Umzug geplant und der dazugehörige Schlussball im »Postbräu«.

»Du machst an Hitler!«, wies der Bader Lingl dem Schmied Banzer als Rolle zu und alle lachten.

»Ja, und du windiger Bartstutzer, du machst an Eisner von der Revolution anno 18«, meinte der Schmied lustig, »wisst's wos? Mir loss'n
dö ganze G'schicht seit'm Krieag spiel'n.« Das rief den schönsten Beifall hervor und jedem fiel eine neue Lustigkeit ein. Den bayrischen
Löwen wollte man auf einem verzierten Heuwagen mitführen, unter
seinen Tatzen einen Preußen. Ganz zuletzt, als Abschluss, schlug der
Postbräuwirt vor, da sollt' man unseren König Ludwig II. in einer
offenen Chaise fahren lassen, darüber ein schönes Blumengewinde:
»Dich vergisst kein echtes Bayernherz!«

Drei Musikkapellen, der Gesangverein und die Schützen machten
mit. Eine wunderbare Stimmung war nach all dem Beraten, und viele
hatten einen Mordsrausch, als man endlich tief in der Nacht ausein-
anderging.

Die ganze Woche hindurch arbeiteten alle Beteiligten fieberhaft, und
wirklich, an jenem »narrischen« Montag – er fiel auf den 27. Februar
–, als der Zug sich in Eglberg aufstellte, gab es von allen Seiten Belobi-
gungen und ein wildes Gelächter. Mit frischem Lärm und mit Spekta-
kelmusik, mit Schießen und Juchzen ging es aus dem Dorf hinaus.

Es war Nachmittag. Der Schnee blinkte in der Sonne und knirschte
unter den Rädern der Maskeradewägen, die Rösser schwitzten und
schnaubten. Über die ruhigen weißen Flächen wälzte sich das Gebrüll und Schreien. Als man vom Schmerhofer Berg herunterkam,
dämmerte es schon und nach und nach wurde es dunkel. Stalllater-

nen wurden angezündet. Die Burschen vor dem Wagen, auf dem der täuschend ähnlich nachgemachte Hitler stand und immer wieder die Fahne hin und her schwenkte, den Fuß auf einem feisten Juden – diese kecken Burschen waren schon ein wenig angeduselt und schrien in einem fort heiser: »Heil Hitler! Jud' verreck'!« Und hinterdrein, vor dem Wagen Kurt Eisners, des ehemaligen Revolutionsministers, fauchten und plärrten die wilden »Spartakisten« noch viel ärger: »Revalution! Revalution! Hoch Revalution!« Zerzauste, hexenhaft aussehende Weiber fuchtelten mit Brandfackeln herum und viele Kinder machten mit. Fürchterlich brüllte von Zeit zu Zeit der bayrische Löwe und schlug mit seinen Hinterfüßen aus, dass der Preuße, der an seinem Schwanz zog, immer wieder losließ und schnatternd schimpfte. Die Königskutsche am Zugende war fast feierlich illuminiert, und der Weinberger-Wastl als Ludwig II. kam sich ungemein bedeutend vor. Er verzog keinen Augenblick die Miene, drückte seine breite Brust stets fest heraus, stützte sich auf seinen blinkenden Säbel und nickte den Leuten hin und wieder herablassend majestätisch zu.

Malerisch und fantastisch sah der Zug im Dunkel aus, gelb flackerten die Lampen und Lichter um ihn, und die aufleuchtenden Farben der Masken ergaben ein seltsames Bild. Als der ganze lange Tross in die breite Dorfstraße von Troglberg hineinfloss, wurde das Toben und Krachen so arg, dass rundherum die Fensterscheiben der Häuser erzitterten. Viele hatten schon einen Rausch und grölten nur noch heiser. Ein wahrer Hexentanz war es. Die zusammengelaufenen alten Leute, die Weiber und Kinder, welche die beiden Straßenseiten säumten, klatschten, lachten und ließen jeden Augenblick wen hochleben. Durch diesen Beifall ermutigt, kam natürlicherweise in die schon ein wenig ausgefrorenen, leicht ermüdeten Hauptpersonen des Zuges wieder ein bewegteres Leben. Gewaltig fuchtelte der Schmied Banzer als Hitler, riss sein Maul so weit auf, dass der angepappte Bart sich von der Oberlippe löste, und schrie schier gottesmächtig: »Bayern in Stadt und Land! Deutsche!«

»Pfundhammel, gräusliger! Hoit 's Mäu mit deine Sprüch'!«, kläfften rundherum die Lachenden und einer setzte dazu: »Du bist ja überhaupts gor koa Deutscher! Du bist ja a Bähm'!«

Hinten, bestürmt von den »roten Volksmassen«, krächzte der Bader Lingl als Eisner und verlor in einem fort seinen Zwicker.

»Genossen!«, hörte man ihn öfter schreien, aber alles ging im wilden Gebrüll unter: »Saujud', damischer! Dei' Votzn hoit! Nieder! Nü-üüder! Nüü-üder mit dem landfremdn Lumpen!« Die Kinder pferchten sich um den bayrischen Löwen und freuten sich unbändig, wenn er dem Preußen einen Stoß mit seinen Hinterpfoten versetzte. In hellen Jubel brachen sie aus, als der Preuße einmal taumelte, und plärrten: »Dös is recht! Ah, do! Do schaugt's den windigen Preiß' o! ... Hoch, hoch lebe unser Löwe!« Als dann die Chaise mit dem schönen König Ludwig daherkam, wurden die Leute fast ehrfürchtig und sangen vereint:

»Heil unserm König, Heil! Lang leben sei sein Teil!«

Wie ein langsam anhebender Choral klang es. Auf einmal aber ratterte vom anderen Ende des Dorfes ein dunkles, drohendes, dichtbesetztes Lastauto mit bewaffneten SA-Männern auf der Straße daher und jäh brach aller Lärm ab. Nur einige Berauschte brüllten noch: »Nieder mit dem sprechenden Hitler! Der möcht' ja doch bloß an guatn Postn. Weg mit oi dö Lumpen, naus aus ünserm Land!« Die Worte brachen ab, und auf einmal war es still. Alles glotzte benommen auf die fremden Eindringlinge, die sich nunmehr flink vom anhaltenden Lastauto schwangen und mit schussbereitem Gewehr näherkamen.

»Was ist denn das für ein Humbug? ... Wer hat denn diese Schweinerei angezettelt!«, schrie ein finsterer SA-Mann, der offenbar führte, und donnerte noch lauter auf die bockstarr dastehenden Maskenzügler und Leute ein: »Der Reichstag brennt und die Roten wollen alles ruinieren! Wisst ihr denn das nicht?«

»Na, warum? ... Wos geht denn üns der Reichstag und dö Rotn o!«, antwortete der Bürgermeister Wenwieser gefasst und verärgert, und das weckte auch die anderen Bauern auf. Jeder, ob maskiert oder nicht, fing zu schimpfen an.

»Ha, Herrgottsakrament! Wos wollt's denn ös eigentli bei üns?«, schrie der Schmied Banzer zornig vom Wagen herunter: »Wos geht denn enk ünser Gaudi o!?«

»Maul halten!«, bellte jetzt der SA-Führer: »Die Kommunisten haben den Reichstag angezündet! Adolf Hitler kämpft schwer für die deutsche Befreiung und ihr hier erfrecht euch und macht das lächerlich!« Und mit eingelernter Feldwebel-Barschheit sah er zum Schmied Banzer auf dem Wagen: »Runter vom Wagen! Marsch!« Eine Sekunde vertropfte totenstill.

»Hoho! Hoho!«, brach es dann aus den Bauern und sie drängten sich murrend und kampfbereit zusammen. »Marsch, runter! Eins, zwei, drei!«, kommandierte der SA-Führer messerscharf und fuchtelte drohend mit seinem großen Armeerevolver herum.

»Marsch, du frecher Dussel!«, wiederholte er und plötzlich pfiff ein Schuss ins empörte Aufschreien der Bauern. Der Schmied Banzer reckte sich ein wenig, taumelte und sackte umbrechend vornüber vom Wagen herunter. Plumpsend fiel sein schwerer Körper in den schmutzignassen Schnee auf der Straße. Die Leute wichen aus, Weiber und Kinder schrien jammernd und liefen durcheinander. Viele wurden umgerannt und wimmerten schrecklich auf, andere jagten in die Häuser. Die SA-Männer standen steinern da und hielten die Gewehre schussbereit. Die Bauern stauten sich zu einer Mauer. Hinten aus der Chaise war der »König Ludwig II.« herausgesprungen, der Bader Lingl ebenso, der bayrische Löwe warf seine Haut ab und zwei handfeste Burschen sprangen vom Wagen.

»Wos gibt's do! Herrgott!«, stießen sie kampflustig heraus und drängten sich nach vorne, wo der Bürgermeister gerade drauflosschrie: »Ja, beim Teifi nei, ös Bandi! Ja, wos glaubt's denn ös!« Schon schaute es her, als wollten die Bauern Sturm laufen und im allgemeinen Lärm hörte keiner mehr, was der SA-Führer aus sich herausbellte. Auf einmal krachte eine Salve. Da und dort fiel ein Maschkerer, schrie ein Bauer oder Bursch und jetzt kannte die Wut der Troglberger kein Einhalten mehr. Blindlings stürzten sie mit einem furchtbaren Gebrüll vorwärts, los auf die plötzlich weichenden SA-Männer, die nicht mehr schossen und mit aller Schnelligkeit auf das anratternde Lastauto sprangen.

»Ös Sauhund! Ös Lumpen! Naus …!!«, wurde manchmal im Gebrüll deutlich, ein Bellen und Krachen aus allen Ecken und Enden hub an. Die Rösser rissen sich von den Deichseln los, rannten gradeaus, bäumten sich. Die Chaise vom König Ludwig fiel schräg um und ächzte, Wehgeklage und Fluchen erfüllte die feuchte nachtschwarze Luft, alle möglichen Holzstücke und Steine flogen auf das Lastauto, das sich wie eine alles zermalmende Dampfwalze davonwälzte und in der Dunkelheit verschwand. Bebend standen die Bauern auf dem Platz. Jeder schlotterte vor Wut, und in jedem brodelte eine ingrimmige Rachsucht.

»Und dös sollt der neue Staat sei? … So a Bagage?«, stammelte der Bürgermeister: »Dö san ja ärger wie Räuber und Mordbrenner!«

Die wenigen Stalllaternen, die ganz geblieben waren, und das Licht, das nunmehr in den Fenstern der umliegenden Häuser aufflammte, erhellten den trümmerübersäten Platz. Es sah aus, als sei vor kurzem gebrandschatzt worden. Und im dreckigen Schnee lagen der Schmied Banzer, der junge Heingeiger von Schmerhof und die alte Reblechnerin.

»Tot, maustot – umbrocht!«, schrie die Schmiedin: »Ja, därf denn sowas sein!« Und: »Fanny! Mein Gott, Fanny, um Gottswillen, Fanny!«, jammerte der Reblechner über seinem toten Weib und brach in ein schreckliches Weinen aus. »Mi hot's aa derwischt! Auweh! Auweh!«, wimmerte es und der Weindiknecht kroch im Schnee daher. Den Bader Lingl hatte Gottseidank nur ein Streifschuss verletzt. Auf der anderen Straßenseite lag die unbekannte Leiche eines SA-Mannes, bis zur Unkenntlichkeit zerfetzt, in einer dunklen Lache Blut, aber niemand kümmerte sich darum.

»Heiliger Herr Jesus! Wenn der Hitler mit an solchem Gsindl o'fangt, is' oiss' verlorn!«, sagte der Bürgermeister Wenwieser tonlos. Er schaute ratlos zum schwarzen Nachthimmel empor. Und als die Glocken jetzt erklangen, entblößten alle ihre Köpfe und wussten nichts anderes mehr als zu schweigen.

Der Pfarrer mit den Ministranten kam daher. Man lud die toten Einheimischen auf zwei Wagen, aber es brauchte großes Zureden seitens des geistlichen Herrn, ehe man auch den toten SA-Mann auflud. Schließlich gingen alle, ganz gleich, ob sie noch das Maschkerergewand trugen oder nicht, betend hinterdrein. Etliche Tage später fand die Beerdigung statt. Die Leiche des SA-Mannes nahm die Antelsberger Polizei mit, bei welcher der Bürgermeister eine Anzeige gemacht hatte. Es ist nie herausgekommen, wer die Nationalsozialisten waren, die in der Troglberger Fastnacht so sinnlos gehaust hatten. Ihre Zeitung, der »Völkische Beobachter«, schrieb nur, es habe sich um »unverantwortliche Elemente« gehandelt, die der Sühne nicht entgingen. So begann die Ära des Dritten Reiches in Troglberg.

Erich Kästner: Spielen in der Trümmerlandschaft

München, 18. Oktober 1945
Das schmale Pensionszimmer, in dem ich augenblicklich kampiere, steckt schon am frühen Morgen voller Menschen. Alte Freunde und neue Bekannte teilen sich in den Genuss, mir beim Waschen, bei der Zahnpflege und beim Rasieren zuzusehen. Die Portion Aufmerksamkeit, die übrigbleibt, widmen sie der Debatte. Sie hocken auf dem Sofa, auf dem Bett, auf den Stühlen, die das Mädchen und die Wirtin begeistert nachliefern. Es ist angenehm kühl im Raum, weil es an Fensterscheiben mangelt, und wenn unten amerikanische Lastwagen vorüberdonnern, wird man den Eindruck nicht los, einer Unterhaltung zwischen aufgeregten Taubstummen beizuwohnen. Es soll Zimmer geben, in denen man den Straßenlärm besser hört als auf der Straße selber. Ich habe Glück gehabt. Ich habe so ein Zimmer gemietet.

Will man erfahren, worüber bei mir gesprochen wird, genügt es zu wissen, wer sich unterhält. Es sind Schauspieler, Verleger, Journalisten, Maler, Regisseure, Filmautoren, Chansonetten, Kabarettdirektoren, Kunstkritiker, Komponisten und andere unseriöse Menschen. Sie kommen aus München, aus den Bergen, aus Frankfurt, aus Heidelberg, aus Stuttgart, aus Hamburg, und sie reden, sehr oft im gemischten Chor, über Theater, Verlage, Lizenzen, Zeitschriften, Kabarettprogramme, Zigarettenpreise, Kunstausstellungen, Hörspiele, Tourneen, Bohnenkaffee, Zeitungsartikel, Zementscheine, Bühnenstücke aus der Schweiz, Morgenfeiern und vieles mehr. Man plant, gründet und redet. Das Reden steht leicht im Vordergrund. Alle diese Versammlungen, die, von niemandem einberufen, trotzdem täglich stattfinden, gleichen einem Pantheon nur bis zu einem gewissen Grade; wir sind weniger berühmt und, das vor allem, viel weniger tot.

Ich berichte von meinem Zimmer mit den zerbrochenen Fensterscheiben und den turbulenten Gesprächen nur, weil es nicht das einzige Zimmer Münchens ist, in dem es jetzt so zugig und so begeistert zugeht. Und wir wissen: nicht nur hier, sondern überall in deutschen Städten wird es trotz Trümmern, Not und Kummer ähnlich sein! »Was sind Hoffnungen, was sind Entwürfe?« Die Zahl und Reichhaltigkeit der Pläne überbietet auch in München das bereits Vorhandene oder fast Greifbare bei Weitem. Denn nur zwei Theater sind bespielbar. Erich Engel, der neue Intendant der Kammerspiele, hat soeben mit »Macbeth« eröffnet. […] – Bislang gastierten und alternierten auf Engels Bühne Holsboers ausgebombtes Volkstheater-Ensemble mit Bruno Franks »Sturm im Wasserglas« sowie Rudolf Schündlers und Otto Osthoffs Kabarett »Die Schaubude« mit ihrem ersten Programm. Das zweite, an dem Axel von Ambesser, Herbert Witt und ich seit Wochen arbeiten, soll bald im »eigenen Haus« herauskommen, einem reizenden Theater für sechshundert Personen, dem im Moment nur noch der Fußboden, das Dach und die Bestuhlung fehlen. Aber das sind ja Kleinigkeiten! Zum Direktor des Staatlichen Schauspiels wurde Paul Verhoeven ernannt. Da er kein Haus hat, soll er zunächst im Ballsaal der Residenz und später im renovierten Thronsaal spielen. […] Kindertheater, Jugendvorstellungen und Vorträge plant er für die jüngste Generation; und als Höhepunkt seiner Bemühungen in der ersten Spielzeit träumt Verhoeven, fürs nächste Jahr, von Aeschylos »Orestie«auf dem Platz vor dem zerstörten Nationaltheater, das von den Luftangriffen zu einer Art Tempel auf der Akropolis umgearbeitet worden ist. – Ein anderes Ensemble wird, unter Dr. Laubs Direktion, in einer Nymphenburger Turnhalle bald mit dem »Fröhlichen Weinberg« aufwarten. – Das Prinzregententheater ist der Staatsoper, die unter Knappertsbusch mit dem »Fidelio« beginnen wird, und Symphoniekonzerten vorbehalten. – Die Regensburger Domspatzen sangen in einer Morgenfeier. Harald Kreutzberg hat, mit stürmischem Erfolg, seine erste Tanzmatinee nach dem Kriege absolviert. – Soviel über das, was bereits geschehen ist, was geschieht und in Kürze geschehen wird.

Der Rest sind Pläne. Lizenzen sehen ihrer Geburt entgegen. Es sind schwere Geburten darunter. Konzessionen sind zu erwarten. Die Namen weiterer Kabaretts schwirren durch die Luft. »Das Steckenpferd« soll eines heißen. »Das Wespennest« ein anderes. Theaterdirektoren in spe verhandeln mit ihrem künftigen Ensemble über Aufführungen in noch nicht vorhandenen Häusern. Man besetzt Stücke und setzt Proben an, ohne das Buch in Händen zu haben. Kuriere stieben durch die Lande, um es bei irgendwem aufzutreiben. Aber bei wem? Wo ist der Verleger? Wer hat die Rechte?

Kein Hindernis ist hoch und kein Abenteuer verzwickt genug, den edlen Eifer zu dämpfen. Mögen die privaten Sorgen getrost dazukommen! Wohnungssuche, Zuzugsgenehmigung, keine Möbel, das letzte Paar Schuhe, keine Nachricht von den Angehörigen, keine eigene Bibliothek, gepumpte Oberhemden am Leib – alles tritt schattenhaft zurück hinter das, was nun, nach zwölf Jahren geistiger Fesselung und Bedrohung, endlich wieder winkt: die Freiheit der Meinung und der Kunst! (»Amen, das ist, es möge also geschehen«, steht bei Luther.)

Zu der echten, schönen Begeisterung gesellt sich freilich eine andere Triebfeder: der eiserne Vorsatz, nicht zu denen gehören zu wollen, die unter die Räder kommen werden. Die interne deutsche Völkerwanderung der letzten Jahre und das Durcheinander der letzten Kriegsmonate haben es mit sich gebracht, dass, um ein Beispiel zu nennen, zur Zeit in und um München nicht weniger als zweitausendfünfhundert Schauspieler darauf warten, wieder theaterspielen zu können! Filmen wollen sie selbstverständlich auch – aber das ist, angesichts der Zerstückelung Deutschlands, ein Kapitel für sich, und beileibe kein besonders lustiges Kapitel!

Also, zweitausendfünfhundert Sänger und Schauspieler wollen auf die Bühne zurück, und die meisten Bühnen sind zerstört! Es ist klar, dass in dem Kampf ums Bühnendasein mancher wird unterliegen müssen. München, das seine vorbildliche Eignung, ein bedeutendes deutsches Kulturzentrum zu werden, historisch wiederholt glänzend bewiesen hat, hat jetzt eine unvergleichliche Chance, sich erneut zu solch einem Mittelpunkt entwickeln zu können. Viele der besten deutschen Regisseure, Schauspieler, Dirigenten, Opernkomponisten und Autoren hat der Krieg aus anderen Gauen, aus Berlin und aus den Kriegsgefangenenlagern des Südens und Westens an den Strand der grünen Isar gespült. Münchens Chance ist einmalig, und es scheint sie entschlossen wahrnehmen zu wollen!

So etwas geht nicht reibungslos vor sich. Die bayerischen Künstler sind auch nur Menschen. Selbstverständlich gibt es unter ihnen solche – naturgemäß weniger bedeutende, vom bevorstehenden Konkurrenzkampf deshalb besonders bedrohte –, die es tausendmal lieber sähen, ihre Stadt bliebe, was sie im letzten Jahrzehnt war, eine künstlerisch mittelmäßige süddeutsche Provinzstadt. Ihre Existenzangst ist größer als ihre Courage. Sie wollen lieber im bajuwarischen Milieu die Hauptrolle spielen als in einem westeuropäischen Zentrum eine Nebenrolle.

Trotzdem hat es den Anschein, als wäre es der Wunsch sowohl der Behörden wie auch der lange verfemt und verspottet gewesenen intellektuellen Schicht, die einmalige Gelegenheit willkommen zu heißen. Die Erinnerung an frühere Münchener Großzeiten ist noch nicht völlig verblasst. Noch denken viele an die Glanzepoche Schwabings, Wedekinds und der ruhmreichen Skandinavier zurück. Und der Ausblick in einen neuen gelobten Kulturabschnitt wärmt schon heute ihr zärtlich für die Kunst schlagendes Münchener Herz. – Und so mag es also nicht vergeblich sein, dass in manchem kalten, zugigen Zimmer ihrer alten, zerborstenen Stadt die Köpfe rauchen!

Was am meisten im Rennen zurückliegt, ist die Operette. Das Gärtnerplatztheater wird mit einigem guten Willen und nicht unbeträchtlichen Kosten wiederhergestellt und der leichten Muse übergeben werden können. […]

Damit hätte ich über Münchens Theaterlage das Wissenswerte oder doch wenigstens das, was ich über das Thema weiß, berichtet. – Abschließend wäre noch eines Kuriosums zu gedenken: der ersten Theaterkritik, die vor kurzem, nach der langen schrecklichen Zeit der nationalsozialistischen »Kunstbetrachtungen«, in der »Münchener Zeitung« erschien. Sie erregte beträchtliches Aufsehen. Nicht weil sie besonders wertvoll oder besonders schlecht gewesen wäre, sondern weil die offenen, ehrlich gemeinten Worte zur Sache völlig ungewohnt waren. Sie wirkten so verblüffend wie ein Trompetensolo auf der Bassgeige! Es hagelte Zustimmungen, es regnete Entrüstung. Man war auf alle Fälle im ersten Moment vollkommen überrascht, dass jemand wieder ungescheut seine Meinung äußerte. Der Herr, der die Kritik geschrieben hatte, wird über deren Echo nicht minder verblüfft gewesen sein als die Leser der Zeitung über seine Kritik. Ich weiß ziemlich genau darüber Bescheid. Denn der betreffende Herr war ich selber.

KAPITEL 7

Zwischen Gottesfurcht
und üppigem Barock

FRANZ VON KOBELL: Die Gschicht von Brandner-Kasper

I

Der Brandner-Kasper is a Schlosser gwest und hat bei Tegernsee
a kloas Häusl ghabt, hübsch hoch obn am Albach, wo mar auf
Schliersee nübergeht. Da hat er ghaust mit sein Wei, die Traudl ghoa-
ssn hat und mit seini zwoa Buabn, mi'n Toni und mi'n Girgl; die san
zeitli Soldatn worn und hamm in an Artollerie-Regiment dient in Land
draußt. Der Kasper is a fleißiger, braver Mo gwest und lusti und schneidi. Gforchtn hat es ihm vor gar nix und hat amal an großn wininga
Hund, der a Dirn umgrennt hat und hätt's zrissn, frei mit der Hand
bei'n Kragn packt und hatn a so an a Mauer higworfa, dass er nimmer
aufgstandn is und 'n Hagmoar vo Scharling hat er sei Raffa und Spe-
taklmacha bei der Mess auf der Kaiserklausn aa vertribn. Nebn seiner
Schlosserarbet hat er's Büchsnmacha guat verstandn und für d'Jaaga d'
Stutzn gfrischt und zsammgricht, besser was a Büchsmacha in der Stadt.
   Is aa's Jagn und 's Scheibnschießn sei größti Freud gwest und hat
auf d'letzt überall jaagern derfa, denn der Forstmoaster hat an ihm an
verlässinga Jagdghilfn ghabt und der nix kost hat.
   Wier er auf die Jahr kumma is, is sei Traudl gstorbn, hatn recht
gschmerzt, weil's gar a guats und taugsams Wei gwesn is und jetzt
hat er halt alloa für ihm a so furtglebt, und no in sein fünfasiebzigstn
Jahr hat ihm weiter nix gfeit an der Gsundheit und hat gjaagert und
gschossn wier a fufzger.
   Jetzt sitzt er amal dahoam und hat ihm an Rechblatter zsammgricht
und probiert, und überdem klopft's an der Tür.
   Denkt er, wer muaß denn da draußt sei, denn des Aklopfa is bei'n
ihm nit Brauch gwest und ruaft nacha: »No eina!« Jetzt kommt da
an elendiger Loda rei, zaundürr, dass er grad klappert hat und bloach
und hohlauget, an abscheuliga Kerl.
   Der Kasper sagt: »Was geits, was willst?«

Na der ander: »Kasper, i bin der Boanlkramer und ho di fragn wolln, ob d'net ebba mit mir geh willst?«

»So? Der Boanlkramer bist, na Bruder, i mag nit mitgeh, gfallt mir no ganz guat auf der Welt.«

»Denkt hab i ma's«, sagt der Boanlkramer, »aber holn muaß i di do amal, was moast ebber in Frühjahr?«

»Waar nit aus in Fruajahr, wo der Ho'falz is und der Schnepfastrich und die kloan Vögerln arn schönstn singa, na, dees war ma zwider.«

»Oder in Summa?«

»Nix Summa, da hon i mit der Rehbirsch Arbet und is aa z'hoaß.«

»Oder in Hirgscht?«

»Ja was fallt dir denn ei, ha narret, soll i d' Hirschbrunft hintlassen, und die Klopfeter und 's Oktoberschießn, waar nit aus!« »No also, nacher in Winter?«

»Da mag i aa nit, schau 's Fuchspassen und 's Moderausjagn is mei extragi Freud und is in Winter aa z'kalt.

»Ja willst denn du ewi lebn? Dees tuats nit, Kasper.«

»Boanlkramer, i will dir was sagn, mei Vater selig is neunzg Jahr alt worn, und so alt will i aa wern, na kost mi abholn. Aber i glaab, es is gscheiter als die Rederei da, wann d' mit mir a Glaasl Kerschngeist trinkst, i hon an recht an guatn, und du schaugst ja so elendi aus und sper, dass dir a Glaasl gwiss guat toa werd und a paar Kirternudl hon i aa no dazua.«

Und so geht er an a Wandkastl hi und holt a Flaschl raus und a paar Glaasln und die Nudeln.

'n Boanlkramer is ebbas selles no nit passiert und setzt si an Tisch hi und probiert den Kerschngeist.

Der hat im woltern gschmeckt und a Nudl aa, und da trinka die zwoa (der Kasper hat fleißi eigschenkt) und der Boanlkramer is ganz allert worn; hat aber do alleweil vo die 90 Jahr ebbas abahandln wolln.

Da sagt der Kasper: »Woaßt was, mach mar a Gschpielei drum, pass auf!«

Und geht wieder an dees Kastl, da is a Kartn glegn und der Grasober just obndrauf. Den schiebt der Kasper in sein Joppnirmi und legt na d'Kartn auf'n Tisch.

»Jetzt heb dir a Häuferl aba, Boanlkramer«, sagt er, »dees is des dei, und dees ander is des mei. Wann jetzt du in dein Häuferl'n Grasober hast, so gehn i mit dir, wann d' magst, wann aber i den

Grasober in mein Häuferl ho, so derfst ma nimmer kemma, bis i 90 Jahr alt bi.«

Der Boanlkramer, der scho a bissl an Dampes ghabt hat, hat glacht und hebt ihm an woltern Toal ab und sagt: »Wegn meiner, es gilt«, denn er hat ihm denkt, weil er die mehrern Kartn ghabt hat, kunnt leicht der Grasober dabei sei.

Wie er jetzt seini Kartn nachanander aschaugt, steckt der Kasper hoamli den Grasober in sei Häuferl nei und wie der Boanlkramer mi'n Aschaugn firti gwest is, broat der ander vor ihm sei Kartn, und da geht halt richti aa der Grasober her.

»Verdammti Gschicht«, sagt der Boanlkramer, aber der Kasper lacht und sagt: »Trink no a Glaasl und lass ma den Neunzger lebn!«

»I ko nix macha«, sagt der Boanlkramer, »aber ebber reut di dei Glück amal, und wanns a so is, derfst mi grad ruafa, bi nacha glei da.«

»Hat guati Weg«, sagt der Kasper, und wie der oa na furt is, hat er ihm no nachgruafa, er soll fei acht gebn, dass er nit in Bach einifallt, – und is mit den Bsuach ganz zfriedn gwest.

2

San schlechte Zeitn kemma, der Tiroler Krieg is ausbrocha und hat alle Leut derschreckt. Es ist a böser Krieg gwest, und grausi is herganga bei Schwatz und aufn Berg Ißl, und viel boarischi Soldata san bliebn selm, und 'n Kasper seini Süh, die er so gern ghabt hat, hat's aa derwischt. Was hat's gnutzt, dass s' globt worn san in Rapport, dass s' überall so schneidi garbet hamm, der Kasper hat's halt nimmer gsehn und is ihm nachet ganga.

Anderni traurigi Sachan und Zwiderheitn san agruckt, fremdi Leut san daherkemma, hamm überall 's Holz zsammakaaft und zsammagschlagn: natürli hamm si die altn Wildwechsl, die er so guat kennt hat, verändert und is mit 'n Wildprat aa weniger worn, und d' Wildschützen san mehra worn, wie's allzeit geht, bal a Krieg is.

Der Kasper is freili net leicht verzagt worn, aber an diewein hat ihm do d' Welt nimmer recht gfalln, und na hat er wohl aa an Boanlkramer denkt und was der gsagt hat von »ruafa«, aber gruafa hat er'n dengerscht nit.

Jetzt is ebbas bsunders gschegn. A Sennderinn auf der Gindlalm is von an wildn Stier gstocha worn und is glei dahingwest aa.

Derwei aber ihri Leut gwoant, und gjammert hamm, is dees Diendl ganz frisch und wohlauf an der Himmiportn gstandn, hat gar nit gwisst, wie's hikemma is.

Der Portner, der Petrus, hat's glei dersegn, und hat's Türl aufgmacht, dees nebn der großn Portn gwest ist. Er hat an langa graabn Rock aghabt und a blobi Blindn um d' Schulter und 's Diendl hat'n verwundert groß angschaut.

»Grüß di Gott, Diendl«, sagt er und weil's a bildsaubers Diendl gwest is, hat er ihm denkt, die is taugsam für an schön Engl. »Ja, wo bin i denn?«, sagt sie ganz derschrocka.

»In Himmi bist«, sagt der Petrus, »und wer di glei eiweisn lassn ins Paradies, aber zerscht sag ma, wo kimmst denn du her?«

»I bi vo Tegernsee dahoam und Sennderinn gwest auf der Gindlalm.«

»Ja na kennst ebber aa 'n Brandner Kasper?«

»Den altn Kasper moants, wer werd den nit kenna. Er kehrt oft ei in meiner Hüttn, wann er auf d'Jagd geht.«

»Geht er no auf d'Jagd, muaß ja scho an achtzger sei?«

»Ja, wissts es, Asitzn tuat er halt die mehra Weil, 's Birschn geht freili nimmer recht, aber sonst is er no guat bei'n Zeug.«

»Schau, schau, er sollt scho aa herobn sei, i wart alli Tag drauf.«

»Derft's scho no a Wei wartn«, sagt's Diendl, »bals wahr is, was an diem oa verzählt hämm.«

»No!? Was is denn dees?«

»Sie sagn halt, i glaab's aber nit, der Kasper hätt amal mi'n Boanlkramer kart und hätt der verspielt und derfet'n derntwegn vor sein neunzigstn Jahr nit furtnehma vo der Welt. Der Kasper is a lustiger und hat ebba die Gschicht amal oan aufbundn.«

»Wer woaß, wer woaß«, sagt der Petrus, »kunnt ebbas dra sei, da muaß i aufpassn. Aber Diendl, jetz geh da eini, i schick dir glei an Engl nach, der di weiterführt. Du hast brav und frumm glebt auf der Welt, schau, derntwegn bist jetz aa in Himmi herobn.«

Und's Diendl bidankt si und kusst ihm d'Hand, und geht hi, wo er ihr hideut hat; der Petrus aber schreibt glei a Vorladung an Boanlkramer und schickt's ihm.

Den andern Tag in aller Frua is der Boanlkramer daherkemma ganz
untertäni und demüti, dees just nit alleweil sei Sach gwest is.

»Habt's mi ruafa lassn, Herr Portner«, sagt er, »soll Enk was
bsorgn?«

Der Petrus schaugtn a Weil ernsthaft a, na sagt er: »Boanlkramer,
was muaß i vo dir hörn? Du führst di schö auf, spielst mi'm Brandner-Kasper ums Leben und verlierst no obndrei! Was san dees für
Sachan, wie kost di so ebbas untersteh?!«

»Ja schaugt's«, sagt der oa, »woaß ja, dass der Kasper da rauf kemma soll und weil's a so gnua Leut herobn habt's, hon i mir denkt, es
macht nix aus, wann er a bissl spater kimmt.«

»An dees hast aber nit denkt, dass mit meiner Buachführung nix
zammageht, bal an iader raufkimmt, wann er mag. Der Kasper is auf
achtzgi eingschriebn, is schö, gnua, und jetz is er scho drüber, und du
gibst ihm gar neunzgi!«

Der Boanlkramer hat was sagn wolln, aber der Petrus hatn ganz
fuchti agfahrn: »Staad bist, und glei gehst abi und bringst'n Kaspern
rauf, oder i jag di aus'n Dienst.«

Da hat ihm der Boanlkramer nix mehr zsagn traut und is ganz dasi
abgschobn.

Die Gschicht hat'n gwalti verdrossn.

Mei Wort hon i'n Kaspern gebn für die 90 Jahr, hat er denkt, und
jetz soll i's nit haltn; es mag mi a so koa Mensch auf der Welt, und
wann's aufkimmt, dass i an schlechtn Kerl gmacht ho, na derfi mi
ninderscht mehr sehgn lassn.

Und hat ihm halt bsunna hinum und herum, wier er aus den Handl
kemma kunnt.

Er is aber alleweil an adrahter Schlaankl gwest, und so is ihm richti
was eigfalln. Dees probierst, hat er ihm denkt, spannt sei Wagerl a
und fahrt zum Kaspern.

Der hat sei Pfeifei graacht und just d' Zeitung glesen. Wie der oa
reikimmt, hat der Kasper sei Brilln vo der Nasn abagschobn und
schaugt halt, wer's is.

Er hat aber 'n Boanlkramer geschwind derkennt, denn der is no
grad so zaudürr gwest und der nämlichi Häuter, wie's erstmal, wo
er'n gsehn hat.

»Ha, was willst denn du?«, hat er gsagt, »i ho di nit gruafa, und was ausgmacht worn is, werst aa no wissn, oder willst an schlechtn Kerl macha?«

»Nix, nix, fallt mer nit ei und i woaß, dass d' no 9 Jahr guat hast, da feit si nix. I ho just in der Nachberschaft a kloas Gschäft ghabt, und da hon i di bsucha wolln und schaugn, was d' machst. Und weil i mei Wagerl da ho und auf a Plaatzl fahrn muaß, wo ma gar schö in's Paradies einschaugn ko, so is mar eigfalln, dass i dir dees sagn will, wann d'ebba mitfahrn wolltst.«

»Na, i dank dir recht schö«, hat der Kasper gsagt, »i bi nit so neugieri, wie d'moast, und bi lieber dahoam, wo i mi auskenn, als an an fremdn Ort, wo i nit woaß, wie's is.«

»Ja«, sagt der oa, »du moast ebba, dass d'dort bleiben sollst, wo i di hiführ. Vo dem is koa Red, es is a Spazierfahrt, und in an Stündl san ma wieder da, denn mit mein Rössl geht dees leicht.«

»Und ko ma wirkli in's Paradies einischaugn?«

»Ja, versteht si, wann i's amal sag.«

»Und in an Stündl san ma wieder da?«

»Wann di nit lang dort aufhaltn willst, dees steht bei dir, san mer in an Stündl wieder da, so wahr i Boanlkramer hoaß.«

Jetzt hat'n Kaspern die Gschicht do begieri gmacht; auf a Stündl kann er ja mitfahrn und a weng einischaugn in's Paradies, von dem er scho soviel ghört hat.

Und er holt sein guatn Freund, 'n Kerschngeist, her und schenkt a paar Glasln ei. »Wegn mei«, sagt er, »Boanlkramer, i fahr mit, und du bringst mi wieder her! Da trink, es is frisch draußt.«

Und sie stößn a und trinka, und na san s' naus.

Da is a schwarzs Wagerl gstandn wier a Trucha und a Raappi agspannt. Sie steign ei, der Boanlkramer schnalzt mit der Peitschn, und jetzt san s' dahigsaust, dass der Kasper kaam'n Huat derhebt hat und is ihm Hörn und Segn verganga.

Als wann s' der Sturm davotraget, san s' dahi, und auf amal is's finster worn und san Blitz umanandagfahrn unter ihna und ober ihna und hat dunnert und kracht, dass der Kasper gschrien hat.

»Was is dees? Kehr um, kehr um!«

Da hat ihm der Boanlkramer in's Ohr neigruafa:

»Da hoaßt ma's bei die schwarzn Wolkan, da san die Dunnerwetter z' Haus, mir san aber glei durch, derfst di nit ferchtn.«

Und richti is's gschwind wieder liacht worn, und sie haltn vor an großn, großn Gschloss in schönstn Sunnaschei. An den Gschloss is a goldes Tor gwest, und bei'n Seitntürl hat der Boanlkramer agläut und is glei der Petrus rauskemma.

»No, Kasper«, sagt er, »bist amal da, jetz geh no glei eina, i wer dir's Paradies zoagn und werst a Freud dra habn.«

Und nimmt 'n Kaspern bei der Hand und führt 'n eini, aber der Boanlkramer hat draußt bleibn müssen. Und die zwoa stenga jetz in an weitn Saal mit durchsichtigi Wänd wie gschliffes Spieglglas, und da hat ma weit nausgsegn in an Gartn mit die schönstn Bloamen in alli Farben und mit großi Baam voll Aepfi und Birn und Pfersi und Pomerantschn grad a Pracht, und der Kasper hat nit redn kinna vor lauter Verwunderung. Und in den Gartn san die schönstn Engl rumgwandelt mit silberni Flügl und glanzedi Kranzln in Haar und danebn aa viel, viel Leut, und auf amal springa zwoa Burschn daher und juxn und ruafa: »Ja, grüß Gott, Vater, Vater, grüß Gott!« und er derkinnt sein Girgl und sein Toni.

»Jesses, meine Buabn«, schreit er und fallt ihna um'n Hals, und da schau! Sei Traudl kimmt a daher und sei Vata und Muatta und a ganz Rudl vo seiner Freundschaft, und is a »Grüß Gott« gwen hinum und herum und a Freud, dass ihm der Petrus, der zuagschaut hat, d' Augen gwischt hat.

Und in den Gewurl fliegt auf amal a kloaner Engl daher und sagt zum Kaspern: »Kasper, der Boanlkramer lasst Enk sagn, er fahret jetz wieder abi, ob's mitfahrts?«

»Na, liebs Bübi«, sagt der Kasper, »sag ihm, er soll no alloa fahrn; i bleib da und will nix mehr wissen vo der Welt drunt und sag Herr vergelts Gott tausendmal, dass ma die Gnad worn is, dass i daher kemma bi.«

Dees is die Gschicht von Brandner-Kasper.

Oskar Panizza: Die Wallfahrt nach Andechs

Es war an einem der letzten regnerischen Apriltage dieses Jahres, als ich, auf der Suche nach einem gastlichen Frühlings-Unterkommen in den bairischen Bergen, von Herrsching am Ammersee in einem Kahne nach Dießen fuhr. Der See war ruhig; aber es rieselte in feinen Fäden fortwährend herunter. Schnur-Regen, glaube ich, nennt man das. Und bald musste mein Führer, der, um besser ausgreifen zu können, den Rock ausgezogen hatte, diesen wieder anlegen. Es war einer jener flachsigen Männer, mit Augen wie lapis lazuli, von denen man das Alter so schwer taxiren kann, weil man nie weiß, ob es die Jugend- oder Alters-Fahle ist, die ihnen um die Stirn flattert. Er zitterte bei jedem Ruderschlag, wenn er die langen Stangen aus dem Wasser hob, und die Haut lag runzlig wie bei Schildkröten um die Hand-knochen. Und fortwährend pritschelte es auf die nackten Hautteile herunter und durchweichte schließlich den Mann vollständig. Sech-zig Pfennig für die Stunde – dachte ich mir –; mehr hatte der Mann nicht verlangt; und diese Hunde-Arbeit! Wir befinden uns oft mit unserem Mitleid auf ganz falscher Fährte, weil wir etwas bewundern oder anstaunen, was unserem eigenen Können oder unserem Natu-rell so fern liegt. Die rauhe Arbeit, die er eben verrichtete, während ein Anderer faul und meditierend im Kahne saß, war ihm vielleicht das Einfachste und Selbstverständlichste, was er tun konnte. Ich be-trachtete mir den Mann genau; es war ein wunderschöner Rundkopf, ein Brachy-Zefale, der Kopf kurz in den Schultern angewachsen; in den Augen und Augenbögen der eventuelle Trotz, wenn man ihm un-recht kommt; im übrigen die Herzensgüte selbst; die hellen, bleichen Haare in die Stirne hängend; ein krauser, heller Schnurrbart, der wirr die dicken, gutmütigen Lippen bedeckte; und wenn er lachte, und auch bei der Anstrengung, der viereckige, kindliche, dalkete Mund mit den festen, biderben Zähnen. Ich wusste schon längst, schon als ich den Fischer aus seiner Behausung holte, dass genau der gleiche Typus, der Abklatsch von ihm, in München lebte, den ich sehr gut kannte, und mit dessen Charakter ich vollständig vertraut war. Es war ein Musikprofessor, der im Norden wie im Süden durch sein seelenvolles, markiges Spiel berühmt ist. Jetzt kam mir der Gedan-ke: wenn man unsern Fischer in das Münchener Museum-Konzert schickte, und zeigte ihm sein Ebenbild auf einem Flügel von Blüthner die gewagtesten Kapriolen schlagen, und sagte ihm nach einer Stunde, der Mann bekomme fünfhundert Mark, ich glaube, er ginge stöhnend vor Mitleid von dannen, und erklärte, lieber um sechzig Pfennig über den Ammersee zu fahren und aller schwarzen Fräcke und weißen Kravatten überhoben zu sein. – »Wie alt sind Sie?«, frug ich, und erwartete etwas zwischen sechzig und siebzig. – »Vierzig Jahr‹.« – Jetzt erkannte ich am Gesicht, wie sehr ich mich durch die hellen Flachshaare hatte anführen lassen. Denn das Gesicht war, obwohl abgearbeitet, kräftig und jung.

Wir waren jetzt auf der Mitte des Sees, und der Regen, der oft in ein schwadiges, dampfiges Nebelreißen überging, zitterte noch immer dünnschnurig hernieder. Ich war daher nicht wenig erstaunt, plötzlich in der Ferne, bei diesem Wetter, an einem Werktag, eine Reihe von großen, schwarzen Kähnen auftauchen zu sehen, die wie Riesen-Särge stumm und lautlos über die Wasserfläche, wie über den Acheron, glitten, und in direkter, querer Richtung dem andern Ufer zustrebten. Es saßen wohl Lebende drin: sie hatten die Schirme aufgespannt und saßen ruhig und unbeweglich. Jetzt kamen noch mehr; fünf! Sechs! Bald ein ganzes Dutzend. Es waren große Trajekt-Boote mit zwei Ruderern, die zwischen 12 und 15 Personen fassten. Und es mochten zwischen 150 bis 200 Menschen sein, die da hinüberschwammen. Ich avertirte meinen Fährsmann, der ihnen den Rücken kehrte, da sie von Dießen herüber kamen. Er schaute kurz um und sagte dann: »Des sin Wallfahrer. Die geh'n 'nüber nach Andechs. Jetzt gehts an, um Georgi, und dauert den ganzen Sommer bis Michel.« – Und schmunzelnd fügte er hinzu: »Unsereins kümmert sich nix um die Sach. Das is die Weiber ihr Vergnügen.« – Und nach einer Pause meinte er: »No, 's is auch wieder gut für was; verdienen die Fischer wenigstens a bisl a Geld.« – Ich hatte mich gehütet, durch irgend eine Bemerkung die Ansichten meines Fährmanns zu dämpfen oder zu fördern. Aber die Sache war mir doch durch den Kopf gefahren. Wie wir die Sitten und profanen Anschauungen eines Volkes, unter dem wir leben, als die unverrückbare Basis der Lebensgewohnheiten auch der Bürger und Städter in höheren Kreisen gelten lassen müssen, so sind die religiösen Gebräuche einer Bevölkerung der unvermeidliche Ausgangspunkt jeder geistigen und transzendentalen Spekulation. Eine Bevölkerung, die weiß, dass sie gegen Geld oder ein paar abgelaufene Schuhsohlen vom schwersten Verbrechen, auch von einem solchen, das der weltliche Richter gar nicht eruiert hat, Verzeihung erlangen kann, muss auch in ihren hervorragenden Köpfen, die Minister und Räte werden, eine andere geistige Spezies erzeugen, als eine Bevölkerung, die weiß, dass es für eine verfluchte Tat keine Rettung gibt – außer dem seelischen Prozess. – Ich beschloss also, eine dieser Wallfahrten mir genau anzusehen.

Etwa vierzehn Tage später, am Pfingstsonntag, saß ich, schon seit mehreren Tagen installiert, in der großen, geräumigen Klosterbrauerei, dem ehemaligen Augustiner Kloster, auf der Höhe von *Dießen* prachtvoll gelegen, und weithin auf See und Gebirge Aussicht gewährend. Man riet mir, wenn ich die Vorgänge beim »Bittgang« oder der Wallfahrt genau kennenlernen wolle, mich gleich an die Wallfahrer anzuschließen; zumal kein Schiff so rechtzeitig ging, um mich an das andere Ufer, auf dessen Höhe Andechs lag, zu einem Zeitpunkt hinüberzubringen, dass ich gleichzeitig mit den Bittgängern auf der Klosterhöhe eingetroffen wäre. Dieser Gedanke gefiel mir gleich. Auf die religiöse Walze! dachte ich. Und: man soll nichts beschreiben, was man nicht ganz genau kennt. Den folgenden Tag »gingen« die Dießener; später kamen die Landsberger (Landsberg am Lech) und noch fünf oder sechs kleinere Gemeinden aus der Umgegend. Es »kamen« also, wie man sich ausdrückt, »sechs bis sieben Kreuze zusammen«. »Kreuz« ist jene meist aus einer Gemeinde stammende Zahl von Bittgängern, die sich unter einer Fahne oder Kreuz unter Begleitung oder Führung eines Geistlichen versammelt. Es konnte also ein reges Treiben für diesen Pfingstmontag auf dem »heiligen Berg« oder mons sanctus von Andechs, wie er offiziell heißt, erwartet werden. Pfingstmontag ist noch immer ein »guter Tag«; und der Ablass recht wirksam. Aber lange nicht so gut, wie die drei Tage um Himmelfahrt. An diesen drei Tagen kann von jedem Altar der Klosterkirche gegen M 1.– eine Seele aus dem Fegefeuer erlöst werden. Man lässt eine Messe lesen, und die Seele »steigt unverzüglich« – wie es auf einer Altarschrift in St. Peter in Rom heißt– aus dem Fegefeuer. Dieses wertvolle Privilegium in *Andechs* datiert aus dem Jahre 1772 und vom Papst Clemens XIV.[1] Natürlich drängt und drückt sich das Volk zu diesen transzendentalen Feuerlösch-Anstalten. Allein an diesen drei Tagen kommen 106 Gemeinden aus der entferntesten

[1] Chronik von Andechs von P. M. Sattler o. S. B. Donauwörth 1877. pag. 638f.

Umgegend; bis von Augsburg und München, – insgesamt kommen
während des Sommers regelmäßig und unter Einhaltung ihrer be-
stimmten Tage, vom 23. April (Georgi) bis 29. September (Miche-
li) 170 Gemeinden oder »Kreuze«.[2] Ich bitte nur dringend, hier die
Gedanken nicht lang in falsche Fährten zu leiten. Man rechne nur
minimum auf jede Gemeinde 300 Köpfe – aus München und Augsburg kommen Tausende; aus den Landgemeinden gehen fast 70 %
mit – und rechne auf den Kopf an Ausgaben für Opferstock, Heili-
genbilder, Rosenkränze, heilige Schnitzereien, Drucksachen sowie
für Speise und Getränke nur M. 1.– so erhalten wir aus diesen 170
Gemeinden M. 51,000, wovon, bei einem Netto-Gewinn von minimum 50 %, M. 25,000 als sommerliches Fixum für das mit 3 bis 4
Patres und einigen Laienbrüdern besetzte und selbst reich dotierte
Kloster; ohne das Fegefeuer-Geld, welches gänzlich unberechen-
bar ist, und, abgesehen von dem Abwegen der Messgeräte und dem
Aufzehren der Hostie, voll und ganz in die Klosterkasse fließt. Vor
der Säkularisation im Jahr 1803 (Ludwig I. stellte 1850 das Kloster wieder her) betrug gar die Zahl der wallfahrenden Gemeinden
328.[3] Und nun mag man ermessen, was hier für Summen dem Volke
seit Jahrhunderten entzogen wurden, und mag begreifen, dass der
Klosterschatz 76 silberne Monstranzen, 28 silberne Büsten und für
die Hauptreliquie – drei heilige Hostien – ein 20 Pfund schweres
silbernes Gehäuse besaß und heute noch besitzt.[4] Und nun nehme
man hinzu, dass alle diese Gemeinden zu Hause ihre volle seelsor-
gerische Pflege besitzen; und dass alle diese Fegfeuer-Spaziergänge
eigentlich nur Luxus-Wanderungen sind, unternommen, weit entfernt aus transzendentalen Absichten, vielmehr wie wir bald sehen
werden, aus höchst irdischen Rücksichten. Und erwäge, dass es eine
Masse solcher montes sancti, solcher feuerspeiender Berge, in Baiern
und im übrigen Deutschland gibt. Und versuche zu eruieren, was
aus diesen Feuer-Essen an geschmolzenem Metall über die Alpen
nach Rom wandert, denn solche Privilegien für Eine-Mark-pro-See-
le-Altäre lässt sich der heilige Vater – o grundgütige Barmherzigkeit! – teuer bezahlen. Und dann komme man zum Schluss, dass

2 Das Büchlein vom heiligen Berge Andechs. Auszug aus der Chronik des P. M.
  Sattler. Donauwörth 1894 p. 99–100.
3 Chronik von Andechs p. 806.
4 Chronik von Andechs. p. 772

die Drei-Einigkeit der katholischen Kirche heißt: Geld, Geld, Geld. Und diese Drei sind allerdings Eins.

Ich stand am Pfingstmontag um vier Uhr auf. Der Pfarrhof mit seiner stolzen Kirche liegt nur wenige Schritte von mir entfernt, faktisch angebaut an mein Gebäude, das ehemalige Augustiner-Kloster, wo, wie ehedem geistliches, jetzt profanes Bier gebraut wird. Der Glockenturm, der, wie ein italienischer Campanile, fast frei neben der Kirche steht, ließ seinen Lockruf erschallen. Und bald kamen von allen Seiten die ungekämmten, ungewaschenen, knapp dem Bett entkrochenen Gestalten, Männlein und Weiblein, das Gebet-Holz in der Hand, in der Rechten den Regenschirm, herbei, um sich zu mustern, sich vor der Kirche aufzustellen, und auf den Eintritt zu harren. Ich eilte, mein Frühstück einzunehmen. Ich weiß nicht, ob der Bittgang nüchtern angetreten wird. Aber jedenfalls wird er nicht nüchtern beendet; sondern meist schwer betrunken; und vielfach im Straßengraben. Die Zeremonie des Fahne-Abholens, des Einsegnens und des An-die-Spitze-Tretens des Kaplans, als Vorbeter, muss ziemlich kurz gedauert haben, denn als ich heraustrat, bemerkte mir der treffliche Bräumeister des Klosterbräus, der Zug passiere bereits die untere Markt-Kirche, wo soeben »eingeläutet« werde, und wies mir den nächsten Weg, um ihn einzuholen. Noch einige Weiber mit breitspuriger, wilder Gangart kamen hinter mir, die sich auch verspätet hatten. Die Direktion des Zuges war um die Südspitze des Sees herum, durch den Ort Fischen und dann durch den Wald auf die Höhe des Klosters. Es war der erste schöne Tag nach langen Regengüssen. Der Boden aber kotig und schmierig. Schon aus der Ferne, als ich eben *Dießen* hinter mir, aber noch lange nicht den Zug erreicht hatte, hörte ich das bleierne, dumpf klappernde plärrende Geräusch des Unisono-Betens. Und als ich noch näher kam, vernahm ich die eigentümliche Betonung, wie sie Ortssprache und ökonomische Behandlung des Bet-Materials mit sich bringen: »*Bitt* für uns arme *Sün-därr, jätzt* und in *därr* Stunde des Absterbens, Amen.« Die Massen- und Repetier-Gebete in der katholischen Kirche nehmen zu der Sprache der übrigen gottesdienstlichen Handlungen dieselbe Stelle ein wie der Dialekt zur Schriftsprache; d. h. sie entwickeln sich lautlich nach dem Gesetz des geringsten Widerstandes; und Rhythmik und Betonung des bekannten »*Gä*-grüßt *saist* du Marea, du *best* voller Gnaden« ist schließlich das Resultat einer Kiefer-Ökonomik mit Rücksicht auf

Massenbewältigung. Die Leute marschierten in zwei Reihen, rechts und links von der Straße; der Zug, den ich jetzt eben im Begriffe war einzuholen, bestand nur aus Weibern; und während die eine Seite immer ihr »*Gä*-grüßt ...« intonierte, respondierte die andere mit »*Hailige* Marea« bis zum Schluss »Stunde des Absterbens, Amen!« unaufhörlich, gurgelnd, wie ein rauschender Wasserfall, den man zuletzt nicht mehr hört.

Ludwig Thoma: Der Postsekretär im Himmel

Zwei Tage vor Mariä Lichtmess wurde der Postsekretär Martin Angermayer zu München von einem echt bayerischen Schlaganfall derartig getroffen, dass er schon nach einer halben Stunde den Geist aufgab.

Seine Seele schickte sich jedoch nicht sogleich zur Reise an, sondern sie gab wohl acht, ob den irdischen Resten auch alle übliche Ehre widerfahre, und zählte und prüfte die Kränze, welche von einigen Verwandten, auch vom Stammtisch im Franziskaner, dem Verkehrsbeamtenverein und seinem Kegelklub gespendet wurden.

Sie bemerkte sodann noch mit Genugtuung, dass der Herr Postrat Leistl beim Begräbnis zugegen war, dass auch die Haushälterin Zenzi in Tränen zerfloss, und sie fuhr gen Himmel, indes ein Quartett des Männergesangvereins eine erhebende Weise sang.

Da saß nun Sekretär Angermayer im Vorraume des Paradieses und fühlte sich keineswegs so glückselig, wie man es nach den Schilderungen frommer Bücher eigentlich glauben sollte.

Schon dass er nackend war, benahm dem an Ordnung gewöhnten Beamten die Sicherheit, und es wollte das Gefühl, ein respektabler Mensch zu sein und auch als solcher zu gelten, nicht recht in ihm aufkommen. Zudem fröstelte es den an überheizte Büroräume Gewöhnten in dem Luftreiche, und der Verdacht, dass es von irgendwoher ziehe, quälte ihn nicht minder wie die Unmöglichkeit, jemanden zum Schließen eines Fensters auffordern zu können.

Denn dieser Vorhof des Paradieses war nach drei Seiten hin eigentlich offen, nur vom eigentlichen Himmel trennte ihn eine Wolkenwand und zwischen den wundervollen Säulen, die ihn rings umgaben, konnte freilich die balsamische Luft ungehindert einströmen, und gleichermaßen von oben, da sie kein Dach abhielt.

Angermayer schickte seine Blicke missmutig in das unendliche Blau, das sich über ihm wölbte, und in die rosigen Fernen, die sich zwischen den Säulen auftaten, und diese Unbegrenztheit war ihm fremd, und was ihm fremd war, das war ihm nun einmal zuwider.

Dann stand, seine Unbehaglichkeit zu steigern, eine Menge von Leuten um ihn herum, die sichtlich nicht alle aus Bayern oder gar aus München gekommen waren.

Er konnte im Gegenteil bemerken, dass es Menschen aus aller Herren Ländern waren, gelbe, braune, schwarze, Leute mit langen Haaren, wie sie spinnende Schwabinger tragen, Leute mit buschigem Wollhaar, Leute mit Zöpfen, kurzum, zumeist fremdartige Wesen, denen er nie hold gewesen war, und die meisten verdrehten ihre Augen verzückt und selig und benahmen sich auffällig.

Jedem Einzelnen von ihnen hätte er in den Straßen seiner Heimatstadt verächtlich nachgeschaut unter bissigen Bemerkungen. Jedem hätte er aus seinem Schalter heraus Respekt beigebracht, aber hier, so mitten unter ihnen, war er hilflos und, was das Schlimmste war, er gehörte eigentlich zu ihnen oder schien wenigstens einer von ihnen zu sein. Dann: Zeit seines Lebens war er kein Freund von Kindern gewesen, und ihre Unarten, die von nachsichtigen Eltern womöglich noch gepriesen werden, fielen ihm stets unangenehm auf, und er war nie geneigt, ihrer Unerfahrenheit oder ihrer Jugend etwas zugute zu halten.

Hier trippelten sie nun scharenweise vor seinen Augen herum und jauchzten, und niemand war da, der sie mit Strenge zur Ruhe gewiesen hätte, ja als er einen Bengel, der ihm zu nahe kam, einen unerzogenen Fratz nannte, schüttelte ein langhaariger fader Kerl, der neben ihm stand, missbilligend den Kopf. Da drängte sich Angermayer unwirsch durch die Menge und stellte sich hinter eine Säule, um nur das Getue nicht mehr mit ansehen zu müssen.

Seine Gedanken kehrten sehnsüchtig nach der Erde zurück, wo gerade heute als an einem Donnerstage der Kegelabend stattfinden musste, und er beneidete die Glücklichen um ihr harmloses Vergnügen.

Die Kollegen redeten gewiss von der Überbürdung des Amtes, bekrittelten die Leistungen der Vorgesetzten und erzählten, wie sie diesem oder jenem die Meinung gesagt hätten, und sicherlich war auf diese Art die allergemütlichste Unterhaltung im Gange.

Vielleicht würden sie heute auch an ihn denken und wohl gar mit Bedauern seine Abwesenheit bemerken?

Er hatte freilich nicht das meiste zur Fröhlichkeit beigetragen, aber er war immer pünktlich zur Stelle gewesen und hatte sich jederzeit als eifriges Mitglied gezeigt, und wenn auf Zeit und Zustände geschimpft wurde, hatte es nie an seinem Beifall und seiner kräftigen Mitwirkung gefehlt.

Ach ja – München!

Angermayer seufzte tief, und der lästerliche Gedanke stieg in ihm auf, wie gerne er sich aus Elysium weg nach der bayerischen Hauptstadt versetzen ließe und wie er bereit wäre, mit einem Kollegen zu tauschen.

Aber er war schon ein Pechvogel.

Auf Erden hatte man ihn oft übergangen, ihm nie die verdiente Beförderung zuteil werden lassen, und wie er dann schimpfend und nörgelnd und doch im Innern zufrieden sich mit seiner Sekretärstellung abfand, musste er weg mitten unter die nackten, ekelhaften Schlawiner hinein.

»Angermayer!«

Er fuhr aus seinen Gedanken auf, als er seinen Namen mit einiger Ungeduld rufen hörte, und sah einen großen Engel am Himmelsportale stehen, der ungefähr so aussah wie ein Genius vom Oberammergauer Passionsspiel und der jetzt die Hände vor den Mund hielt und wiederum den schallenden Ruf ertönen ließ: »Martin – Angermayer aus München!«

»I – ja!«, antwortete missmutig der Sekretär, »was wollen S' denn?«

»Vielleicht ist es Ihnen endlich gefällig, einzutreten?«, schrie der Engel.

»I kumm scho«, knurrte Angermayer, und er schob sich langsam durch die Gaffer hindurch, die erstaunt über sein Zögern die Köpfe nach ihm umdrehten und die noch überraschter waren, als sie der Genosse ihrer künftigen Freuden mit großen Ellenbogen beiseite schob.

»Da bin i. Desweg'n brauchen S' do net so plärr'n«, sagte der Sekretär zum Engel, der den merkwürdigen Gast mit leuchtenden kugelrunden Augen maß.

»Ich habe dich mindestens dreimal gerufen«, sprach er dann mit leisem Tadel.

»Vo mir aus sechsmal«, erwiderte Angermayer mit einer im langjährigen Schalterdienst erprobten Grobheit, und er setzte beinahe feindselig hinzu:

»Für de Arbeit wer'n Sie wahrscheinlich zahlt wer'n.«

»Dein Ton ist ungehörig«, sagte der Engel. »Hier ist ganz und gar nicht der Ort für solche Äußerungen, mein lieber Angermayer.«

»I bin net Eahna Liaber, verstengen Sie mich! Und d'Säu hamm ma aa no net mitanand' g'hüat. Und drittens bin i der königlich bayrische Sekretär, des mirken S'Eahna!«

»Das bist du gewesen! Und jetzt bist du eine Seele, und sonst nichts, und hast dich in die Hausordnung zu fügen.«

»Wo is denn Eahna Hausordnung? Wenn Sie a Hausordnung hamm, nacha schaugn S' zerscht, dass de Kinder net so umanandrolz'n und lassen S' de Schlawiner da d'Füaß wasch'n. Dös waar a Hausordnung, verstengen Sie mich, und dena können S' was vazähln von Eahnara Hausordnung, aba net an königlich'n Sekretär, der wo seiner Lebtag g'wisst hat, was sie g'hört ...«

»Ja, Michael!«, rief es ungeduldig von drinnen.

»Gleich!«, erwiderte der Engel und schob mit einer im Himmel sonst nicht üblichen Energie den streitsüchtigen Sekretär in das Paradies hinein. Jeder andere wäre geblendet gewesen von dem schier undenkbaren Glanze, der hier strahlend ausgebreitet war, und jeder andere hätte verzückt dem unbeschreiblichen Wohllaute der in der Ferne singenden und musizierenden Engel gelauscht.

Allein Angermayer hatte sich schon von allem Anfang vorgenommen, hier nichts so übermäßig schön zu finden, und dann war er von Natur nicht überschwenglich, und dann war er noch verbittert durch seinen Streit mit dem Erzengel.

Also blickte er mürrisch darein und schnitt ein Gesicht, das deutlich fragte:

»Is dös all's ?«

Vor ihm saß inmitten von schön gelockten Engeln ein unglaublich gütig lächelnder Greis, der eine dunkelblaue Toga trug, in welche goldene Schlüssel eingestickt waren. Es war der heilige Petrus, der unserm Angermayer nunmehr freundlich zunickte und sagte: »Da bist du, mein Sohn! Sei willkommen in unserem Reiche!«

»Was sagst du?«, fügte er bei, da der Sekretär etwas vor sich hin murmelte.

»Mi hätt'n S'scho no a Zeitlang drunt lass'n kinna. Es hätt ma gar net pressiert«, wiederholte dieser, und seine griesgrämige Miene wollte sich nicht aufhellen.

»Aber, Martin!«, rief der Apostel, »du bist der Erste, der an dieser Stelle nicht vor Freude jauchzt.«

»Mit'n Jauchz'n hab' i's überhaupts net, und i waar froh, wenn i drunt mein Grüabig'n hätt'.«

Petrus wandte sich lächelnd an die Engel, die neben ihm saßen.

»Seht da, ein Münchner, der sich erst an den Himmel gewöhnen muss!«

Und ernster sagte er zu Angermayer: »Nun geh und freue dich und bedenke, dass manches in deinem armseligen Leben Strafe verdient hätte. Aber es ist dir Mitleid erwiesen worden.« Der Sekretär merkte am Tone, dass der Heilige als Vorgesetzter gesprochen hatte, und er schwieg.

Ein lebhafter Jüngling mit hüpfendem Gange, der genauso aussah wie einer aus der Schwabinger Stefan-George-Gemeinde, fasste ihn bei der Hand, indem er in singendem Tone sprach: »Komm, seltsamer Geist, ich will dich führen.«

In dem Postsekretär regte sich wohl sogleich die grimmige Abneigung gegen die Art seines Begleiters, aber er war zu niedergedrückt, um die rechten Worte zu finden, und er schritt griesgrämig und schweigsam neben dem Engel einher.

Der wurde nun gesprächig und erklärte dem Neuling die Grundidee des paradiesischen Lebens.

»Du musst wissen«, sagte er, »dass hier alles auf unendliche Fröhlichkeit gestimmt ist. In den obersten Regionen, wohin wir ja nicht gelangen, befinden sich die erhabenen Geister, welche in fortlaufenden Gesprächen ihrer unbeschreiblichen Freude Ausdruck verleihen. Die Heiligen befinden sich in Verzückung, die Engel musizieren, und du hörst ja die erhabenen Klänge des Konzertes, wir andern aber, zu denen du nun auch gehörst, bilden die Heerschar der Seligen, und wir haben die Aufgabe, nach unsern bescheidenen Kräften den Eindruck des höchsten Glückes hervorzubringen. Zu diesem Zwecke erhält jeder eine Harfe.

Ich führe dich jetzt zu unserm Obersten, dem Engel Asrael, welcher sie dir verabreichen wird.«

»Was tua denn i mit a Harpfen?«, unterbrach ihn Angermayer sehr unwirsch.

»Du musst frohlocken«, sagte der Begleiter.

»M-hm, ja! Is scho recht! Weil i gar so guat aufg'legt bi, und überhaupts – i ko gar net Harfn spiel'n – –«

»Du musst nur in die Saiten greifen – siehst du, so …«

Der lebhafte Jüngling nahm sein Instrument, das an einem rosaroten Bande über seine Schulter hing, und klimperte ein wenig.

Dabei hüpfte er im Takte abwechselnd einige Male auf dem rechten und linken Fuße nach vorne und sang mit näselnder Stimme: »Ha-a-lä-ä-lu-u-jah … Hä lalala – halälälä-u-u-ha-ha! …« Er hielt inne und blickte den Sekretär lächelnd an.

Der machte ein Gesicht, als wenn er saures Bier getrunken hätte.

»Wia hoaßt ma dös?«

»Das ist das Frohlocken der Heerscharen«, antwortete der Jüngling.

»Und Sie glaub'n«, sagte Angermayer, und ein bitterer Hohn spielte um seine Mundwinkel, »Sie glaub'n, dass i bei sowas mittua? I? Dös könna S' Eahna ja denk'n, dass i umanandhupf wia r'a spinneter Hanswursch …«

»Deine Sprache ist rau«, erwiderte der Jüngling, »und dein Antlitz zeigt weder Ruhe noch Glückseligkeit, aber bald wird Harmonie dein Wesen verklären …«

»De Sprüch mag i«, antwortete der erbitterte Postsekretär, und nach einer Weile fügte er hinzu: »Sie, passen S' auf, was san denn Sie früher g'wes'n?«

»Was ich … ?«

»Ja, was Sie bei Lebzeit'n g'wen san?«

»Ach so, als ich noch auf Erden wandelte?«

Und als Angermayer nickte, überflog ein seliges Lächeln der Erinnerung die Züge des langgelockten Jünglings, und er flüsterte mehr als er sprach: »Ich war Lehrer für rhythmische Gymnastik und harmonische Exterikultur.«

»Was is dös?«, brummte sein Begleiter, »dös versteh' i net.«

»Ich lehrte die Jugend, sich rhythmisch bewegen und «

»Jetza!«, schrie der Sekretär, »i hab ma's do glei denkt! A Schlawiner, a Tanzmoasta! Und von Eahna soll i was lerna, Frohlock'n oda so an Schmarrn? Jetzt hamm S' Zeit, dass Eahna verziahgn, sunst nimm i Eahna d' Harpfen und schlag Eahna umanand damit…«

Der Jüngling entfloh mit einem Schreckensruf und ließ Angermayer allein zurück, mitten in einer Asphodeluswiese, auf die er sich nun hinsetzte, voll innerlichen Zornes über das Schicksal, das einen königlichen Sekretär dazu brachte, nackend im Grünen zu weilen. Er starrte grimmig vor sich hin und überdachte die Möglichkeiten, von hier zu entrinnen. Da sich ihm keine zeigen wollte, und da er sich immer mehr darüber klar wurde, dass seine Versetzung in diese Gegend eine definitive wäre, bestärkte er sich in dem Entschluss, jede Zumutung abzulehnen, die mit seinem Charakter, seinen Neigungen und vor allem mit seiner Beamteneigenschaft nicht in Einklang …

Er wurde in seinem Gedankengange unterbrochen.

Zwei riesige Engel ergriffen ihn jeder bei einem Arm, und entführten ihn so schnell und gewaltsam, dass seine Füße den Boden kaum mehr berührten.

Aber seltsam!

Angermayer empfand gegen diese Begleiter weit weniger Widerwillen als gegen jenen sanften Jüngling, und die Gestalten, die Gesichter, die Manieren dieser ungefügen Geister muteten ihn beinahe vertraut an, sodass er trotz der rasenden Schnelligkeit, mit der er vorwärts getrieben wurde, in höflichem Tone zu fragen versuchte:

» Sie entschuldig'n …«

»Halt's Mäu!«, schrie der Engel zur Linken.

»Jegerl! A Landsmann!«, rief der Angermayer erfreut und machte einen Versuch, stehenzubleiben, aber er wurde mit unwiderstehlicher Gewalt fortgerissen, und so keuchte er atemlos: »Geh, sag'n S' mir doch, wo S' her san?«

»Wennst d'as schon wiss'n willst«, brüllte der Engel zur Rechten, »mir war'n Klosterhausknecht in Andechs …«

»Jessas, Andechs!«, jauchzte der Sekretär, und wunderkühle Nachmittage hinter den Maßkrügen des Bräustüberls fielen ihm ein, und er schnalzte unwillkürlich mit der Zunge.

»Und an Backsteiner und an Radi!«, setzte er die Reihe der seligen Erinnerungen fort.

Mit wie wenig kann ein Mensch doch glücklich sein, und zu was brauchte man ein solches Paradies, wenn man es auf Erden hatte!

Sein Herz fühlte sich hingezogen zu diesen groben Geistern. »Was teat's denn mit mir, Leuteln?«, fragte er beinahe zärtlich. »Mir geb'n da nacha scho' d' Leuteln!«, sagte der Engel zur Linken.

»Außi schmeiß'n tean ma di«, rief der Engel zur Rechten.

Und kaum waren ihm die Worte entfahren, so fühlte sich Angermayer von einem heftigen Wurfe einige Stufen abwärts geschleudert mit dem Kopfe in gefrorenen Schnee fahren, und tausend Sterne flimmerten vor seinen Augen. Ein Tor fiel donnernd hinter ihm zu. – – Er erwachte von dem Falle und der kühlen Luft, die um ihn strich. Er rieb sich die Augen und sah an sich hinunter mit entzücktem Erstaunen, denn er war bekleidet, und er sah um sich und erkannte den lieben alten Rathausturm, dessen beleuchtete Uhr die dritte Morgenstunde zeigte.

Da merkte er froh, dass er im Bräuhause eingeschlafen war und alles nur geträumt hatte, bis auf den Hinauswurf.

Der war erlebte Wirklichkeit.

Oskar Maria Graf: Etwas über den Bayerischen Humor

Bei uns nennt man alles beim richtigen Namen, keine Deutlichkeit schreckt uns. Alles ist schlechthin menschlich und infolgedessen nicht allzu wichtig. Vor allem aber – bei uns ist man noch immer unangekränkelt katholisch, und das schaut so aus:

Ein alter Bauer sitzt nach Feierabend auf der Bank vor seinem Haus und schaut sinnend vor sich hin. Er sinnt und sinnt, und die andern neben ihm denken auch stumm. Auf einmal schnauft der alte Bauer kräftig und sagt aus einer tiefen Betrachtung heraus: »Hm, lacha, tät i, wenn mir an falschen Glauben hätt'n!«

Wir alle haben seit Urväterzeiten den Katechismus auswendig gelernt, und natürlicherweise ist's brauchmäßige Gewohnheit bei uns, dass man seine kirchlichen Pflichten erfüllt, aber glauben? Glauben tun wir bloß eins: Alles, was auf der Welt ist, vergeht. Jeder Mensch muss einmal sterben, da hilft ihm alles nichts. Und weil uns das schon schier ins Blut übergegangen ist, weil wir gewissermaßen mit dieser instinktmäßigen Voraussetzung an alles herangehen, so kann man sich ausmalen, dass wir vor nichts Respekt haben, vor uns selber sowenig wie vor anderen Leuten.

»Was ist so ein Mensch schon!«, hat meine Mutter selig, die eine Katholikin durch und durch gewesen ist, meistens gesagt, wenn eine aufgedonnerte Herrschaftsfrau des Sommers in unseren Bäckerladen gekommen ist und sich ganz empört über etwas beschwert hat; die gleiche Meinung hat sie geäußert, wenn man ihr von weiß Gott was für reichen Leuten und ihrem Luxusleben erzählt hat; die protzig-prunkenden Bilder eines gekrönten Monarchen und sogar der heiligmäßige Papst in Rom in seinem Ornat haben sie nicht davon abhalten können. »Hm«, hat sie in ihrer unnachahmlich altbayrischen Art gesagt: »Was ist so ein Mensch schon? Nackert ist er nackert, und wenn er gestorben ist, ist er ein Haufen Dreck wie wir.« Wenn das auch recht pessimistisch klingt – mir ist es immer vorgekommen, als komme von *daher* unser Humor. Gottgefällig ist er gewiss nicht, sondern ganz und gar von unserem kurzen Leben bestimmt, und dieses Leben nehmen wir, wie es ist und wie es kommt. Es ist von Anbeginn ein unabänderliches, langsames Zu-Ende-Gehen, ein zäh dahinrinnendes Absterben, das nach unserm Dafürhalten mit Geduld ertragen werden muss und das sich leichter erträgt, wenn der Humor dazukommt. Darum ist unser Humor nie protestlerisch-aggressiv. Er ist – vom Moralischen her gesehen – charakterlos. Sein Ausgangspunkt ist das gelassene Zuschauen. Er ist »kamott«, derb, direkt und äußerst respektlos. Und so ist auch unser Verhältnis zum Herrgott. Es ist viel Heidnisch-Fetischhaftes dareingemengt, auch unser fast animalischer Hang zum Greifbaren wirkt dabei mit, denn was man uns auch von Kind auf in den Religionsstunden über die Dreifaltigkeit »Vater, Sohn, Heiliger Geist« in den Kopf hineinreden mag, für uns bleibt die Vorstellung bestimmend und unausrottbar, dass da irgendwo im Himmel droben ein imponierend überlebensgroßer Greis mit einem riesigen grauen Vollbart und alles sehenden Augen sitzt, der sich von keinem was einreden lässt und der die Welt und uns regiert, wie er's für richtig hält. Schon allein deswegen wird ein Bayer nie die für ihn völlig abstrakte Bezeichnung »Gott« gebrauchen, er sagt stets, »Herrgott«, weil in dieser Verbindung die unantastbare Autorität des »Herrn« über alle vermeintlichen Herren den gültigen Ausdruck findet. Unsere Feldkreuze mit dem leidenden Christus, die in den Kirchen und die in den sogenannten »Herrgottswinkeln« unserer Stuben sind für uns nur fetischhafte Erinnerungszeichen, meinetwegen auch wundertätige Mahnmale des Herrn über uns und spielen oft eine sehr sonderbare Rolle. Nicht jeder nämlich kann so mit ihm stehen wie eine arme, alte unverheiratete Tante von mir, die nach jedem guten oder schlechten Tag – so, als sitze der Herrgott in ihrer engen warmen Stube – halblaut auf ihn einredete.

»Also, das versteh ich ganz einfach nimmer! ... Mei liaber Herrgott«, fing sie ärgerlich zu raunzen an und fragte gradhin drohend.
»Wenn du mich alleinige Person so sekkieren lässt vom ganzen Dorf,
bloß weil ich als dumm's jung's Madl zwei ledige Kinder g'habt hob
und net den nächstbest'n Haderlumpen heiraten hab mögen – also,
mei liaba Herrgott, is das vielleicht a Recht und a Gerechtigkeit?«
Und sie zählte ihm genau auf, wie sie seither ihre Pflicht und Schul-
digkeit getan habe, dass ihre Kinder längst versorgt seien, und ob
er ihr, der alten, armen Person, vielleicht was Sündhaftes vorwerfen
könne! Und so ging das weiter bis in die Winzigkeiten ihres alltäglichen Lebens. Nach einem guten Tag aber meinte sie aufgefrischter:
»Also heut hast ös wieder guat g'macht, Herrgott! Heut hast amal
wieder ein Einsehn g'habt mit mir ...« Sie betete nie für sich allein,
das tat sie gewohnheitsmäßig in der Kirche. »Der Herrgott, und ich,
wir wissen schon, wie wir miteinand dran sind«, sagte sie manchmal, und das klang, als spreche sie von ihrem Ehemann und verbitte
sich jede Einmischung in ihr Verhältnis zu ihm. Dieselbe Verwur-
zelung, nur nicht so unmittelbar und vergröberter, finde ich auch
bei jenem bayrischen Gebirgler, der mit seinem Schlitten dürres
Brennholz vom Berg herunterholt. Als er endlich den Schlitten voll
hat und in die Tiefe schaut, kommt ihm doch ein leichter Zweifel,
ob er da – vorn droben sitzend und lenkend – heil hinunterkäme.
Er überlegt hin und her, schließlich nimmt er das winzige, oftmals
geweihte Kreuz mit dem Erlöser von seiner Uhrkette, prüft es noch
einmal nachdenklich und heftet es vorn ans rechte Horn des Schlit-
tens. »So, also probier'n wir's halt«, brummt er, hockt sich hinauf,
und los geht's. Unbändig saust der Schlitten, er verliert die Gewalt
über ihn, mit aller Wucht wirft es ihn herab, er rollt ein Stück weiter im Schnee, und der sausende Schlitten kracht an einen Baum.
Eine Zeitlang ist's ganz still. Der Alte prüft seine Knochen, merkt,
es ist ihm nichts weiter passiert, arbeitet sich aus dem Schnee und
watet torkelnd auf seinen zerkrachten Schlitten zu. Da findet er das
abgebrochene rechte Horn mit dem Kreuzlein drauf Er nimmt es
herab, schaut es ein bisschen zweiflerisch an und brummt: »Hm, ja-
ja, ich hob mies drob'n schon denkt, dass du kloan's Mannderl den
Mordsschlitt'n net derhaltst!«
Und nicht anders steht es mit jenem vielbeliebten bayrischen Gast-
wirt, in dessen umfänglicher Wirtschaft unsere Sozialdemokratische

Partei vor dem Ersten Weltkrieg an jedem Sonntag nach dem 1. Mai ein großes Massenfest abhielt. Tausende kamen da aus München und weiterwärts herbeigeströmt. Um allseits zu befriedigen, musste der umsichtige Wirt schon tagelang vorher alle Vorbereitungen treffen und den Einkauf von Riesenmengen an Bier, Würsten, Fleisch und dergleichen besorgen. Aber es lohnte sich stets. Damals gab es noch nicht die exakte Wettervorhersage wie heutigentags. Am Freitag regnete es etliche Stunden lang dünn, dann aber hellte sich der Himmel auf. Der Wirt ging leicht besorgt in der weitläufigen Stube umher und raunzte. Hin und wieder, fast mechanisch, schaute er auf das Holzkreuz im »Herrgottswinkel« und drohte leicht humoristisch: »Du, mein Liaber, mein G'schäft wennst du mir verpfuschst, nachher kracht's zwischen uns!«

Etliche Bauern am Tisch lachten leicht und hänselten ihn gutmütig: »Der Herrgott wird sich jetz grod nach dir richt'n, Barthl!« Aber das wollte der gereizte Wirt gar nicht mehr hören.

Der Samstag war abwechselnd sonnig und trüb, aber warm und trocken. In der Nacht darauf nebelte es sich ein, und gegen Sonntag früh fing es erst zaghaft, dann aber immer dichter zu regnen an. Keine Hoffnung auf eine Besserung gab es mehr, zuletzt schüttete es schon gottserbärmlich. Der Wirt geriet außer Rand und Band. In seiner Berserkerwut riss er das hölzerne Kruzifix aus dem »Herrgottswinkel«, rannte mordialisch fluchend in die große Kuchl und warf das Kreuz mit den lästerlichen Worten ins lodernde Herdfeuer: »Jetzt konnst mi gern hob'n, dass d' ös woaßt, du kloans bissl Heiz, du! Jetzt is's oa für oimoi (ein für allemal) aus zwischen üns, basta!« – –

Da leuchten sie ganz grell auf, die zwei Seiten unseres bayrischen Katholischseins: Das allen Naturvölkern eigene konkret Fetischistische und unsere heidnische Respektlosigkeit selbst dem Höchsten gegenüber. Aber dahinter spürt man eben doch so was wie die ohnmächtige Verstricktheit der Naturkraft mit dem, was wir das »Göttliche« nennen. Zur Illustration dieser zwei Seiten will ich noch diese uralte bayrische Schnurre hinzufügen:

Wiegelbach ist ein weltberühmter Wallfahrtsort, und besonders zu Pfingsten kommen Tausende frommer Beter aus nah und fern dorthin. Das kommt daher, weil dort einst ein Mesner ein sogenanntes »Pfingstwunder« erfunden hat, welches seither alle seine Nachfolger mit Hilfe einer zahm gezogenen Taube getreu fortsetzen.

Beim Hochamt zu Pfingsten also breitet der Hochwürdige Herr Pfarrer am Altar seine zwei Arme feierlich aus, schaut andächtig in die Höhe und bittet mit lauter Stimme: »Heiliger Geist, komm hernieder auf uns und erleuchte uns.« Und wirklich, es vergehen einige spannende Minuten – wirklich, aus einem Loch in der hochgewölbten Kirchenkuppel fliegt eine Taube langsam in die Tiefe. So was überraschend Feierliches gibt's kaum noch einmal.

Vor etlichen Jahren war die Kirche wieder gepfropft voll. Die Orgel im Chor setzte aus, der feierliche Augenblick kam, atemlos gespannt schauten die Wallfahrer in die Höhe, als der Herr Pfarrer seinen frommen Spruch emporrief. Einige Minuten vergingen. Nichts vom »Heiligen Geist« kam herab. Der Pfarrer wiederholte seine Bitte dringlicher, alles wartete, und die Stille wurde schier schrecklich.

»Heiliger Geist, komm hernieder«, rief der bedrängte Pfarrer noch einmal, aber weiter kam er nicht.

»Den hot d'Katz' g'fressen!«, schrie plötzlich der Mesner aus dem Kuppelloch ...

Für enge Frömmler mag das recht lästerlich klingen, aber schaut euch doch einmal das Innere unserer berühmtesten Barockkirchen genauer an, was da für ein sinnlich-unfrommer Witz, für eine ausschweifend weltliche Fantasie, was für eine geradezu knisternd-listige Humorigkeit und unbändig saftige Lebenslust herumgeistert, dann begreift ihr vielleicht, warum auch die heiligmäßigen Sachen für uns etwas Komisches und Fideles haben müssen wie alles Lebendige. Wär's anders – wie könnten wir überhaupt katholisch sein! Das ist vom großen Bonifatius bis zur Ausformung des streng dogmatischen Kirchenkatholizismus bei uns so geblieben, und nur deswegen, weil die Kirche unsere urheidnischen Volkselemente gewissermaßen in ihr Ritual übernommen hat, ist es ihr im Lauf der Jahrhunderte so glänzend gelungen, uns unter ihr Dach zu bringen. Unser animalisches Gesundsein verträgt büßerische Zerknirschung und finstere Bigotterie nicht. All das hat für uns etwas fast Anrüchiges. Wir wittern dahinter stets etwas Unnatürliches, Gemachtes, Abstraktes, etwas – wenn ich so sagen darf – von einem unausgelüfteten schlechten Gewissen. Darum auch unser tiefes Misstrauen gegen Religionseiferer und sonstige Fanatiker, darum unsere Verachtung der sogenannten »Betschwestern« und unser unausrottbares Gegengefühl, wenn Konvertiten aus anderen Glaubenslagern so pedantisch danach trachten, alles an un-

serer alteingeführten Religion todernst zu nehmen und jede kirchliche
Regel nur ja recht genau zu befolgen. Mir fällt dabei immer der unvergessliche, grundgescheite Pfarrer Johst aus meiner Dorfschulzeit ein,
dem eine Zeitlang solche Betschwestern und ein Konvertit durch ihre
vielen Besuche, ihren Eifer und ihr ewiges Gefrage alle Gemütlichkeit
störten und der einmal in den bezeichnenden Ruf ausbrach: »Du liaber
Herrgott, wenn's lauter solcherne gebert, könnt einem der ganze gute
Glaub'n zuwider werden!« Er war ein ungewöhnlicher Menschenken-
ner, der Johst, und es ist ihm sicher nie in den Sinn gekommen, sein
Priestertum so aufzufassen, als sei man dazu etwa innerlich berufen. Er
betrachtete es als einen ordentlichen, handfesten Beruf wie irgendeinen
anderen. Deswegen verstanden wir ihn und er uns so gut; deswegen
erschien er uns allen als die reinste Ausprägung des echten bayrischen
Katholiken. Wahrscheinlich hat auch er sich unsern Herrgott schlicht-
weg so vorgestellt wie etwa meine arme alte Tante oder irgendein Bauer: als großmächtigen, allwissenden Greis, der zwar hinter all unsere
kleinen Schliche und großen Lumpereien sieht, aber auch den Humor
dazu hat, vieles gutmütig lächelnd zu übersehen oder hinzunehmen,
ja noch mehr sogar – der, weil er zu genau unsere Irrnisse und täglichen Sorgen kennt, auch hin und wieder mit sich handeln lässt. Nur
so ein Herrgott, der ein unverwirrbares Zutrauen, eine arglose Hei-
terkeit und ein warmes Gernhaben in uns erweckt, entspricht unserer
bayrischen Art, nicht aber einer, vor dem man Angst und Furcht hat.
Wir Bayern sind kein »gottesfürchtiges«, sondern ein gottanhängliches
Volk. Wir wollen nicht zittern vor dem Höchsten, ganz im Gegenteil!
Beim Vorbereitungsunterricht für die erste heilige Beichte schärfte uns
– es war nicht mehr der gute Johst – der Pfarrer ganz besonders ein,
dass wir gestohlene Sachen wieder zurückgeben müssten. Bei der Ge-
wissenserforschung kam ich zu dem Ergebnis, dass ich sehr oft Kuchen
und Schokolade in unserm Laden gestohlen hatte – und ich war recht
froh darüber! So was ließ sich schließlich nicht mehr zurückgeben, also war ich einer solchen Peinlichkeit enthoben, und die zwölf Vaterunser als Buße, die ließen sich schnell und leicht beten. In meiner Einfalt,
die man sicher als zynische Frivolität auslegen wird, sagte ich mir nach
dieser ersten Beichte, wenn ich wieder Kuchen oder Schokolade stahl,
jedesmal: »Dös kost't zwoa, vielleicht auch drei Vaterunser!«
    Ich habe fast den Verdacht, dass die katholische Religion speziell
für uns Bayern erfunden worden ist. Sie ist so sehr zu einem nicht

mehr wegdenkbaren Teil unseres Volkscharakters geworden, dass man kaum noch unterscheiden kann, was von ihr auf uns übergegangen ist und umgekehrt.

Um noch mal auf den Pfarrer Johst zurückzukommen. Der tarockte für sein Leben gern. Wenn er dann in der Wirtsstube hockte und kurz vor Mitternacht zur Kellnerin sagte: »Wally, drei Viertel auf zwölf Uhr ist's schon vorbei, bring mir noch drei Maß Bier!« Verständnisinnig und verkniffen lachten seine Mitspieler in ihren Bart, denn am andern Tag in der Frühmesse den Leib des Herrn in sich aufnehmen, dazu musste, dem Ritus entsprechend, der hochwürdige Herr von Mitternacht ab grundnüchtern bleiben. Kein Brotbrösel und kein Schluck Flüssigkeit durfte mehr in seinen Magen kommen. Das wusste der Johst so genau wie jeder am Tisch. In aller Seelenruhe aber trank der hochwürdige Herr nach und nach seine drei Maß aus. Das dauerte meistens bis lang nach Mitternacht. Ganz gelassen erklärte der Johst, dass der weise, allgütige Herrgott doch zugeben müsse, dass das Bier, welches einer vor Mitternacht bestellt, nichts gelte, auch wenn's erst hernach getrunken würde.

Solche Pfiffigkeiten gehören zu unserem Humor. Sie sind, wenn man's genau überlegt, das einzig Aktive an ihm. Dieses Aktive bleibt jedesmal ganz persönlich und privat, leicht abwehrend wie etwa eine gute Ausrede, nie aber aufdringlich und moralisierend. Auf uns Bayern, die wir alle aus dem Bäuerlichen kommen, wirkt nur jener Humor, der zum Schluss irgendwie überrascht und nachdenklich macht. Nachdenklich nicht im Sinne eines »In-sich-Gehens«, sondern gewissermaßen als Erstaunen, als abruptes Überfallenwerden von einer Sache, deren Sinn uns jäh klar wird.

LIESL KARLSTADT: Das Frohnleichnamsfest in Riedering

Riedering, den 8. Juli 1906

Frohnleichnam ist vor der Türe. Am Vorabende werden noch Kränze aus Tannen- u. Fichtenzweigen gebunden, um die Häuser damit zu schmücken. Um 4 Uhr früh wurden 6 Böllerschüsse abgegeben, um den feierlichen Tag zu ehren. Ein heiliger Odem wehte am kühlen

Frohnleichnamsmorgen; ein leises Säuseln der Bäume, ein feierliches Glockengeläute, durch keinen anderen Laut unterbrochen, war hörbar. In der Kirche ist das Hochamt; um 8 1/4 Uhr zieht die ganze Gemeinde, von heiliger Ehrfurcht durchdrungen, aus der Kirche. Der Zug bewegte sich der Straße entlang, dann am Feld vorbei u. wieder zurück in die Kirche. 4 Altäre waren aufgeschlagen, welche prachtvoll geziert waren. An diesen 4 Altären wurden die 4 Evangelien nach Matthäus, Markus, Lukas u. Johannes gesungen, wobei der Chor in vierstimmigen Sätzen antwortete. Nach dem Segen an jedem einzelnen Altare setzte sich die ganze Prozession wieder in Bewegung zum nächsten Altare u. schließlich zur Kirche. Dort wurde nach der Prozession eine feierliche Vesper gesungen, hernach mit dem Allerheiligsten der Segen gegeben, u. somit war die zehnstündige Anbetung des Allerheiligsten beendet (Das war am Frohnleichnamssonntag!) ... An der Spitze wurde ein Kreuz getragen. Diesem folgte die Schuljugend mit dem Christkind unter Aufsicht der Fräulein Lehrerin. Hieran reihten sich die Jungfrauen der Gemeinde Riedering von denen zweimal je 4 die Statue der unbefleckten Empfängnis auf einer Tragbahre trugen. Danach folgten die Jungfrauen von Neukirchen von denen 8 abwechselnd je 4 die Statue der Hl. Notburga trugen. Dann folgten die übrigen Jungfrauen, vor dem Allerheiligsten die Männer (Consultoren der Bruderschaft mit brennenden Kerzen) u. nach demselben die Frauen der Pfarrei. Die Frauen- sowie die Männerwelt, beteten unterwegs den Rosenkranz. Vor jeder dieser vorhergenannten Gruppen wurde eine Fahne vorausgetragen. Auch der Feuerwehr- u. Veteranenverein Riedering-Neukirchen beteiligten sich an der Prozession.

Mein ganzes Leben lang wird mir dieser herrliche Tag, den ich in Riedering da erlebt, in Erinnerung bleiben. Am Frohnleichnamsfest selbst war die Prozession vormittags, am Sonntage darauf dem Hauptfeste der Corpus Christi-Bruderschaft aber erst nachmittags. –

KAPITEL 8
Epilog

ERIKA MANN: Liebeserklärung an Bayern

Man ist als Kind oft trotzig gewesen, weil man so sehr viele Aufsätze schreiben musste. Die hießen dann »Naturschönheiten
der Schwäbisch-Bayerischen Hochebene«, »Die Bedeutung des Lud-
wigs-Donau-Main-Kanals« und »Der Heimatgau mit seinen Boden-
schätzen« (wobei Penz- und Peißenberg eine entscheidende und un-
ausrottbare Rolle spielten). Man beschloss bei sich, das Ganze als eine
hässliche Puschel der Schule aufzufassen, fand den Heimatgau nicht
schön, liebte das Meer mit einem Akzent, der sich unbedingt gegen das
Schwäbisch-Bayerische richtete, und flocht, ließ es sich irgend machen,
Einschränkendes über die Qualität der Holzkohlen in die Aufsätze
ein. Ein paar Jahre hat es gedauert, ehe das überwunden war. Aber wie
sehr spricht es für dieses Bayern, dass man nicht länger dazu brauchte.

Heute weiß ich nichts Hübscheres als, von der Reise kommend,
irgendwoher, wo es kahl und großartig war, allmählich bayerische
Landschaft auftauchen zu sehen, – das Weite, Hügelhafte, Großzü-
gige, Liebliche, Anspruchslose; die Farben dieser Sumpfwiesen, die
Wälder, hinter denen man die Berge weiß, das bebaute Feld und die
Dörfer, von denen man schon wieder vergessen hatte, wie bezaubernd
sie waren. Hatte man nicht geglaubt, man habe Einzigartiges gesehen, unterwegs, Unübertreffliches? Aber dies hier kann es aufnehmen damit, so viel ist sicher. Und wo gab es die Harmonie der Landschaft mit Bauten, Menschen, Trachten in einem so reinen Grade?
Wo war sie so unverwüstlich? Es ist sonderbar: aber Bayern scheint
einen Schutzgeist zu haben, irgendeinen guten Engel. Nicht Ameri-
kaner, nicht Radio-Apparate, nicht der eigene Spaß am Gewinn können dieses Land verderben. Oberammergau bleibt schön, – Tegernsee
ist nicht umzubringen. Wir haben uns daran erinnert, angesichts des
Stilbruchs, der so schmerzhaft durch die Welt geht.

Erinnert haben wir uns an Bayern überall einmal. Wenn irgendwo
ein Wiesenweg, eine Bergkette, eine Viehweide uns besonders zu Herzen sprach, erkannten wir bald mit dem Heimatlichen die Ähnlich-

keit, – »fast wie bei Tölz«, – »weißt du noch, Andechs?« – Ein kleiner Wasserfall in Japan (Fichten standen drum herum, und es roch nach Harz), ein Hügelweg in Marokko (schmal, zwischen Schierling und Blumen, die blau wie Enzian waren), – ein Wald bei Boston, durch den man Ski fuhr –, vereiste Holzstraße (man glaubte, den Kutscher auf bayerisch fluchen zu hören – »Ausweichen, Kruzitürken!«) –, es ist wahr, dass solche Bilder und Gerüche erinnerungsreich stimmen. Bei André Gide in seiner »Kongoreise« steht der Satz: »Ich nenne diese Landschaft wunderbar, weil sie völlig fremd, völlig ohne Vergleich für mich ist. Sobald die Gegend vertrauter wird, erinnert sie mich an eine ähnliche daheim, und die ist dann jedesmal viel schöner.« (Ich zitiere nicht wörtlich, aber dem Sinne nach genau.) Ich war sehr vergnügt, diesen Satz zu finden, – er bestätigte alle meine Beobachtungen in dieser Richtung. Er gilt für allgemein Europäisches im Vergleich mit dem Afrikanischen –, so will Gide ihn aufgefasst wissen; wenn er sagt »daheim«, meint er Europa. Aber man kann ihn gut spezialisieren, und Gide nennt »Aigues mortes«, Namen aus der Provence, aus der Bretagne, lauter französische Worte, wenn er Vergleiche sucht.

Mir fällt eben Tölz ein und Kloster Andechs bei solcher Gelegenheit.

Habe ich nicht gewettet mit meiner Banknachbarin in der Schule? Wollte ich nicht verloren haben, wenn ich jemals über Bayern ein Wörtchen wieder schriebe? Und was steht hier? »Liebeserklärung an Bayern«? Verloren, verloren! Und mit Liebeserklärungen ist es so eine Sache: man ruht nicht, ehe man sie gemacht, und nachher ist es peinlich.

Biografien

Herbert Achternbusch wurde 1938 als Herbert Schild in München geboren. Nach dem Studium der Malerei an der Kunstakademie in Nürnberg lebte er Jahrzehnte lang am Starnberger See als Maler, Filmemacher, Schauspieler, Theaterautor und Prosaist. Seit vielen Jahren lebt er wieder in München. Zahlreiche Preise und Auszeichnungen. Seine neuesten Bücher sind *Hundstage* (1995), *Der letzte Schliff* (1997) und *Der gelbe Hahn der Nacht* (2008).

Peter Paul Althaus, 1892 in Münster geboren, war Schriftsteller und Kabarettist. Bereits während des Ersten Weltkriegs, zu dem er sich als Freiwilliger meldete, schrieb er für den »Simplicissimus«. Als er später nach München zog, verkehrte er im damaligen Künstlerkreis um Thomas Mann, Erich Mühsam, Stefan George, Frank Wedekind und Rainer Maria Rilke. Er starb 1965 in München. Seine wichtigsten Werke sind *In der Traumstadt* (1951), *Dr. Enzian* (1952), *Wir sanften Irren ...* (1956) und der Nachlassband *PPA läßt nochmals grüßen* (1966).

Carl Amery, 1922 in München geboren und dort 2005 gestorben, war Mitglied der Gruppe 47. Für seine Romane sowie religiös-politischen bzw. ökologischen Essays erhielt er zahlreiche Preise. Zuletzt erschienen *Die Botschaft des Jahrtausends. Von Leben, Tod und Würde* (1994), *Hitler als Vorläufer. Auschwitz - der Beginn des 21. Jahrhunderts?* (1998) und *Global Exit. Die Kirchen und der Totale Markt* (2002).

Schalom Ben-Chorin, gebürtig Fritz Rosenthal, wurde 1913 in München geboren. 1935 emigrierte er nach Jerusalem, wo er 1999 starb. Er war Journalist und Religionswissenschaftler und setzte sich Zeit seines Lebens für den jüdisch-christlichen Dialog ein. Für seine theologischen und literarischen Verdienste erhielt er viele Auszeichnungen (u. a. das Bundesverdienstkreuz). Seine wichtigsten Werke sind *Im jüdisch-christlichen Gespräch* (1962), *Ich lebe in Jerusalem* (1972) und *Jugend an der Isar* (1974).

Bertolt Brecht wurde 1898 in Augsburg geboren. Er etablierte sich als Schriftsteller und Dramaturg. 1924 siedelte er nach Berlin über, floh 1933 über Prag, Wien nach Zürich. Später lebte er im Exil in Dänemark, Schweden, Finnland und den USA, bis er 1947 nach Europa zurückkehrte. In Ost-Berlin wurde Brecht Generalintendant des Deutschen Theaters und baute das Berliner Ensemble auf. Er starb 1956 in Ost-Berlin. Zu seinen wichtigsten Werken zählen *Die Dreigroschenoper* (1928), *Leben des Galilei* (1948), *Der kaukasische Kreidekreis* (1949).

Lena Christ wurde 1881 als uneheliches Kind in Glonn bei München geboren und verbrachte eine schwierige Kindheit in ärmlichen Verhältnissen. 1912 heiratete sie in zweiter Ehe den Schriftsteller Peter Bendix. 1920 starb sie in München den Freitod. Wichtigste Werke sind: *Erinnerungen einer Überflüssigen* (1912), *Mathias Bichler* (1914), *Unsere Bayern anno 14* (1915), *Die Rumplhanni* (1916).

LION FEUCHTWANGER wurde 1884 als Fabrikantensohn in München geboren. Das Studium in München und Berlin schloss er mit dem Dr. phil. ab. 1924 zog er von München nach Berlin und ging, 1933 ausgebürgert, ins Exil nach Frankreich. Über Spanien und Portugal gelang ihm die Flucht in die USA, wo er 1958 staatenlos starb. Zu seinen politisch engagierten Romanen und Dramen gehören *Jud Süß* (1925), *Erfolg – Drei Jahre Geschichte einer Provinz* (1930), *Exil* (1940), *Goya oder der arge Weg der Erkenntnis* (1950), *Die Jüdin von Toledo* (1954).

LEONHARD FRANK wurde 1882 in Würzburg in ärmliche Verhältnisse geboren. An der Münchner Kunstakademie studierte er 1904–1910 Malerei. Später siedelte er nach Berlin über und arbeitete als Schriftsteller und Drehbuchautor. Während des Dritten Reichs flüchtete er über Frankreich in die USA. Er starb 1961 in München. *Der Mensch ist gut* (1917), *Der Bürger* (1924), *Die Jünger Jesu* (1949) und *Links wo das Herz ist* (1952) sind die wichtigsten Werke.

MARIELUISE FLEISSER wurde 1901 in Ingolstadt geboren. Bei ihren langen Berlin-Aufenthalten 1926 bis 1933 unterhielt die studierte Theaterwissenschaftlerin Bekanntschaften mit Brecht und Feuchtwanger. 1933 kehrte sie nach Ingolstadt zurück. Nach ihrer späten Wiederentdeckung und Anerkennung als Schriftstellerin starb sie dort im Jahr 1974. *Fegefeuer in Ingolstadt* (1926), *Pioniere in Ingolstadt* (1928), *Der starke Stamm* (1946), *Avantgarde* (1963) und *Eine Zierde für den Verein. Roman vom Rauchen, Sporteln, Lieben und Verkaufen* (1931).

OSKAR MARIA GRAF wurde 1894 als Bäckersohn in Berg am Starnberger See geboren. Der Rebell engagierte sich in der Revolution 1918/19 und musste ab 1933 ins Exil. Er lebte in Wien, Brünn und New York, wo er 1967 starb. Als freier Schriftsteller, Dramaturg, Anarchist und Bohemien veröffentlichte er u. a. *Kalender-Geschichten* (1929), *Anton Sittinger* (1937), *Das Leben meiner Mutter* (1940), *Unruhe um einen Friedfertigen* (1947), *Gelächter von aussen. Aus meinem Leben 1918–1933* (1966).

ECKHARD HENSCHEID wurde 1941 in Amberg in der Oberpfalz geboren und studierte in München Germanistik und Publizistik. Als Journalist und Schriftsteller schrieb er unter anderem für das Satire-Magazin »Titanic« und ist Dozent an der Heidelberger Ruprecht-Karls-Universität. *Trilogie des laufenden Schwachsinns* (1973–78), *Dolce Madonna Bionda* (1983), *Verdi ist der Mozart Wagners* (1992), *Meine Jahre mit Sepp Herberger* (1999), *Gott trifft Hüttler in Vaduz. Eine kleine Kulturgeschichte* (2008).

ÖDÖN VON HORVÁTH wurde 1901 als Diplomatensohn in Fiume (heute Rijeka/Kroatien) geboren. Seine Kindheit verbrachte er in Belgrad, Budapest, München und Wien. Von 1924 bis 1933 lebte er überwiegend in Murnau/Oberbayern. 1935 verließ er das nationalsozialistische Deutschland und hielt sich in Wien und Henndorf bei Salzburg auf. 1938 ist er in Paris verunglückt. Zu seinen Werken zählen *Der ewige Spießer* (1930), *Geschichten aus dem Wiener Wald* (1931), *Jugend ohne Gott* (1937), *Ein Kind unserer Zeit* (1938).

LIESL KARLSTADT, eigentlich Elisabeth Wellano, wurde 1892 in München geboren und war bayerische Soubrette, Schauspielerin und Kabarettistin. Gemeinsam mit Karl Valentin bildete sie eines der namhaftesten deutschen Komikerduos im 20. Jahrhundert. In den 25 Jahren ihrer Zusammenarbeit entstanden annähernd 400 Sketche und Komödien. Nach Valentins Tod trat sie in den Kammerspielen, im Bayerischen Rundfunk, Hörfunk und Fernsehen auf. Postum erschien *Nebenbeschäftigung: Komikerin. Texte und Briefe* (2002).

ERICH KÄSTNER wurde 1899 in Dresden geboren. Nach dem Ersten Weltkrieg studierte er Germanistik und arbeitete gleichzeitig als Bankbeamter und Redakteur. Ab 1927 war er freier Schriftsteller in Berlin. Wegen des Publikationsverbots in der Nazizeit veröffentlichte er in der Schweiz. Ab 1945 arbeitete er als Redakteur und Kabarettist in München. Der humane Moralist, kritisch-satirische Lyriker, Essayist, Romancier und Verfasser von Kinderbüchern starb 1974 in München. Seine bekanntesten Werke sind *Emil und die Detektive* (1929), *Fabian. Geschichte eines Moralisten* (1931), *Doktor Erich Kästners lyrische Hausapotheke* (1936), *Das fliegende Klassenzimmer* (1933), *Das doppelte Lottchen* (1949), *Als ich ein kleiner Junge war* (1957).

FRANZ VON KOBELL wurde 1803 in München geboren. Ab 1826 lehrte er als Professor für Mineralogie in München. Als Mitglied der Bayerischen Akademie der Wissenschaften gehörte er zum engen Kreis um Maximilian II. Er schrieb Dialektgedichte in pfälzischer und bayrischer Mundart. Kobell starb 1882 in München. Immer noch bekannt sind sein Gedichtband *Triphylin* (1839) und die *Schnaderhüpfln und Sprüchln* (1845) sowie seine Erzählung *Die Gschicht von Brandner-Kasper* (1871).

ERIKA MANN, geboren 1905 in München als älteste Tochter Thomas Manns, war Schauspielerin, Schriftstellerin, Kabarettistin und Lektorin. Sie begründete 1933 das politische Kabarett *Die Pfeffermühle* und arbeitete als Schriftstellerin und Journalistin auch nach ihrer Emigration in die USA gegen den Nationalsozialismus. Neben ihrer Tätigkeit als Nachlassverwalterin von Thomas und Klaus Mann hat sie ein umfangreiches Werk aus politischen Essays, Reportagen, Reiseberichten und Kinderbüchern hinterlassen. Sie verstarb 1969 in Zürich. Sie verfasste u.a. *Stoffel fliegt übers Meer* (1932), *Wenn die Lichter ausgehen. Geschichten aus dem Dritten Reich* (1940), *Blitze überm Ozean. Aufsätze, Reden, Reportagen* (2000).

KLAUS MANN wurde 1906 in München als ältester Sohn Thomas Manns geboren. Als kämpferischer Literat musste er im Jahr 1933 emigrieren und nahm 1943 die amerikanische Staatsbürgerschaft an. Klaus Mann starb 1949 in Cannes, Frankreich, an einer Überdosis Drogen. Er verfasste Theaterstücke, Romane, Essays, Briefe und Novellen. Zu seinen berühmtesten Werken zählen die Romane *Mephisto. Roman einer Karriere* (1936), *Der Vulkan. Roman unter Emigranten* (1939) und *Der Wendepunkt* (1952).

THOMAS MANN wurde 1875 in Lübeck als Sohn einer einflussreichen Patrizierfamilie geboren. 1893 zog er nach München, das er mit seiner Familie nach der Machtergreifung der Nationalsozialisten verlassen musste. Nach Jahren des Exils in den USA übersiedelte er 1952 nach Kilchberg in die Schweiz, wo er 1955 starb. Er zählt zu den bedeutendsten Erzählern deutscher Sprache im 20.

Jahrhundert. Für den Roman *Buddenbrooks. Verfall einer Familie* (1901) erhielt er 1929 den Nobelpreis. Weitere bekannte Werke sind u.a. *Der Tod in Venedig* (1912), *Der Zauberberg* (1924), *Doktor Faustus* (1947), *Bekenntnisse des Hochstaplers Felix Krull* (1954).

MARIETTA DI MONACO, eigentlich Maria Kirndörfer, wurde 1893 in München geboren. Sie war Kabarettistin, Lyrikerin und Tänzerin und trat sowohl in einschlägigen Münchner Lokalen wie dem »Simplicissimus« (oder auch »Simpl« genannt) auf, wie auch in Berlin oder Paris. Auch als Dichtermuse von Joachim Ringelnatz oder Klabund machte sie sich einen Namen. 1981 starb Marietta in München. *Ich kam – ich geh. Reisebilder. Erinnerungen. Porträts* (1962).

ERICH MÜHSAM wurde 1878 in Berlin geboren und lebte dort wieder ab 1901 als freier Schriftsteller. 1909 kam er nach München. Er engagierte sich politisch in der anarchistischen Bewegung und in der Räterepublik 1918/19. 1934 wurde er im KZ Oranienburg ermordet. Zu seinen Schriften zählen *Die Wüste* (1904), *Brennende Erde. Verse eines Kämpfers* (1920), *Die Befreiung der Gesellschaft vom Staat* (1933), *Tagebücher 1910–1924* (1994).

OSKAR PANIZZA wurde 1853 in Kissingen geboren. Nach dem Medizinstudium war er praktizierender Nervenarzt und Schriftsteller in München. Er verfasste provozierende Satiren gegen die herrschenden staatlichen und kirchlichen Institutionen, außerdem Dramen, Lyrik und groteske Erzählungen. Er starb 1921 in Bayreuth. *Das Liebeskonzil. Eine Himmels-Tragödie in fünf Aufzügen* (1895), *Genie und Wahnsinn* (1891), *Parisjana. Deutsche Verse aus Paris* (1899), *Visionen der Dämmerung* (1914) sind seine wichtigsten Werke.

RÉNÉ PRÉVOT, 1880 im Elsass geboren, kam als 23-Jähriger nach München. Er arbeitete als Künstler, Autor, Theaterkritiker und als Journalist bei der »Münchner Post«, dem »Münchner Merkur« und der Zeitschrift »Jugend«. 1955 starb er in München. In *Kleiner Schwarm für Schwabylon* (1954), *Seliger Zweiklang. Schwabing Montmartre* (1948) erinnert er an den Münchner Stadtteil Schwabing.

FRANZISKA GRÄFIN ZU REVENTLOW wurde 1871 in Husum geboren. Sie lebte von 1895 bis 1909 in den Schwabinger Künstlerkreisen und nahm dort neben dem Malereistudium Schauspielunterricht. Sie verfasste heiter-satirische Gesellschaftsromane, darunter *Ellen Olestjerne* (1903) und *Herrn Dames Aufzeichnungen oder Begebenheiten aus einem merkwürdigen Stadtteil* (1913). 1918 starb sie in Muralto/Tessin.

HERBERT ROSENDORFER wurde 1934 in Bozen geboren. 1939 zog die Familie nach München. Seit 1943 lebte er mit seiner Mutter und den Geschwistern in Kitzbühel, Tirol. 1948 kam er zurück nach München und begann ein Studium an der Akademie der Bildenden Künste, absolvierte dann ein Jurastadium und arbeitete ab 1966 als Amtsrichter. Anschließend hatte er eine Professur für Bayerische Literaturgeschichte in München. Seit 1969 erschienen zahlreiche fantasievolle Romane und Erzählungen sowie Theaterstücke, darunter *Der*

Ruinenbaumeister (1969), *Deutsche Suite* (1972), *Briefe in die chinesische Vergangenheit* (1983) und *Die Schönschreibübungen des Gilbert Hasdrubal Koch* (1999) und zuletzt *Der Mann mit den goldenen Ohren* (2009).

JOSEF RUEDERER wurde 1861 in München geboren, wo er 1915 starb. Als Sohn einer großbürgerlichen Familie studierte er in Berlin Geschichte und promovierte zum Dr. phil. In seinem Werk stand er der Stadt München und der oberbayrischen Bevölkerung stets kritisch gegenüber, prangerte den Sittenverfall und die Korruption an. Wichtigste Werke: *Ein Verrückter. Kampf und Ende eines Lehrers* (1894), *Die Morgenröte* (1905), *Münchener Satiren* (1907), *Das Erwachen* (1916).

ASTA SCHEIB wurde 1939 in Bergneustadt/Rheinland geboren. Sie war zunächst Redakteurin bei verschiedenen Zeitschriften und lebt seit vielen Jahren als Schriftstellerin und Drehbuchautorin in München. Sie verfasste Romane, u. a. *Beschütz mein Herz vor Liebe* (1992), *Agnes unter den Wölfen* (1995), *Eine Zierde in ihrem Hause* (1998), *In den Gärten des Herzens. Die Leidenschaft der Lena Christ* (2002), *»Sei froh, dass du lebst!«* (2001).

LUDWIG THOMA wurde 1867 in Oberammergau als Sohn eines Försters geboren. Nach einer turbulenten Schulzeit u. a. in München und Landshut absolvierte er ein Jurastudium in München und wurde Anwalt in Dachau und München. Ab 1899 war er Redakteur der Zeitschrift »Simplicissimus«. Er starb 1921 in Rottach. Seine bekanntesten Werke sind *Lausbubengeschichten* (1905), *Andreas Vöst* (1908), *Briefwechsel eines bayerischen Landtagsabgeordneten* (1909), *Magdalena* (1910), *Heilige Nacht* (1917), *Kaspar Lorinser* (1921), *Der Ruepp* (1922).

KARL VALENTIN (eigentlich Valentin Ludwig Fey) wurde 1882 in München geboren. Er machte zunächst eine Schreinerlehre, arbeitete dann als Volkssänger, Schauspieler, Berufskomiker und Schriftsteller und veröffentlichte zahlreiche Filme und Schallplatten. Mit seiner Partnerin Liesl Karlstadt unternahm er Tourneen nach Wien, Zürich, Berlin. Er starb 1948 in München.

FRANK WEDEKIND wurde 1864 in Hannover geboren und wuchs in Lenzburg in der Schweiz auf. Nach Abschluss der Schule arbeitete Wedekind als Journalist und in der Werbung. 1889 zog er nach München und gründete dort 1901 mit anderen Größen das Kabarett »Die elf Scharfrichter«. In seinen Stücken und Erzählungen schrieb er stets gegen die bürgerliche Scheinmoral. Er starb 1918 in München. *Frühlings Erwachen* (1891), *Erdgeist* (1895), *Die Büchse der Pandora* (1895), *Marquis von Keith* (1901), *König Nicolo oder So ist das Leben* (1912).

GRETE WEIL (eigentlich Margarete Elisabeth Dispeker) wurde 1906 in Rottach-Egern geboren und wuchs in München auf. Nach einem Studium der Germanistik musste sie vor den Nationalsozialisten nach Amsterdam fliehen. 1947 kehrte sie nach Deutschland zurück. Seit 1967 lebte sie in der Nähe von München, wo sie 1999 starb. Mit dem Grauen des Nationalsozialismus setzt sie sich in Werken wie *Meine Schwester Antigone* (1980), *Der Brautpreis* (1988), *Spätfolgen* (1992) und *Leb ich denn, wenn andere leben* (1998) auseinander.

QUELLENNACHWEISE

HERBERT ACHTERNBUSCH: Neues von Ambach. In: Herbert Achternbusch: Land in Sicht. Roman, S. 84–96, Frankfurt am Main 1977. © 1977 Suhrkamp Verlag, Frankfurt am Main

PETER PAUL ALTHAUS: Kleine Ansprache. In: Peter Paul Althaus: Traumstadt und Umgebung. Sämtliche Gedichte, S. 237, München 1975. Mit freundlicher Genehmigung von Dr. Hans Althaus, Köln

CARL AMERY: Was ist bayerisch? In: Carl Amery: Leb wohl, geliebtes Volk der Bayern. Ein Requiem, S. 13–24, München 1980. © 1996 List Verlag in der Ullstein Buchverlage GmbH, Berlin

SCHALOM BEN-CHORIN: Jugend an der Isar. Erinnerungen. Prolog, S. 9–13, München 1988. © 2001 Gütersloher Verlagshaus, Gütersloh, in der Verlagsgruppe Random House GmbH, München

BERTOLT BRECHT: Augsburger Kriegsbrief, 27.9.1914. In: W. Frisch und K.W. Obermeier (Hrsg.): Brecht in Augsburg. Erinnerungen, Texte, Fotos, S. 253 bis 256, Frankfurt am Main 1976. © 1992 Suhrkamp Verlag, Frankfurt am Main

LENA CHRIST: Erinnerungen einer Überflüssigen. In: Lena Christ: Gesammelte Werke, S.40–47, München 1981

LION FEUCHTWANGER: Das Land Altbayern. In: Lion Feuchtwanger: Erfolg. Drei Jahre Geschichte einer Provinz, S. 544–549, Berlin 1948. © 1948 Aufbau Verlag GmbH & Co. KG, Berlin

LION FEUCHTWANGER: Cajetan Lechners rauester Tag. In: Lion Feuchtwanger: Erfolg. Drei Jahre Geschichte einer Provinz, S. 762–711, Berlin 1948. © 1948 Aufbau Verlag GmbH & Co. KG, Berlin

LEONHARD FRANK: Als Kunststudent in München. In: Leonhard Frank: Links, wo das Herz ist, S. 15–33, München 1952. © 1990 Aufbau Verlag GmbH & Co. KG, Berlin

MARIELUISE FLEISSER: Eine Zierde für den Verein. Roman vom Rauchen, Sporteln, Lieben und Verkaufen. In: Marieluise Fleißer: Gesammelte Werke. Band 2, S. 108–119, Frankfurt am Main 1983. © 1994 Suhrkamp Verlag, Frankfurt am Main

OSKAR MARIA GRAF: Etwas über den Bayerischen Humor (Ausschnitt). In: Das Oskar Maria Graf Lesebuch, hrsg. von Hans Dollinger, S. 205–214, München 1993. © 1994 List Verlag in der Ullstein Buchverlage GmbH, Berlin

OSKAR MARIA GRAF: Die Episode von Troglberg. In: Das Oskar Maria Graf Lesebuch, hrsg. von Hans Dollinger, S. 269–275, München 1993. © 1994 List Verlag in der Ullstein Buchverlage GmbH, Berlin

ECKHARD HENSCHEID: Geht in Ordnung – sowieso – – genau – – –. Ein Tripelroman über zwei Schwestern, den ANO-Teppichladen und den Heimgang des Alfred Leobald. Mit Zeichnungen von Robert Gernhardt, S. 181–188, Frankfurt am Main 1977. © 1977 Zweitausendundeins, Frankfurt am Main

ÖDÖN VON HORVÁTH: Ein sonderbares Schützenfest. In: Ödön von Horváth: Sportmärchen und andere Prosa und Verse. Gesammelte Werke, Band 11, S. 135–138, Frankfurt am Main 1988

LIESL KARLSTADT: Das Fronleichnamsfest in Riedering. In: Liesl Karlstadt: Nebenbeschäftigung: Komikerin. Texte und Briefe, S. 9–11, München 2002

ERICH KÄSTNER: Spielen in der Trümmerlandschaft. In: Erich Kästner: Gesammelte Werke für Erwachsene, Band 8, S. 11–15, Zürich 1969. © 1969 Atrium Verlag, Zürich

FRANZ VON KOBELL: Die Gschicht von Brandner-Kasper. In: Franz von Kobell: Ausgewählte Werke. Eingeleitet und herausgegeben von G. Goepfert. S. 133 bis 143, München 1972

ERIKA MANN: Liebeserklärung an Bayern. In: Erika Mann: Blitze überm Ozean, S. 77–79, Reinbek, 2000. © 2000 Rowohlt Verlag GmbH, Reinbek bei Hamburg

KLAUS MANN: Kind dieser Zeit, S.12–15, Reinbek, 2000. © 1967; 2000 Rowohlt Taschenbuchverlag GmbH, Reinbek bei Hamburg

THOMAS MANN: Buddenbrooks. Roman. Achtes Kapitel, S. 248–257, Frankfurt am Main 1975. © 1901 S. Fischer Verlag, Berlin © 1960 S. Fischer Verlag GmbH, Frankfurt am Main

MARIETTA DI MONACO: Kathi Kobus vom Simplicissimus. In: Marietta di Monaco: Ich kam – ich geh, S. 97–101, München 2002

ERICH MÜHSAM: Tagebücher 1910–1924, S. 32–37 und 41, München 1994

OSKAR PANIZZA: Abschied von München. In: Oskar Panizza: Die kriminelle Psychose. Hilfsbuch für Ärzte, Laien, Juristen, Vormünder, Verwaltungsbeamte, Minister etc., S. 200–212, München 1978

OSKAR PANIZZA: Die Wallfahrt nach Andechs. Ein oberbayerisches Sittenbild. In: Oskar Panizza: Mama Venus. Texte zu Religion, Sexus und Wahn, S. 17 bis 123, Berlin 1992

RÉNÉ PRÉVOT: Wie ein Weltenbummler Schwabinger wurde. In: Réné Prévot: Kleiner Schwarm für Schwabylon, S. 73–77, München 2008. Rechte nicht zu ermitteln

RÉNÉ PRÉVOT: Kathi Kobus und der »Simpl«. In: Réné Prévot: Kleiner Schwarm für Schwabylon, S. 41–46, München 2008. Rechte nicht zu ermitteln

FRANZISKA GRÄFIN ZU REVENTLOW: Tagebücher 1895–1910. Tagebücher 1895 bis 1910, S. 504–510, Frankfurt am Main 1976

HERBERT ROSENDORFER: Die deutsche Suite, S. 184–195, München 1972. © 1988 Nymphenburger in der F.A. Herbig Verlagsbuchhandlung GmbH, München

JOSEF RUEDERER: Der Bürger. In: Josef Ruederer: München. Bierheim und Isar-Athen. Satiren und Erzählungen, hrsg. von Hans-Reinhard Müller, S. 31–42, München 1987

ASTA SCHEIB: In den Gärten des Herzens. Die Leidenschaft der Lena Christ. Roman, S. 104–107, Hamburg 2002. © 2002 Hoffmann und Campe Verlag, Hamburg

LUDWIG THOMA: Agricola. Frei nach Tacitus'«Germania«. In: Ludwig Thoma: Die schönsten Romane und Erzählungen. Jubiläumsausgabe in sechs Bänden, hrsg. von Richard Lemp, Band 2, S. 197–201, München 1983

LUDWIG THOMA: Der Postsekretär im Himmel. In: Ludwig Thoma: Die schönsten Romane und Erzählungen. Jubiläumsausgabe in sechs Bänden, hrsg. von Richard Lemp, Band 6, S. 293–300, Zürich 1983

LUDWIG THOMA: Eröffnungshymne. Aus: Zeitschrift »Simplicissimus«, Jahrgang 10, S. 326, München 1905

ELISABETH TWOREK: Bayern und seine Dichter – ein weites Feld. Originalbeitrag für das vorliegende Lesebuch. © 2009 Buch&media GmbH, München

KARL VALENTIN: Klagelied einer Wirtshaussemmel. In: Karl Valentin: Monologe und Soloszenen, Band 1, S. 133–136, München 1992. © 1985 Piper Verlag, München

FRANK WEDEKIND: Die Schutzimpfung. In: Frank Wedekind. Prosa, Dramen, Verse, ausgewählt von Hansgeorg Maier, S. 121–126, München 1960

GRETE WEIL: Egern. In: Grete Weil: Leb ich denn, wenn andere leben, S. 47–51, Zürich 1998. © 1998 Nagel & Kimche im Carl Hanser Verlag, München